U0089316

古代歷史文化研究輯刊

十六編

王明蓀 主編

第34冊

清代官方史學與私家史學相互關係研究（中）

喬治忠 著

國家圖書館出版品預行編目資料

清代官方史學與私家史學相互關係研究（中）／喬治忠 著 ─
初版 ─ 新北市：花木蘭文化出版社，2016〔民105〕
目 2+184 面；19×26 公分
（古代歷史文化研究輯刊 十六編：第 34 冊）
ISBN 978-986-404-779-6（精裝）
1. 史學史　2. 清代
618　　　　　　　　　　　　　　　　　　105014282

ISBN-978-986-404-779-6

9 789864 047796

古代歷史文化研究輯刊
十六編　第三四冊　　　　　　　ISBN：978-986-404-779-6

清代官方史學與私家史學相互關係研究（中）

作　　者　喬治忠
主　　編　王明蓀
總 編 輯　杜潔祥
副總編輯　楊嘉樂
編　　輯　許郁翎、王筑　美術編輯　陳逸婷
出　　版　花木蘭文化出版社
社　　長　高小娟
聯絡地址　235 新北市中和區中安街七二號十三樓
　　　　　電話：02-2923-1455／傳眞：02-2923-1452
網　　址　http://www.huamulan.tw 信箱 hml 810518@gmail.com
印　　刷　普羅文化出版廣告事業
初　　版　2016 年 9 月
全書字數　537439 字
定　　價　十六編 35 冊（精裝）台幣 68,000 元　　　版權所有‧請勿翻印

清代官方史學與私家史學相互關係研究（中）

喬治忠　著

目次

第六章　清朝「盛世」史學的組成結構

　　清朝的乾隆時期，總體上經濟比較繁榮，政局相對穩定，國家綜合實力超越以往，實際管理的疆域相當廣闊，加之文化事業的隆盛，按古代舊有的標準，可以算作一個「盛世」。中國古代至清朝乾隆時期，積累了豐富的文化遺產，從事學術建設的學者也人才濟濟，正是進行傳統文化成果大總結的良好時機。乾隆帝本人的學識素質很高，對於史學、文學、金石、書畫、建築、古玩等等文化事項都充滿興趣，且具備相當豐富的知識。作爲一個專制皇帝，其個人因素往往與整個國家對文化事業的投入和導向密切相關。於是在乾隆帝的主導下，開啓了一個傳統文化的大清理、大總結階段，嘉慶朝前期承此餘波，勉力維持，構成清乾嘉時期傳統文化發展的「盛世」。此時期的史學，是整體傳統文化中的組成部分，也應當置於文化大總結的總體結構中研討。

一、清代對傳統史學大總結的社會背景

（一）康熙朝以來的文化積累

　　乾隆朝進行傳統文化的大總結，是康熙年間以來的官方文化事業積累的繼續和發展。康熙朝的政治舉措，爲官方倡導和經營儒學文化掃清了的障礙。清廷採取積極的措施廣辦學校，舉行科舉考試，激勵和選拔文化人才。在政治穩定、經濟發展的基礎上，官方組織編纂多種書籍，是文化業績上的非常明顯的表現。

　　康熙朝編纂的書籍有 70 多種，大體上可以分爲如下幾種類別：

　　1、經筵日講的講義與學習儒學的有關書籍，如《經筵講章》、《性理精

義》、《詩經傳說彙纂》、《春秋傳說彙纂》、《三禮義疏》、《周易折中》、《日講書經解義》以及對《易經》《詩經》《禮記》《春秋》的五部日講解義、《日講四書解義》、《日講通鑑解義》等，還重刻印行明朝官修的《性理大全》，完成順治朝開始纂修的《孝經衍義》，編纂了《朱子全書》。這些書籍的編纂，反映了康熙朝君臣講習儒學著述的心路歷程。

2、字書、類書以及其它工具書，其中很有一些水平甚高、倍受後人稱道的作品，如《康熙字典》、《清文鑒》、《佩文韻府》等等。

《康熙字典》始編於康熙四十九年，由康熙帝親自向大學士陳廷敬等提議，要求編輯一部可「垂示永久」的字學之書。〔註1〕經五年時間於康熙五十五年校定刊印。康熙帝御製序認為以往的字書「曾無善兼美具，可奉為典常」，於是「爰命儒臣，悉取舊籍，次第排纂，切音解義，一本《說文》《玉篇》，兼用《廣韻》《集韻》《韻會》《正韻》，其餘字書，一音一一義之可採者，靡有遺逸。……部分班列，開卷了然，無一義不詳、一音不備矣。凡五閱歲而其書始成，命曰《字典》。於以昭同文之治，俾承學稽古者，得以備知文字之源流，而官府吏民亦有所遵守焉。」〔註2〕《康熙字典》當然不可能做到「無一義不詳、一音不備」，它實際還是存在一些訛誤，但由於全面參考歷代字書，斟酌校訂，收錄漢字 47000 多字，在字音、字形、字義與舉例引證上更加詳確，達到了字書編修的嶄新水平，不僅在清代大一統政權內起到對規範文字的促進作用，而且至今仍有一定的使用價值。

《清文鑒》21 卷，成書於康熙四十七年，是一部滿文（即所謂「清文」、「國書」）字書。滿文自清入關前產生以來，歷有變發展和改進，入關後與漢字漢語並用，此消彼長的變化勢不可免，正如康熙帝所說：「近來老成耆舊，漸就凋謝，因而微文奧旨久而弗張，承訛襲謬舛，習而不察」，清廷將保持滿語視為至關重要的國策，「國書所關至鉅，政事文章接由此出，非詳加釐定，何所折衷？非編輯成書，何以取法？」可知這是為了保持、鞏固滿文的「國書」地位，制定統一規範，以利於此後永遠學習和應用的著述。《清文鑒》編成後，又譯為蒙古文 20 卷，並注釋 30 卷，一同校勘印行。

《佩文韻府》始編於康熙四十三年，康熙五十年全書校訂刊印告成。本

〔註 1〕《清聖祖實錄》卷二四一，康熙四十九年三月乙亥。
〔註 2〕見《國朝宮史》卷三一，《書籍十‧字學》（北京古籍出版社，1987 年 6 月標點本，後同）。

書編纂的起因是康熙朝君臣認為：往代的「《韻府群玉》、《五車韻瑞》諸書，事繫於字，字統於韻，稽古者近而取之，約而能博，是書之作，誠不為無見也。然其為書，簡而不詳，略而不備，且引據多誤。朕每致意焉，欲博稽眾籍，著為全書」。從發起編輯到審查增訂，康熙帝始終親自參與，自稱「朕於此書，政事之暇未嘗惜一日之勞也。」〔註3〕此書體式按平水韻 106 韻分 106 卷，但字數較多的寬韻又分作上、下卷，免得一卷內篇幅過大。以每一韻中每一字作為尾字網羅有關詞語，注明出處或例句。又列舉「對語」和「摘句」，「對語」是羅列對偶的詞語，「摘句」是摘引使用本字為句尾的詩句。很明顯，由於本書按韻腳編彙字詞，又具備例句、對偶詞語和摘引詩句，對於學習作詩者是極有裨益的。因此，《佩文韻府》字成書之後甚得推重，今人倘若習作律詩、絕句，參閱此書亦頗為方便。康熙五十五年，康熙帝覆命辭臣編輯《韻府拾遺》，康熙五十九年成書，對已經刊印成書的《佩文韻府》加以補充，內容又擴充了原書的二十分之一。

　　康熙年間著手纂修的字書、類書，種類繁多，如《分類字錦》64 卷，專「擇其字之雅麗者」分類編纂，康熙六十一年成書；大型類書《淵鑒類函》450 卷，康熙五十年成書；《御定月令輯要》24 卷，康熙五十四年成書；《佩文齋書畫譜》100 卷，康熙四十六年成書，分類編輯歷代關於書法、繪畫的議論、題跋、考辨、鑒藏、書畫家傳記、歷代帝王書畫與無名氏書畫以及康熙帝自己的書畫跋文等等，發凡起例，具有創新性；《佩文齋廣群芳譜》100 卷，補充修訂明人王象晉《群芳譜》，是一部分類纂輯農作物、藥用植物及花卉、竹木的書籍，康熙四十七年成書。文化、學術事業是前承後繼、不斷推進的過程，康熙朝發起纂修的書籍，有些是康熙帝在世時未及完成，而延續到後朝，如字書、類書中《音韻闡微》、《駢字類編》、《子史精華》、《古今圖書集成》皆告成於雍正時期。其中以《古今圖書集成》部帙巨大，內容宏博，牽涉康熙年間與雍正初的政治鬥爭，尤為引人注目。其書於雍正朝由官方組織人力編輯校訂，雍正四年告成交付印行，故將在雍正朝的有關章節詳述。

　　3、編輯歷代詩、文總集，其中《全唐詩》的編纂是一大文化成就。該書達 900 卷，收錄唐詩 48900 多首，作者有 2200 多人。取材廣泛，講求體例，

〔註3〕清聖祖：《御製佩文韻府序》，載《佩文韻府》卷首（上海書店，1983 年影印　　　　商務印書館《萬有文庫》本）。

對作者及作品的眞僞、詩句異文等等頗有細密的考訂。又責令江南織造局專在揚州設立刊刻《全唐詩》書局，字跡書寫和刻印皆十分考究，內容、形式，都爲精品。《全唐詩》成書後，又選其中精華嘉作，編爲 32 卷《御選唐詩》，分類彙集，加以考注，便於隨時瀏覽。《全唐詩》雖仍然小有遺漏，但網羅之廣已超越往代，是編輯一代詩歌總爲一書的開先之作，具有文化史上的意義。其它詩文集的編彙，也多在不同層面上反映了當時文化發展的官方取向，這些書籍有：

《淵鑒齋古文選》64 卷，選自《左傳》《國語》至宋代古文，「擇其辭義精純可以鼓吹六經者，彙爲正集。即間有瑰麗之篇，要皆歸於古雅。其綺章繡製弗能盡載者，則列之別集。旁採諸子錄其要論，以爲外集」。〔註 4〕其編纂宗旨並非將文學標準置於首位，而最終也僅成「正集」。

《御定歷代賦彙》182 卷，編輯秦、漢至明代的所傳賦作，廣彙成書，而分爲正集、外集、補遺三部分，按內容、特色共分 30 類，收賦 4161 篇。搜羅宏富，便於閱覽。

《御選四朝詩》312 卷，「四朝」指宋、金、元、明四個朝代，是接續《御選唐詩》而編輯。

《御定全金詩》72 卷，因中書郭元釪增補元好問《中州集》一書進獻，遂令廣加搜集，編爲《全金詩》，以彰明金朝「世德久遠，涵濡蒸育，才俊輩出」。

《佩文齋詠物詩》搜集上古至明代的詠物詩，達 14550 首，分 486 類編輯，〔註 5〕爲 64 冊。專門彙集詠物之詩，亦屬創例。

《御選歷代詩餘》100 卷，選編唐代到明代 957 人詞作之雅正者，以調之長短爲序，各分時代。計收詞牌 1540 種，詞 9009 首，另附詞話 10 卷。

《御定詞譜》40 卷，參校歷來相關著述，剖析異同，予以規範，使讀者、作者有所依據。

此外，還有當時文臣進獻之書經康熙帝審閱，成爲御定者如《御定全唐詩錄》100 卷、《御定歷代題畫詩類》120 卷等等，共同形成編輯詩文總集的興盛局面。

〔註 4〕清聖祖：《御製淵鑒齋古文選序》，載《國朝宮史》卷三三。

〔註 5〕乾隆時編纂《四庫全書》，將此書按類分作 486 卷，詳見《四庫全書總目》卷一九〇。

4、有關天文曆法的所謂「儀象」撰述，如《御製律曆淵源》、《御定星曆考原》、《御纂歷代三元甲子編年萬年書》等等。《御製律曆淵源》100 卷，內容實際由三部分組成，一是《曆象考成》，論述天文推算之術；二是《律呂正義》，乃爲音樂韻律之書；三是《數理精蘊》，爲數學運算之書。本書汲取西方傳教士攜來天文、曆法與數學知識，反映康熙年間達到的知識視野的某些擴展，而三類內容一書，未免有所駁雜，乾隆年間《四庫全書》則將之分成三部。《御定星曆考原》一書講依據星象、時曆預測吉凶、宜忌，尚包含許多歷代傳襲的迷信內容。至於《御纂歷代三元甲子編年萬年書》僅爲按甲子年爲起始的簡略年表。

5、渲染昇平的應時之書，例如《御製避暑山莊三十六景詩並圖》、《御製千叟詩》、《御製耕織圖詩》以及可以史部記事之書的《幸魯盛典》、《省方盛典》、《萬壽盛典》等等。

6、編纂史書是康熙時期官方文化活動的重要組成部分，著手纂修的史書（包括康熙年間未及告成者）約近全部纂修書籍數量的三分之一，如「三朝實錄」與「聖訓」、《明史》、《大清一統志》、各種「方略」、《歷代紀事年表》、等等，已在上文有所介紹。史書的編纂，既與其它文化建設活動相關聯，又有特殊的發展特點。

但康熙時期編纂的圖書，大多顯示爲清統治者對內地傳統文化的認真學習，字書、類書、詩文總集和經學著述屬於各類的知識總匯，起到便於學習的功用。誠心誠意地學習儒學以及相關的知識、文化，是當時清廷在文化建設上基本取向。康熙帝在《信古解》〔註6〕一文中稱：「學一求古人之是也，非以求古人之非也」，「我之學於古者，求其有益於吾身吾心云爾，豈以是求異於古人爲哉！」因此，康熙帝對傳統的儒學文化，較少審視與批判，他意欲通過廣泛學習和編纂各類漢文化書籍，打造出一個顯得十分文雅的清廷，以改變在漢人眼中少數民族政權文化低下的形象，這與乾隆時期進行的文化總結有所區別。

經過雍正朝時期的調整和過渡，乾隆朝文化建設日趨繁榮並且漸漸有所轉型，在學習傳統文化之中越來越多地加入嚴格的審視。這部分地與乾隆帝的個人素質相關。他在繼位之前，就比較牢固地打下經、史之學的基礎，又有廣泛的文化雅好，通曉滿、漢、蒙古文字，詩文詞賦，均有所嘗試。平

〔註6〕載《聖祖仁皇帝御製文集》（影印文淵閣《四庫全書》本，後同）卷二一。

日治學與寫作之稿，彙編爲《日知薈說》與《樂善堂文集》二書，甚得雍正帝和大臣的讚揚。即帝位之後，按傳統的「德政」原則興利除弊，匡正了雍正時期大興文字獄之失，一度使文化環境清和平正。後來有人記述曰：「高宗登極，所布詔令善政絡繹，海宇睹聞，莫不蹈舞。」〔註7〕雍正十三年十月，乾隆帝頒佈諭旨曰「朕閱督撫參奏屬員及提請改教本章，每有『書生不能勝任』及『書氣未除』等語……朕自幼讀書宮中，講頌二十年未嘗少輟，實一書生也……至於『書氣』二字，尤可寶貴，果能讀書沉浸醞釀而有書氣，更集義以充之，便是浩然之氣。人無書氣，即爲粗俗氣、市井氣，而不可列於士大夫之林矣！」〔註8〕這是一個很大的信號：乾隆帝要大力發展文化事業。

科舉制與文化事業密切相關，清朝的科舉規模，早已發展得超過明代。乾隆十年之前就進行 5 次會試，每科大多都取中 300 名以上，文臣數量歷年增加，爲官修書史準備了充足的人才。從科舉策問的題目可以看出乾隆帝在文化事業上更重視史學，例如乾隆元年九月的博學鴻詞特科考試，乾隆帝親擬試題爲「史論問」，強調：「凡據淵通之學，必擅著作之才。然非熟於掌故，周知上下數千載之事理，而剖決其是非者，不足以語此，則史學尙矣！」〔註9〕接著提出關於古代史學發展的一系列問題，涉及對歷代史籍的評析、官方修史制度的利弊、史學人才的標準、史學發展的源流等等，此後的策試也常常提出關於史學的問題，給出一個國家需求修史人才的治學導向。乾隆三年，乾隆帝就旨准由官方校訂刊刻《十三經注疏》與「二十一史」，隨之下令將流傳不廣的《舊唐書》也一併刻行。乾隆十二年，這些經史典籍校刻完成之際，又將內府所藏善本《通典》、《通志》、《文獻通考》刊刻，使這些主要史籍廣爲流行，方便學者研習史學。乾隆朝初期的這一系列刊刻書籍舉動，調動翰林官中飽學之士，在版本選擇和校勘考訂上相當認眞。後來纂修《四庫全書》時，經部、史部大都收錄和依據了乾隆初的刻本，而且保留了當初校勘時的考訂與識語。

在皇權專制的社會條件下，皇帝的作爲與愛好對官方事業的取向有重大影響。清朝至乾隆時期政治、經濟、文化發展都漸具繁榮發展的條件，而又

〔註7〕陳康祺：《郎潛紀聞二筆》卷二，「鄂文端之謙抑」條。

〔註8〕《清高宗實錄》卷五，雍正十三年十月辛巳。

〔註9〕清高宗《御製文初集》卷十四，《史論問》。

恰得乾隆帝這樣稽古右文的君主，於是構成對傳統文化大總結的社會背景，開啓官方文化事業特別是官方史學繁榮興盛的有利條件。官方的文化建設，必然與私家的治學緊密連接，使乾隆朝文化一方面十分繁榮，一方面也充滿官方與私家的矛盾。而重於史學的特點，也同時在官府和民間的學術發展之中有類似的表現。

（二）清朝康、乾時期的國情背景

　　清朝從康熙年間至乾隆年間，國力逐步增強而達到一個高峰，自乾隆末到嘉慶年間，政治、經濟有所衰退，但仍具很大實力。自康熙朝平定「三藩之亂」、攻取臺灣之後，整個社會局勢逐漸走向穩定、經濟進入向上發展的階段。康熙朝最高統治集團比前朝更注重聯合漢族上層人士，將全國政權的統治基礎牢固化。康熙、雍正兩朝，在國家政體和政務機構調整以及皇位繼承制度的建設上，都進行了卓有成效的改革措施，皇權專制得到加強，統治秩序趨於穩定。在發展經濟方面，清代自康熙朝至乾隆朝都重視治理河流，進行水利工程建設，鼓勵開荒墾田，促進農業發展，糧食總產量也在增加。至雍正朝，「倉庾亦皆充實，積貯可供二十餘年之用」，〔註10〕乾隆朝每年徵收到的賦額更超過雍正時期，據清人王慶雲記載，雍正二年的銀賦為2636.25萬兩。糧賦為473.14萬石；而乾隆三十一年銀賦為2991.77萬兩，糧賦達831.87萬石。〔註11〕增加的幅度很大，尤其是對糧食的徵收。隨著農業的發展，手工業出現了繁榮的局面。清初廢除了明代的匠籍制度，使許多手工業者在較大程度上擺脫了人身依附關係，推動了民間手工作坊的增加，使紡織、礦冶、陶瓷、造船等行業有所發展，全國形成一批相當繁華的工商業都市，各地之間的商業往來也日益頻繁。經濟的發展，成為國力增長的重要因素。

　　康熙、雍正兩朝就十分注意邊疆地區的經營，在東北，清政府在一定程度上遏制了沙俄的侵略擴張，在西北、西南，清軍對準噶爾部的分離分子多次予以打擊，表達了勢將統一管理和統治青海、新疆、西藏等地的決心。乾隆朝繼續前兩朝的未竟事業，毅然用兵西北地區，平定準噶爾部和所謂的回部，將新疆地區牢牢收歸版圖，成為歷史上又一個政治統一、疆域廣大的多民族國家。平定西域，在清代的歷史發展上影響巨大，絕不僅僅只是清朝版

〔註10〕昭槤：《嘯亭雜錄》卷一，《理足國帑》。
〔註11〕王慶雲：《石渠餘紀》卷三，《歷朝田額糧賦總目》。

圖增大和清廷實際控制地域的擴展。

清初西域地區的準噶爾蒙古貴族，其地方政權臣服於清廷，是清朝的外藩。康熙初年，準噶爾部的噶爾丹在內訌中登上汗位，以臣服於清中央政權爲掩護，借機擴張本部勢力，首先進攻青海的和碩特部，接著又於康熙十七年（1678）出兵天山以南，吞併了元朝後裔建立的葉爾羌汗國，控制著天山南北至中亞地區。隨著其勢力的逐漸增長，噶爾丹政權不僅試圖擺脫臣屬於清朝的的地位，而且欲搶佔清朝控制的其它周邊地區，野心日益顯露。康熙二十九年（1690）六月，噶爾丹在沙俄的支持下，以追擊蒙古喀爾喀部爲名，舉兵南犯，深入內蒙的烏珠穆沁，並公然與清軍開戰，逼近距北京僅七百里的烏蘭布通。於是，清廷派清軍兵分兩路，出長城古北口、喜峰口，迎擊準部，康熙帝親自出塞指揮作戰。八月初的會戰中，噶爾丹大敗逃遁。康熙三十四年，噶爾丹再度挑釁，康熙帝御駕親征，在昭莫多大敗噶爾丹。康熙三十六年，康熙帝又一次親征，乘勝殲擊噶爾丹軍，噶爾丹殘部紛紛歸降，噶爾丹在逃跑途中死去。〔註12〕至此，噶爾丹發動的叛亂活動被平定。

繼噶爾丹之後，策妄阿喇布坦和噶爾丹策零父子先後繼爲準部首領。他們在實力有所壯大的同時，也走上了背離中央，向臨區擴張的道路。康熙末期和雍正年間，清軍與準部軍隊又有多次交戰與議和，自雍正十二年之後，雙方經談判劃定了準部與喀爾喀蒙古的游牧區界限，暫時維持了一段時期的安定局面。準噶爾部首領時而歸附、時而背叛的問題，是清朝統治的一大困擾，雍正時期清廷已有徹底將之解決的策劃，這在當時不能不採取軍事手段，爲此做了頗多準備。無奈戰略時機尚未成熟，戰術運籌又有失誤，交戰中雙方皆消耗很大，只能締約罷兵。

乾隆十年（1745），準部首領噶爾丹策零死去，其上層貴族爲爭奪汗位多次發生內訌，爭奪統治權的主要是阿睦爾撒納與達瓦齊兩個部眾，他們互相殘殺，致使不少準部支派的首領率部眾內附於清朝。乾隆十九年冬，阿睦爾撒納在與達瓦齊爭鬥失敗後，帶領部眾兵丁兩萬餘人投奔清廷。乾隆帝決定抓住有利戰機，出師西北，以徹底消滅達瓦齊分離勢力，平定準部，以鞏固國家的統一。乾隆二十年（1755），清廷派北路、西路兩支大軍，分別以降附的阿睦爾撒納、薩喇勒爲先鋒，分進合擊，發起大規模征剿。大軍進至準部，

〔註12〕《清聖祖實錄》卷一八三，康熙三十六年四月甲子。

對方望風歸降，不少「台吉、宰桑或數百戶、或千餘戶，攜酮酪，獻羊馬，繹絡道左。師行數千里，無一人抗顏行者」，〔註13〕清軍長驅直入，勢如破竹，很快就直抵伊犁。達瓦齊率兵出逃，被維族首領霍集思擒獲解往清營，後被押往北京。達瓦齊政權覆滅後，阿睦爾撒納在清朝支持下成為首領，但日後卻背信棄義，發動叛亂，公然率領叛軍攻入伊犁。由於留守的清軍人數甚少，一時損兵折將，形勢危機。乾隆帝做出決斷，再次調集大軍平叛。乾隆二十二年（1757），清軍迅速挺進，取得完全的勝利，阿睦爾撒納逃至異域而死，平定準噶爾之役結束。

　　天山以南為維吾爾族聚居區，信奉伊斯蘭教，清代稱之為回部。康熙十七年（1678），噶爾丹征服此地，將各部首領扣留伊犁。自此回部長期處於準噶爾部的控制之下。準噶爾部被平定之後，原維族首領的二子布那敦、霍集占，即大、小和卓，重新返回南疆統治回眾。不久，他們殺害了清廷派來的使臣，發動了叛亂。乾隆二十三年（1758），清軍由吐魯番出兵平叛，大、小和卓兄弟率眾逃跑（後被擒殺）。清軍進入回疆後，減輕賦稅，實行與民休息的政策，得到了維族民眾的擁護，因此清軍繼續推進，「沿途經過村莊，回眾皆獻牛酒果餌」，「沿途回人，扶老攜幼，道左跪迎」。〔註14〕到乾隆二十四年，大、小和卓兄弟發動的叛亂被平定下去。在整個平定新疆的戰爭中，清廷曾經採取較大規模的屠殺舉措，甚至有襲擊和屠殺降軍的行為，原因是恐怕這些降軍日後還會反叛。過度殺人甚至殺降，留下了部分居民懷有民族仇視的後遺症。

　　清朝從軍事上平定了天山南北之後，汲取新疆地區首領降而復叛、反覆無常的歷史教訓，先於南疆設參贊大臣，並派官員直接控制各地方政權，乾隆二十七年（1762），在新疆設立伊犁將軍，駐兵惠遠城，總統南北疆事務，使天山南北處於清中央政權實際管理和強有力的統治之下。隨後，清朝開展了對新疆地區的經營，加強行政管理，發展地方經濟，這些切實的措施有利於鞏固國家的統一。

　　清乾隆朝剷除達瓦齊、阿睦爾撒納、大、小和卓等分裂勢力，直接經營和管理新疆地區，奠定中國領土的版圖，具有深遠的意義，學界早有定論。

〔註13〕魏源：《聖武記》卷四，《乾隆蕩平準部記》，中華書局，1984 年版，第 151 頁。

〔註14〕《清高宗實錄》卷五九三，乾隆二十四年七月丁巳。

而這對當時清朝的政界、學界,無疑是振奮精神、開闊視野的絕大契機,使社會上層的建國爲政、文治武略,均充滿恢宏博大的氣勢。這種宏博氣概同樣在文化事業上表現出來。自乾隆二十年進軍新疆的戰爭開始,乾隆帝就委派頗懂地理學的左都御史何國宗,率領西洋人傅作霖、高愼思,前往新佔領地區各處,「測其北極高度、東西偏度及一切形勝,悉心考訂,繪圖呈覽。所有《坤輿全圖》及應需儀器,俱著酌量帶往」。〔註15〕乾隆二十一年二月,在何國宗一行尚未抵達目的地開展測繪之時,乾隆帝就諭令已在新疆軍中的劉統勳,協同何國宗考察新疆地理現狀與歷史沿革,編輯爲書,其論旨曰:「今已擒賊奏功,劉統勳在軍中無所職掌,當專辦此事。現命何國宗赴伊犁一帶測量,亦經面諭。著傳諭劉統勳會同何國宗前往。所有山川、地名,按其疆域、方隅,考古驗今,彙爲一集。咨詢睹記,得自身所親歷,自非沿襲故紙者可比。數千年來疑誤,悉爲是正,良稱快事,必當成於此時,亦千載會也。」〔註16〕這是纂修《西域圖志》一書的開始,體現出在征戰勝利的同時,也要在文化上大有作爲,其中明確顯示了此時編纂一部「考古驗今」之書「亦千載會也」的豪邁心情。這裡「數千年來疑誤,悉爲是正」一語,不得忽視,亦不應僅作單一個案問題理解,乃是正醞釀欲圖在學術文化上超越百代的雄心。

與平定西域直接聯繫的文化活動很多,諸如立碑記功、祭祖、吟詩、撰文等暫且不談,大而卓著者尚有編纂《平定準噶爾方略》與繪製平定伊犁回部全圖。《平定準噶爾方略》一書的編纂,始於乾隆二十年,成書於乾隆三十五年,這在本書卷首《進書表》中有明確闡述:「爲書百七卷而奇,程功託始於亥春,閱時十有五年之久」。《四庫全書總目》卷四九、史部紀事本末類載:「《御定平定準噶爾方略》前編五十四卷、正編八十五卷、續編三十三卷,乾隆三十七年大學士傅恒等恭撰奏進。」按其語意,是說本書修成於乾隆三十七年,而未提到始修之年。但是,只要一打開文淵閣《四庫全書》本《平定準噶爾方略》,卷首乾隆帝的序言赫然簽署著「乾隆三十五年庚寅仲春月吉御筆」,這個年代決不會是誤筆,因爲有干支紀年相印證。那麼,是不是乾隆帝的序言寫於書成之前呢?不是的。這篇序言開頭即言:「《平定準噶爾方略》

〔註15〕 《清高宗實錄》卷四九○,乾隆二十年六月癸丑。
〔註16〕 《欽定皇輿西域圖志》卷首,乾隆二十一年二月十三日「上諭」。臺灣商務印書館,影印文淵閣《四庫全書》本。

書成，纂言者以序請……事之本末，則《方略》三編盡之矣。」很明顯，乾隆帝撰寫序言之時，本書已修成，並且是前編、正編、續編皆已修成，因此，錯誤出在《四庫全書總目》。該書成後共有三編，前編 54 卷，記述範圍是康熙三十九年至乾隆十七年，正編 85 卷，起止爲乾隆十八年至二十五年三月，續編 33 卷，起止爲乾隆二十五年三月至三十年。前編與正編全面清理新疆地區首領多年來歸附與叛離的過程，是整體性的歷史總結，不同於此前官修方略之書重於戰爭狀況的記述。續編則記述清朝平定西域之後的經營和管理，更打破「方略」記述戰事的常規，具有政治歷史觀的全局眼光。因此，《御定平定準噶爾方略》全書在清朝各種官修「方略」中，是與眾不同、內容全面的撰述，值得注意和研究。

　　「平定伊犁回部全圖」是以彩色美術圖繪的方式表現平定西域的豐功偉業，由郎世寧、王致誠等西洋畫家執筆繪畫，配以乾隆帝的有關詩作、序言、題辭等等，完成於乾隆三十一年，文字卷與畫卷共 34 幅，其中繪畫 16 幅，〔註 17〕極其精美。更值得注意的是：乾隆帝接受西洋人建議，親自下令將此 16 幅繪圖「寄往歐羅巴洲，選擇良師鏤爲銅版，俾能於原圖不爽毫釐」〔註 18〕，於是由郎世寧聯繫法國繪畫研究院，責成有關公司採用最先進技術，精心製作繪畫銅版，〔註 19〕以便隨時可以印刷。首批四幅繪畫於乾隆三十一年（1766）秋運抵法國巴黎，餘下的 12 幅圖也於次年秋運到，這得到法國商界和政府的高度重視，組織精工細作，多歷年所，除雕鏤銅版之外，每幅畫還在法國印製 200 件（初議印 100 件，後經乾隆帝旨准增至 200 件），但陸續運回清廷，恐怕乃遲至乾隆三十七年到四十四年（1779）之間，花費在 2 萬兩白銀以上。〔註 20〕此爲清代中外文化交流的一件大事，這比引進西方鐘錶、建築和觀賞性工藝更爲鄭重，表現了乾隆帝平定西域取得勝利後的胸懷，能夠與西方進行這樣的文化合作，其開明態度也是清朝皇帝中所少見的。

〔註 17〕見《國朝宮史續編》卷九七，《圖刻》。

〔註 18〕原爲法國國家檔案庫文獻件，轉引自伯希和撰、馮承鈞譯：《乾隆西域武功圖考證》（上），載於《中國學報》二卷四期，1944 年 12 月。

〔註 19〕見伯希和撰、馮承鈞譯：《乾隆西域武功圖考證》，連載於《中國學報》二卷四期至三卷二期（1944 年 12 月至 1945 年 2 月）。

〔註 20〕以上據伯希和撰、馮承鈞譯：《乾隆西域武功圖考證》（中），載《中國學報》三卷一期（1945 年）。

　　總之，在平定西域過程中啓動的《西域圖志》、《平定準噶爾方略》纂修與《平定伊犁回部全圖》的繪製和製版，表現出統治者昂揚的精神面貌、較爲開闊的胸懷、做千古未能之事的信心和認眞、求精的學術文化態度，這是開展傳統文化大總結活動的條件之一。因此，乾隆時期平定西域，不僅在疆域上基本完成清朝的國土統一大業，而且也是學術文化事業登上繁盛高峰的階梯。

二、乾嘉「盛世」史學發展的社會結構

　　乾隆年間，史學發展在官方的主導下逐漸繁榮興盛，嘉慶前期乘勢延續，減而未衰，在朝在野，均有可以稱道的史學業績。整個社會的史學發展，其組成結構日見顯露，從撰史、治史的行爲主體角度來觀察，可分爲官方與私家兩大部分和朝廷、地方官府、幕府、學者個體等四個類別。清代撰史主體的這種「兩部」、「四類」現象，不自乾隆時期肇始，康熙年間即已呈現，但那時各自獨立性較強，連帶關係很差，不能視爲共同組成史學發展的整體結構。乾隆朝則已大爲不同，兩部、四類之間雖強弱迥異、重輕有別，而其中聯繫可謂千絲萬縷，更相互滲透，但總體上又有自然分工而不互擾的配合現象，組成史學活動的整個社會結構。所以對這一階段的史學史研究，應當克服歷來僅僅孤立研討的局限，予以結構性地全面考察，才能獲得更深入的認識。

　　在官方史學部分，皇帝、朝廷主持的史學活動仍居最顯要地位，以至於提到清代的官方史學，使人僅關注朝廷修史而忽略其它。乾隆帝、嘉慶帝都十分熱衷於官方的修史活動，乾隆帝在位期間纂修的史書數量，遠遠超過中國古代任何一位皇帝，高踞於榜首。史書纂修的規模、修史種類的多樣，這在上文已經論述，不再重複。而朝廷積極修史，佔據多項修史項目，竭盡全力翻新花樣，不僅擠壓了私家史學的活動空間，而且使高峰在嘉慶朝也難以做出新的開發與增長。但嘉慶帝仍然勉力維繫官方史學的繁榮局面，在接續乾隆朝已有官修史籍上，取得相當的成績。例如依據乾隆朝纂修的《國朝官史》、《詞林典故》體式，續纂了《國朝官史續編》、《皇朝詞林典故》，《重修大清一統志》、《大清會典》等，擴大了國史館規模和纂修項目等等。

　　各地纂修方志是由地方官府主辦的修史活動，是朝廷修史活動向下的延伸。這個延伸是極其有限度的，一是朝廷仍然進行一定程度的監控，各地方

志修成，要由朝廷派遣各省的學政認可，方能刻印；二是各個地方官府只組織纂修轄區範圍內的地方史志，不敢有纂修更大地域範圍乃至全國性史籍的「僭越」活動，這一點上反不如私家史學自由和活躍，更不如日本德川幕府時期作爲地方政權的水戶藩，可以大張旗鼓地纂修紀傳體《大日本史》。但纂修方志，在明清兩代已是地方官府權限內和責任上的一項定例，清代將之發展到鼎盛階段，曾由中央集權的朝廷督促各地進行，是官方史學從朝廷向下屬地方官府分放，成爲官方史學的一個組成部分。

　　幕府編纂書史的文化活動，在清代與前代一樣乃是間或出現，也並非爲持續不斷地存在和發展，一般由地方大員充當幕主，而受各種條件制約，帶有隨機性。但清代這種熱心文化活動地方官是比較多的，因而「文化幕府」往往此起彼伏。乾嘉時期有些官僚的幕府修史，卻具有史學發展全局性的意義，以畢沅的幕府最爲典型。這是一種官員私下的文化行爲，而與官方有很深的聯繫，他們借助官方資源和官方的組織方法，本質上是對私家史學的一種補充。將之置於官方與私家文化活動的聯繫中考察，才能更確切地探討其社會意義。

　　學者個體性的研治史學，仍然是乾嘉時期私家史學的主要方式。中國古代的史家在編纂史書過程中，較少私家之間的平等合作精神，而任何個人能力和條件，均有局限，欲編纂大型史書，以畢生精力投入亦或恐不足，故歷代父子相繼、家族共舉的修史事例屢見不鮮，這自然仍屬於私家修史的個體活動。清乾嘉時期，官方積極開發修史項目，私家在人力、物力、資料佔有等等條件上，都難以與官方競爭，於是作窄而深的歷史考據，不失爲很好的選擇。這種治學方式，也應當置於清代「盛世」史學的總體結構中予以考察。這個史學發展的總體結構，在乾嘉時期不是主觀拼接的表述，而是統攝於當時史學發展的主流，即客觀存在的對於傳統史學的大清理和大總結潮流，每一主體的治史活動，都是以傳統史學的清理和總結爲背景條件。

（一）清乾嘉朝史學活動的業績

　　乾隆年間，官方史學已經形成一套成熟的修史制度，修史館局組織嚴密，收籠人才眾多，皇帝親自參與、督導，規模和題材迅速膨脹與擴大。官方具有較系統的歷史觀念和史學思想，全面處於超越私家史學的地位。至《四庫全書》的編纂展開之後，官方成爲傳統文化與傳統史學的大清理、大總結的主力，帶動了史學的整體發展。乾隆時期官方史學活動所取得的成就，幾乎

囊括了這一階段史學著述的各種類別，嘉慶朝接續或重纂了乾隆時期的一些史書，如《國朝宮史續編》、《皇朝詞林典故》、《重修大清一統志》、《大清會典》等等，在國史館的建設與纂修活動上也有新的推進。朝廷主持取得的修史業績，可以概略地分類歸納如下：

1、對上古至當代的史學遺產，予以大盤點、大總結與全面評析，這主要表現於官修《四庫全書總目》的史部提要之中。《四庫全書總目》是乾隆三十八年（1773）開始編纂大型叢書《四庫全書》總工程的一個組成部分，整個《四庫全書》的編纂活動，規模宏大，動用人力之多，投入財力之大，牽動社會文化之廣，影響學術文化之深，均爲亙古未有。

據統計，《四庫全書》校訂和抄錄經、史、子、集四部書籍三千五百多種，七萬九千三百多卷，每一書皆專有提要，做出內容介紹、考訂其流傳和影響，並且予以評析。而列爲「存目」的書籍約有六千八百種，雖不抄錄，但撰寫提要予以介紹和評論。《四庫全書總目》就是這些圖書提要的單行本，按部類有序地編排。在《四庫全書》之前，明代曾經編輯大型類書《永樂大典》，基本是有書即錄，故文獻豪富，部帙宏大。但《永樂大典》的編纂僅抄書而已，冗濫龐雜，漫無一致的規則和體系，除起到保存文獻作用之外，鮮有可稱之處。康熙、雍正之際，亦成《古今圖書集成》一書，篇幅達到萬卷，爲現存最大類書。本書編輯很有條理，資料豐富，但類書的體裁乃是依類摘取資料，便於研習中查找、應用而已。《永樂大典》和《古今圖書集成》，都不具備文化遺產的總結作用，因而與《四庫全書》的編纂，性質根本不同。《四庫全書》的整體工程，是包括多項文化舉措的統一。其一是收集全國各地、政府與民間的所有現存圖書，還進行佚失書籍的輯佚訂補，這與前朝僅以國家藏書爲主的理念不同。其二是對圖書分等次地處理，有些作爲錄用的正目，多數價值不大、錯誤甚多的圖書歸於存目，當然還有因政治因素和綱常倫理原則被禁燬的圖書。正目中也分級別，有得不僅錄入《四庫全書》，同時也安排刊刻，以利傳播。不少被視爲重要典籍者，優先編輯爲《四庫全書薈要》一套，藏於皇宮供最高統治者閱讀。這是系統地審視圖書，於總結之中有所清理和去取，正如四庫館臣所言：「今詔求古籍，特創新規，一一辨其妍媸，嚴爲去取。其上者悉登編錄，罔致遺珠。其次者亦長短兼臚，見瑕瑜之不掩。其有言非立訓，義或違經，則附載其名，兼匡厥謬。至於尋常著述，未越群流，雖咎譽之咸無，要流傳之已久，準諸家著錄之例，亦並存其

目，以備考核。」〔註 21〕我們可以批評清廷進行鑒別的標準，而無法否定這
種行爲是對文化遺產的一種清理。其三是對所有正目、存目圖書，都撰寫一
批學術性提要，介紹、評論該書的內容、性質、流傳過程、學術價值以及作
者情況，頗多史實的考訂。各書提要，總和而成的《四庫全書總目》，是對傳
統文化遺產大清理、大總結的結晶。尤其是對六千多種不收入《四庫全書》
的存目之書，仍逐一撰寫提要，充分表明此中確有全面進行文化遺產總結的
意旨。《四庫全書總目》的史部提要與其它各部書籍的提要一樣，均對正目、
存目之書予以鈎玄提要的評介，有以下幾個特點：

第一，史部著錄的安排，有嚴整的分類體系。自兩晉南北朝以來歸於史
部的書籍日見其增，內容、形式也越發繁雜，因而自《隋書經籍志》以後，
目錄學著述就不得不在史部之內再分類統攝，以求眉目清晰，便於查考。《四
庫全書總目》的史部，將史籍分成正史、編年、紀事本末、別史、雜史、詔
令奏議、傳記、史鈔、載記、時令、地理、職官、政書、目錄、史評等 15 個
大類，有些大類內又分小類，如傳記類又分聖賢、名人、總錄、雜錄、別錄 5
項，地理類的劃分更達 10 項。這樣的歸納要對各種史籍有全盤的瞭解，還須
研究歷代目錄學著述的不同方法，在比較之中選擇和變通。例如「別史」
類的定名，就是南宋時期所創始，「以處上不至於正史，下不至於雜史者」
〔註 22〕，即用來著錄品位低於正史而高於雜史的史籍，四庫館臣認爲其「義
例獨善，今特從之」〔註 23〕。而關於「政書」類的設置，館臣批評了歷代藝
文志、經籍志有「故事」一類，「循名誤列，義例殊乖」，採用比較偏僻的《秘
閣書目》出現的「政書」名目。〔註 24〕可見《四庫全書總目》對史籍的分類
是經過系統研討和總結、提高，取得超過前代的嚴整效果。

第二，對史籍源流作出概述和總結，這表現在史部的總序和各個分類的
小序之中。史部總序雖然簡短，而內容豐富，開篇即言「史之爲道，撰述欲
其簡，考證則欲其詳。莫簡於《春秋》，莫詳於《左傳》」，這實際拉開了從
經、史關係上論述史學地位的帷幕。接著指出：「苟無事跡，雖聖人不能作《春
秋》；苟不知其事跡，雖以聖人讀《春秋》，不知所以褒貶。儒者好爲大言，

〔註 21〕　《四庫全書總目》卷首，《凡例》。
〔註 22〕　《四庫全書總目》卷五○，史部別史類小序。
〔註 23〕　《四庫全書總目》卷五○，史部別史類小序。
〔註 24〕　《四庫全書總目》卷八一，史部政書類小序。

動曰『捨傳以求經』，此其說必不通，其或通者，則必私求諸傳，詐稱『捨傳』云爾。」〔註25〕這就雄辯地論證了史書的重要性，而隨之以司馬光撰著《資治通鑑》爲例，說明治史需要廣徵博采，更以紮實的考證，指明《資治通鑑》採用了諸多雜史、小說的資料，論證了龐雜多樣的史籍，均不可廢棄的道理，順勢道出將史部分爲 15 大類別以「兼收博采，列目分編」的規劃。那麼龐雜的史書中，其有記載失眞、是非顛倒者，怎麼辦？這裡也作出了回答：「合眾證而質之」、「參眾說而核之」，即進行認眞的考證則「必得其情」。當時的社會，正充斥著尊崇經學和嚴厲扼制思想異端的政治文化氣氛，史部之書的「兼收博采」，要面對可能出現的各種疑難，這篇總序有理、有力地作出的預計和解答，所以能夠贏得乾隆帝和朝廷的認可。其餘各類小序，如編年類、紀事本末類小序，都論述了史籍體例的發展源流，具有總括性、理論性的認識。

第三，對具體史書作出深入的評析，這些評析合爲一個整體，就形成對史學遺產的全面清理和總結。早在乾隆三十九年，就已確定對各部圖書「俱經撰有提要，將一書原委，撮舉大凡，並詳著書人世次爵里，可以一覽了然。較之《崇文總目》，搜羅既廣，體例加詳，自應如此辦理」〔註26〕，史部提要在實際撰寫中，任用飽學史家如邵晉涵等人擬寫初稿，再經詳細審閱修改，既具學術水準，又合官方意旨。例如別史類內對《東觀漢記》的提要，以較長的篇幅詳述編纂進程、諸家評介、流傳、遺佚及歷代的著錄學者的輯佚情況，指出此書現今雖僅存 24 卷，而「有資考證，良非淺鮮，尤不可不亟爲表彰矣」〔註27〕。對於當時稀見重要史籍的這種評介，是十分必要的。又如對存目書傳維鱗《明書》的提要，不惜篇幅地指謫其書義例和史實的舛誤，認爲「蓋一代之史，記載浩繁，非綜括始終，不能得其條理。而維鱗節節葉葉，湊合成編，動輒矛盾，固亦勢使之然矣」。這裡固然包含官方貶斥《明書》以利於推崇官修《明史》的意旨，但糾摘批點之深刻，也無法否認。

《四庫全書總目》史部所著錄史籍甚多、範圍涵蓋全境、通貫古今，達到了從官方角度全面總結已有史學遺產的效果，至今仍然對研究古代史籍具有重要的參考價值。其提要也有一些缺點和不少錯誤之處，如近代著名學者

〔註25〕《四庫全書總目》卷四五，史部總序。
〔註26〕《清高宗實錄》卷九六三，乾隆三十九年七月丙子。
〔註27〕《四庫全書總目》卷五〇，別史類《東觀漢記》提要。

余嘉錫就著有專門糾摘其誤的《四庫提要辯證》，洋洋灑灑，所獲甚多。特別是在清朝官方史學觀念的制約下，取捨和評價標準均難免偏頗，所禁燬圖書的行為更歷受批判。但編纂《四庫全書》的學術貢獻是主要方面，它對清乾隆之前史籍的大盤點、大總結，已經而且繼續對史學的發展起促進作用。

2、大量地編纂系統、完整的歷史著述。上文已經講到乾隆朝官方纂修史書超過六十種，占全部修書數量的二分之一，其中卷帙在 100 卷以上者二十多部，種類齊備，在《四庫全書》的史部之中，除了史鈔與載記類之外，其餘十三個類目均有清乾隆朝纂修之史籍，官方修史的觸角向各個領域伸展，將原先許多私修史項目的續作都攬入了官修範圍。現將乾隆朝官修百卷以上史籍以及重要史書條列如下：

《明史》336 卷，承接雍正年間的纂修，於乾隆四年刊行，歸於《四庫全書》正史類。

《清世宗實錄》159 卷，雍正十三年十一月纂修，乾隆六年修成。清朝實錄是不向臣民公開的尊貴史籍，僅皇帝可以隨時閱覽，官方纂修重要書史，經旨准可於史館內參考。

《御批通鑑輯覽》116 卷，附南明三王事跡本末 4 卷，乾隆二十四年始纂，乾隆三十三年成書，屬編年類，但《四庫全書總目》的提要內，對此書有多處訛誤的說法。

《平定準噶爾方略》前編 54 卷。正編 85 卷、續編 33 卷，共 172 卷，紀事本末類。乾隆二十年修，乾隆三十五年成，上文已有評介。

《平定兩金川方略》152 卷，乾隆四十六年三月成書。清廷幾次發動對金川地區民族分裂勢力的戰爭，曾陸續纂修記載戰事的方略之書，至乾隆四十二年前後，則重新予以整合與修訂。

《大清一統志》500 卷，乾隆二十九年纂修，至乾隆五十年底最後校訂完成，入《四庫全書》史部地理類。

《欽定盛京通志》130 卷，乾隆四十四年重修，至五十四年最後校訂完畢，入《四庫全書》史部地理類。《四庫全書總目》言其卷數為 120 卷，誤。

《八旗通志初集》合卷首、目錄共 253 卷。原為雍正帝敕修，乾隆初特將內容擴展至雍正十三年，乾隆三年告成，次年刊行。

《欽定八旗通志》正文 342 卷、卷首 12 卷、目錄 2 卷，共 356 卷。《四庫全書總目》著錄的是雍正年間所成之書，即《八旗通志初集》，而《四庫全

書》內收載的乃是乾隆後期重修的《欽定八旗通志》。蓋重修此書遲至乾隆五十一年，約於乾隆六十年成書，當時《四庫全書總目》早已修成，因疏忽未加更改，造成出入偏差。

《續文獻通考》252 卷，《續通典》144 卷，《續通志》527 卷，是清乾隆朝「三通館」長期纂修的成果，初於乾隆十二年始纂《續文獻通考》，至乾隆三十二年增纂《續通典》、《續通志》，工程浩大，延至纂修《四庫全書》期間方陸續完成，最遲者於乾隆五十四年校訂完畢。

《皇朝文獻通考》266 卷，《皇朝通典》100 卷，《皇朝通志》200 卷，原本內容在「續三通」之內，後從其中分出另行纂修，屢隨《四庫全書》編纂陸續下延內容下限。清朝官方所修「六通」之書，史料豐富準確，體例亦有調整，頗具學術價值。

《四庫全書總目》200 卷，乾隆四十七年成書，後又有所增補、修訂。內容一如上述。

《四庫全書考證》100 卷，彙集編纂《四庫全書》過程中對各種書籍作出的文獻考證，內容多為文字校訂，亦按各書的四部分類編輯。

《欽定大清會典》100 卷，乾隆十二年纂修，二十一年告成，但至二十六年又予以校勘，乾隆三十一年方刊刻成書。

《欽定大清會典則例》180 卷。乾隆朝改變此前《會典》將典章與事例混合編纂一書的方法，開創典、例分書的義例，故另修此書，記述與典章制度相關史實，與《大清會典》相輔相成，一般實為同一典籍，同時刊行。

《欽定日下舊聞考》160 卷，內容為記述京城典故。乾隆三十八年始修，四十七年底告成。本書纂修乃因乾隆帝閱讀朱彝尊《日下舊聞》一書，認為頗多訛誤，下令由官方詳加考核訂正，因成此書。《四庫全書總目》言此書 120 卷、乾隆三十九年奉敕撰，皆誤。

另有《南巡盛典》、《萬壽盛典》各 120 卷，專記乾隆帝出巡、祝壽盛況，可以不計入正式史籍之目。而《皇清開國方略》32 卷與《皇輿西域圖志》52 卷雖部帙較小，但在乾隆朝官修史書之中，值得注意。

《皇清開國方略》始修於乾隆三十八年，五十一年告成。編纂宗旨是彰明清太祖、太宗開基創業的豐功偉績，以編年體敘述其事。本書於清太祖事跡取材於入關前所修《太祖武皇帝實錄》，不取康熙朝所修《清太祖實錄》的「文雅」描述，突出當時簡樸、直率的風俗面貌，以利於糾正八旗子弟中已

經蔓延的浮華之風。這帶動出一系列重理開國史的編纂活動，如繪製《盛京事跡圖》、纂修《滿洲源流考》、重新繪寫「開國實錄」即《滿洲實錄》、重修《盛京通志》等等，試圖以開國史訓導和激勵滿洲貴族，使其瞭解祖宗創業之艱難，從而奮發向上，維護清廷的統治。

《皇輿西域圖志》本於乾隆二十一年開修，二十七年成書 46 卷。《四庫全書》纂修開始後，《西域圖志》與其它官修史一樣，面臨重新補充或修訂。於是自乾隆四十二年改修《西域圖志》，至乾隆四十七年完成，共五十二卷，內容增多，記事時間下延。更重要的是按照乾隆帝的指示更改義例，取「晷度」而廢「分野」，擯棄了中國傳統的以星象「分野」之說配合諸地區「相距里數」來表示位置的方法，明確提出「惟測晷影定北極高度，距京師定偏西度，斯爲準確……至分野之說，空虛揣測，依據爲難，故不贅及」〔註28〕的論斷，實際就是用緯度和經度來確定地理位置，這是從西洋傳教士學習來的知識，將史地學著述建立在科學性勘測的基礎之上，在學術見識與科學理念上，遠遠超過了當時的絕大多數私家學者。隨後纂修的《欽定河源紀略》、《欽定熱河志》等書，也採取了測量晷度即經緯度的地理學方法，構成清代史地學的一次科學性跨越。可惜乾隆帝沒有以有力手段將這種理念發揚光大，故最終未能掀起一場衝破舊學術體系的思潮，失去中國學術藉此發生巨大嬗變的機會。

3、本朝史的記述與編撰，乃爲中國古代官方史學的根基，一是本朝史事的當時記載，二是進行本朝史籍的編撰。清朝至雍正年間，就穩定地形成了由起居注、實錄、聖訓、國史、方略、會典、功臣傳、一統志等構成的幾大系列記史和修史之格局，乾隆朝更有所擴展與深化。如國史館改爲常設，擴大了纂修本朝紀傳史規模，並且創造了開新意義的《貳臣傳》纂修。凡此種種景象，均形成纂修本朝史的頗有聲勢的高潮，前已述及，後文還將有所評析，這裡暫且從略。

4、史籍的輯佚與考訂。官方編纂《四庫全書》，本由從《永樂大典》輯出佚書引起，四庫館在輯佚上投入很大人力，輯出的歷代佚書數量巨大，其中著錄於《四庫全書》的史籍 41 種，包括《舊五代史》、《續資治通鑑長編》、《五代史纂誤》、《直齋書錄解題》等具有重大價值的史著，業績輝煌，不容否定。

〔註28〕《皇輿西域圖志》卷首，《凡例》。

5、對歷代史事做出評斷，闡發史學理論。《御批歷代通鑑輯覽》以及書寫於其書天頭的乾隆帝批語，集中體現了官方的歷史觀和史學思想。這一部編年體綱目類通史，重新審視從上古至明末的歷史事件與歷史人物，申明以「大一統」爲核心的歷史正統論。歷史評論的重點是君德、臣節、政務是非問題，徹底地貫徹儒學名教思想體系，對上古至明代代的重大史事，幾乎皆確定了議論的基調，從朝廷的角度對傳統史學思想作了系統性的總結與發揮。具體情況，也將在後文詳論。

史學史研究者對於清代史學發展的總體評述，絕不能無視官方的修史成績，特別是乾隆時期編纂的大量官修史籍。陳寅恪在《陳垣元西域人華化考序》中說：「有清一代經學號稱極盛，而史學則遠不逮宋人。」〔註29〕這就是一種未將清朝官修史置於視野之內的片面說法，幾乎成爲近代史家的通病，如梁啓超《中國近三百年學術史》內包括有暢論清代史學的內容，然而除了《明史》而外，對官修「清六通」、《皇輿西域圖志》、《大清一統志》、《御批通鑑輯覽》等等重要史籍，竟然無一字言及。民國時期受「排滿」情緒的影響，學者多對清朝官方修史業績視而不見，至今學術界仍有這種傾向，應當糾正。嘉慶時史官稱羨乾隆年間官方的修史成就，認爲官修史涉及的時間、空間範圍均極其廣大，「其間或上溯唐虞，下逮勝國，人所不敢言而聖人言之。或近而瀋訇，遠而蒙古、回部，古所不備詳，而今特詳之。偉哉！史學之博大昌明，未有際於斯盛者矣」〔註30〕。此言頗有實據，不能因其詞語涉嫌溢美而遽然視爲無物。

（二）地方官府的纂修方志

清代自順治時期，就有地方官府纂修方志的舉動，這是明代編纂方志活動的延續。康熙年間，掀起纂修方志的熱潮，雍正時期更降至推進一步，此乃由於朝廷纂修《大清一統志》所帶動。《一統志》與方志有著密切的聯繫。所謂「方志」，在嚴格意義上應以確認全國統一政權爲前提，是按國家當時行政區劃爲單位，記述某一區域內的地理、歷史與社會人文狀況的典籍。在史學上，體現爲官方史學從中央向地方有限度的分放。

清康熙朝早有纂修《大清一統志》，而正式纂修應是在平定「三藩之亂」後的康熙二十四年（1685）。康熙二十八年十一月，時任總裁的徐乾學因事被

〔註29〕《陳寅恪史學論文選集》，上海古籍出版社，1992年版，第505頁。
〔註30〕《國朝宮史續編》卷八八，《書籍十四·史學一》史臣按語。

劾，被迫解職歸鄉，疏中稱《一統志》「考究略有端緒」〔註31〕，請將之攜歸繼續編輯，特旨允許。於是，徐乾學得以書局自隨。並奏請姜宸英、黃虞稷隨同襄助。〔註32〕又延請胡渭、閻若璩、黃儀、顧祖禹等有名學者參與其事，先後在洞庭山、嘉善、崑山等地開設纂修《一統志》書局。〔註33〕康熙三十三年，徐乾學逝世，遺疏進呈《一統志》稿。清廷依其志稿繼續修訂，令韓菼總裁其事。〔註34〕韓菼尚簡，對徐乾學稿本大加刪削，另成一稿，俱存館內。〔註35〕韓菼於康熙四十三年逝世後，清廷未再著力修訂，《大清一統志》編纂之事實際上又被擱置，終康熙朝未得成書。雍正三年，清廷再組《一統志》館，「以《一統志》歷久未成，特簡重臣敦就功役。」〔註36〕並且採納了總裁蔣廷錫的建議，令各省先行報送本朝人物的有關資料，增強《一統志》的記載人物事跡等歷史內容。但直至乾隆五年（1740）十一月，初修《大清一統志》方為告成，全書 342 卷，記載範圍包括十八省，統府、州、縣一千六百多個。採取分省敘次方式，每省先立統部，冠以圖表，有分野、建置沿革、形勢、職官、戶口、田賦、名宦等門類，皆專載統括一省之事。而府、直隸州各為立表，下繫各縣。每縣所載內容加詳，分二十一類目，即分野、建置沿革、形勢、風俗、城池、學校、戶口、人物、流寓、列女、仙釋、土產、外藩及屬國五十七個，朝貢之國三十一個，皆附錄於後。乾隆帝親撰序言，冠於卷首。至其全書刻成，已至乾隆八年。〔註37〕

這次初修《大清一統志》的過程，是反覆推動各地方志纂修的進程，為了給《大清一統志》提供資料，康熙十一年、康熙二十二年、雍正六年三次敕令各地纂修方志，這在古代是絕無僅有的。尤其值得注意的是，無論清廷抑或地方官，在檄催各地修志時，皆有詳明的規定，十分認真，公文傳達較為迅速。雍正六年詔諭修志，雍正帝宗提出了對地方官獎勵與處分的問題。次年，又規定方志隔六十年必應續修〔註38〕，這等於將修輯方志列為地

〔註31〕《憺園文集》卷十，《乞歸第三疏》。
〔註32〕《憺園文集》卷十，《備陳修書事宜疏》。
〔註33〕《清史列傳》卷六八，《胡渭傳》、《閻若璩傳》。
〔註34〕《清史列傳》卷九，《韓菼傳》。
〔註35〕見楊椿：《孟鄰堂文鈔》卷二，《上一統志館總裁書》。
〔註36〕雍正《畿輔通志》卷首，唐執玉《序》。
〔註37〕見《清高宗實錄》卷一三一，乾隆五年十一月甲午，《四庫全書總目》卷六八，史部地理類。
〔註38〕見光緒《吉安府志》卷首，定祥《序》。

方官的職責之一。雍正年間至於乾隆初年，山東、山西、河南、陝西、浙江、江南、江西、湖廣、廣東、廣西、福建、畿輔（今河北）等等多數省分，皆纂修了通志，皆完整地載於《四庫全書》，這乃是雍正六年敕諭修志的結果。

乾嘉時期，方志的纂修的總數量雖略少於康熙、雍正時期，但質量有所提高，保存至今的數量則超過前兩朝。康熙、雍正時期纂修方志的學者，已就方志的義例發表多種多樣的看法，乾嘉時期這種方志學的研討進入成熟的階段，以戴震、洪亮吉等爲代表的考據派，主張方志應當將考述地理沿革作爲主要內容，如洪亮吉認爲：「一方之志，沿革最要。」〔註39〕他批評《太平寰宇記》在地理之外又編入姓氏、人物、風俗等內容，認爲這造成了不良的影響〔註40〕。戴震也主張方志只是一種地理書，「但悉心於地理沿革，則志事已竟。」〔註41〕而章學誠則主張「方志乃一方全史也」〔註42〕，要以記載人物、事件爲主要內容。章學誠建立起比較系統的方志學理論，這得自他一生進行纂修方志的實踐，也是總結和提高了以往官府、學界對方志類例的討論，而符合於雍正帝「志書與史傳相表裏，其登載一代名宦人物，較之山川風土尤爲緊要，必須詳細確查，愼重採錄」〔註43〕的諭旨。

除個別學者私家有纂修方志活動之外，乾嘉時期大多爲官府舉辦，但官府往往聘用著名學者主持，梁啓超說：「史之縮本，則地志也。清之盛時，各省，府、州、縣皆以修志相尙，其志多出碩學之手。」〔註44〕如乾隆年間《汾州府志》有戴震主修、《松江府志》由孫星衍主修、《偃師縣志》、《安陽縣志》由武億主修、《江寧府志》、《廬州府志》爲姚鼐主修，章學誠更主修過《和州志》、《永清縣志》、《亳州志》、《常德府志》《湖北通志》等多種。一些具備學者素質的官員主辦地方志的修纂，更注意利用有才學的學者執筆編寫。例如畢沅任陝西布政使時期，直接推動《西安府志》的編纂，其幕僚學者嚴長明被任爲主修人；謝啓昆任廣西巡撫而纂修《廣西通志》，其幕客胡虔乃爲主筆。

〔註39〕 《更生齋文甲集》卷三，《跋新修廬州府志後——寄張太守祥雲》。

〔註40〕 同上書卷三，《萬刺史廷蘭重校刊太平寰宇記序》。

〔註41〕 見《章氏遺書》（劉承乾嘉業堂刻本，後同）卷十四，《記與戴東原論修志》。

〔註42〕 《章氏遺書》卷二十八，《丁巳歲暮書懷投贈賓谷轉運因以志別》自注。

〔註43〕 《清世宗實錄》卷七五，雍正六年十一月甲戌。

〔註44〕 梁啓超：《清代學術概論》（十四）。北京，東方出版社，1996年《民國學術文庫》本，第50頁。

其它如邵晉涵執筆的乾隆《餘姚志》、錢大昕執筆的乾隆《鄞縣志》、洪亮吉執筆的嘉慶《涇縣志》等，也都頗具學術性或卓有特色。嘉慶年間，聘請私家學者主修方志的做法一直延續。官府在纂修方志問題上，很尊重所聘著名學者個人的意見，官方對方志的督查控制，主要是注意其內容有無觸犯忌諱之處。因此，纂修方志固然是官方史學的分支，但也提供了官方史學主張與私家見解交匯、融合、合作的平臺，這其中也會發生矛盾，致使纂修中輟或者修成的方志不能刊印，但整體關係上是協調的。

（三）遍及舊籍的私家治史

乾隆朝的私家史學，面對官方史學的強勢，其發展取向受到制約，但史學遺產的積累至於清代，已然極其浩博，就有取之不竭的治史素材。於是在各種因素的推動下，私家史學與整體的學風相協同，在乾嘉時期走上了以歷史考據、文獻審理為主流的途徑。

當我們分別觀察乾嘉時期私家史學的具體成果，總會得出研討問題相當細碎、分散的印象，但總括起來觀察，可以發現：乾嘉學者研治史學的觸角伸向一切舊有的史籍，沒有哪一代史事、哪一部重要史書逃脫私家治史者的視野，大小問題，幾乎錙銖不遺。因此，每一具體的史家的具體考訂，可能眼光狹窄，但乾嘉考據學者研討問題的總和，則是網羅百代、遍及舊籍。作為考據治學的特點，研究對象必須具體，而乾隆朝對傳統文化大總結的時代氛圍，具備審視百代、包吞千有的氣概，這是一個微觀與宏觀、個體與整體的結合，也顯現出大視野與小操作之間的反差。在對傳統史學大清理、大總結的氣氛中，沒有什麼歷史問題、什麼史籍是不可以審核的，而歷史考據的對象，則是一個個具體的問題，每個學者都在尋求自己要研治的課題，所有的古史、舊籍都在其選取的範圍。眾多學者選題與研究的結果，整體上構成普遍清理與審視史學遺產的格局，這客觀上形成對傳統史學從微觀角度入手的清理和總結，是整個傳統史學大清理、大總結時代學術的一個組成部分，與官方編纂《四庫全書》為標誌的傳統文化大總結活動上下配合，相輔相成。因此，在傳統文化大清理、大總結的氣氛下，無論政治控制多麼嚴厲，無論官方學術多麼強勢，私家學者總還是能夠取得一定的發展空間，而其研討的宗旨，大都仍會歸結於整體的學術文化潮流之中。以傳統史學清理和總結的角度評論乾嘉時期私家的歷史考據學，其主要成績可作以下歸類分析：

　　1、對史籍作深入的系列性審核，尤以王鳴盛《十七史商榷》、錢大昕《廿二史考異》成就突出。《十七史商榷》是王鳴盛中年定居蘇州，將精力全部投入考據治學之後的著述，全書共 100 卷，針對《史記》、《漢書》、《後漢書》、《三國志》、《晉書》、《南史》、《宋書》、《南齊書》、《梁書》、《陳書》、《北史》、《魏書》、《北齊書》、《周書》、《隋書》、新舊《唐書》、新舊《五代史》等十九部正史的記載發微辨疑、深入考訂，並且涉及史籍的流傳及歷代學者的研討，又時時做出不同史書之間的比較，因而澄清了許多史事，也給讀者治史以啓發。更值得注意的是本書對各部正史多有總的評議，對編纂義例、史學方法亦作闡釋。例如卷一有「《史記》創立體例」條，綜合考述《史記》在紀傳體上的創始與後來史書的仿從與變通。對於《三國志》，則評爲「陳壽史皆實錄」，對於新舊《五代史》，指出「歐史喜採小說，薛史多本實錄」等等，都屬於整體性評論。對於新舊《唐書》，卷六九有「歐宋不採史料諸書辨」條、卷七十有「新書盡黜舊書論贊」條，關於新舊《五代史》，卷九三有「斷代爲史錯綜非是」條，諸如此類，都論述了撰史意旨和史學方法問題。本書的最後有《綴言》二卷，更具有對歷代正史予以總體性的論述，其中卷一《正史編年二體》，博引歷代的有關論述，予以辨析，提出紀傳體優於編年體，以紀傳史作爲正史是確當的，不應將編年史歸於正史，他認爲編年史中，「亦必至司馬君實方爲一大著作」。這實際是作者的一篇論文。《綴言》第二卷就專門考訂《資治通鑒》問題，認爲「《通鑒》與「十七史」不可偏廢」，這是他考訂「十七史」而不忘附以《資治通鑒》的全盤考量，顯示出王鳴盛全面清理上古至五代歷史記載的著述意旨。由此可見，《十七史商榷》雖然在形式上由諸多具體的歷史考析小條目所構成，但內中體現的是作者試圖對上古至五代時期主要歷史及其載籍的清理與總結，實際上納入了傳統文化大清理、大總結的文化潮流。

　　《廿二史考異》100 卷，其內容主要就二十二部紀傳體史書（比清朝欽定「二十四史」減去《新五代史》與《明史》。目錄雖列有司馬彪《續漢書》，但似未將之獨立計入一史之數）的文字差異作出校勘，並且對史書記述的人物、地名、典故等等容易被混淆和誤解者作出考釋。考訂精確、切實，爲讀史者提供很大裨益。雖條目之間各自獨立，相互聯繫不大，而將記載上古至於元代史事的正史逐次校訂，實含系統性從微觀問題入手清理史籍的宗旨。此書評論很少，蓋作者嚴守著述體例所致，既從考證史籍出發，故不遑旁騖。

但也不可一概而言絕無議論，卷四十二《唐書二‧僖宗紀》條，篇幅較大，不時插入評論，批評其中有不少多餘的記述，甚至致使褒貶失宜，例如《僖宗紀》中記載了一些割據地方的官員戰亂時被殺，錢大昕評論說：這些人「或起偏裨，或由群盜，以攘竊而有其地，又不能守而見殺，既無撫御之才，亦無節義足錄，此死之輕於鴻毛者，而乃與張巡、許遠諸人書法一例，於褒貶之義何在！」〔註45〕這已經不屬於考證，而完全成爲歷史評論和史書評論。錢大昕另一著作《十駕齋養新錄》中，也多有考史內容，而評論增多，說明作者並不擯棄對歷史和史籍的批評。考據爲主，不時有所評論，是乾嘉時期史學大家的普遍風格。

似這樣系列性考訂史籍、史事的撰述，乾嘉時期尚有牛運震《讀史糾謬》、張熷《讀史舉正》、洪亮吉《四史發伏》等等，略具系列性考訂史籍之意。洪頤煊《諸史考異》始撰於嘉慶年間，乃因校讎錢大昕《廿二史考異》得到啓示而作，至道光年間成書，是將錢大昕系統審核史籍的精神發揚光大。

在歷史和歷史文獻考據作出系統性審視而取得突出成就者，是疑古考據學家崔述，其《考信錄》一書乃乾嘉時期石破天驚的傑作。從清理史學遺產角度評析，《考信錄》是對記載中國上古史事的史籍做整體性、顛覆性的審判，學術價值超越時代水平。但當時不受恪守信古理念的大多數考據家所贊同，被乾嘉學派和官方予以冷落和排斥，至近代才在學術界大放異彩。崔述的成就已於前第三章作出論述，這裡不再重複評析，但需要注意的是：崔述以個人之力系統清理、總結和辨析中國先秦史籍和先秦歷史的眞僞正謬，集古代疑古思想之大成，在學術上獨樹一幟，使乾嘉時期的傳統文化大總結活動，終於沒有失落疑古考辨這一史學遺產，其功甚巨，意義非凡。

不以審核、考據見長，對歷代史學與史事進行歸納總結而卓有成就者，當首推趙翼《廿二史箚記》36 卷。趙翼（1727～1814）字耘松，號甌北，前文已述。《廿二史箚記》的特點是既評論歷史，也評論史書，在評論史書時，常常將相關聯的幾部正史予以比較，揭示各書在義例、書法、史料取捨、記載異同等等方面的聯繫與區別，深入淺出，對治史者提供極大的啓示。如卷一有「《史》、《漢》不同處」、「《史》、《漢》互有得失」等條目，對比分析《史

〔註45〕錢大昕：《廿二史考異》卷四二，《唐書二‧僖宗紀》。上海古籍出版社，2004年版，第672頁。

記》與《漢書》；卷六有「《後漢書》、《三國志》書法不同處」、卷十有「《南史》仿《三國志》體例」、卷二十一有「薛、歐二史體例不同」等條，題目即將觀點表達清晰，引人注目，不得不急欲閱讀。作者評議史書與史學現象，具有綜合、總結的性質，例如卷二十七通過評議《遼史》的幾個條目，將遼國的記事制度、官方史學給予清理和總結，同卷對於《金史》的評論，具有同樣的內容。卷二十三「宋遼金三史重修」條，則搜羅歸納了元末與明代多人試圖重修此三史的史學往事，同卷對《宋史》的評論，也是相當詳細地敘述了宋代官方史學的狀況。這種總結和歸納，貼近了史學史的性質。《廿二史劄記》還特別列入清初官修《明史》，而且占 6 卷的篇幅，這是乾嘉時期私家著述絕無僅有的。對《明史》的議論自然是大力讚揚，其餘多為對明代史事的歸納敘述。在本書之中，對史事的歸納和總結，仍占主要的內容，其歷史見解比較平實，不大發表尖銳的是非評價。這裡僅分析趙翼對史書、史學的總結，以見作者的治學宗旨，切合於傳統史學清理與總結的時代精神。至於《廿二史劄記》所反映的歷史觀點，我們在第八章還將論述。

2、專注於一史的考訂，是乾嘉歷史考據學著述的大宗，多數學者熱衷於此。專考一史，也需旁徵博引，方能結論確實，而專將一部史籍的問題理清，再進而考訂他書，仍合於史學遺產總清理的方向，大批學者投入此項學術研究，其全面總結性的功效自可漸次顯露。乾嘉時期，這一類史學成果眾多，不勝枚舉，如梁玉繩《史記志疑》、錢坫《史記補注》、王念孫《史記雜誌》、錢大昭《漢書辨疑》、《後漢書辨疑》、沈欽韓《兩漢書疏證》、錢大昕《三國志辨疑》、厲鶚《遼史拾遺》、施國祁《金史詳校》、汪輝祖《元史本證》等等，是久已馳名學界、頗有影響者。

對於已經散失史籍，學者亦不放棄，投入很大精力耙梳古籍，予以輯佚，特別是對於《世本》、《竹書紀年》的輯補考訂，有多家撰述，開後來不斷深化探研之先河。

3、從事專項問題的考訂和補作，是乾嘉時期更為窄而深的歷史考據著述，許多學者對此投入極大的學術功力，出現不少很有價值的作品，至今為史學界治史應用。其中章宗源《隋書經籍志考證》、梁玉繩《古今人表考》、錢坫《新斠注漢書地理志》等，是對某種正史中的單項內容（如表和志）進行考訂與補充，經糾誤訂訛，增添內容，使之更加完善。而補撰舊史所不具備的表、志，亦為乾嘉學派學者所鍾情，錢大昭撰有《補續漢書藝文志》，洪

亮吉有《補三國疆域志》、《東晉疆域志》、《十六國疆域志》，錢大昕撰有《唐書史臣表》、《唐五代學士表》、《元史藝文志》、《元史氏族表》、《宋學士表》、《宋遼金元四史朔閏表》等多種著述，其歷史資料價值十分顯著。其中洪亮吉《十六國疆域志》、錢大昕《元史氏族表》、《元史藝文志》等，備受後來學者稱譽。

專項歷史問題的考訂，還有大量的、難於統計的論文形式，廣泛存在於清人文集之中，這些歷史考據之文或長篇、或簡短，引證資料，辨析某個專題，助成歷史考據學的盛大聲勢。其中不乏判斷精到、富於學術價值的佳作。

4、乾嘉史家在撰著一代之史或系統性史著方面，也做出不少的努力，但一則因官方大量編纂系統、完整的歷史著述，擠壓了私家撰史的空間，二則歷史考據學風養成的事事求實、謹慎考辨的治史態度，會拖延撰寫史著的進度，甚至輕易不敢下筆，所以乾嘉學者有志獨力修史者多未能完滿成功。如邵晉涵原本有意撰重修《宋史》，但身為四庫館臣，精力多耗於《四庫全書》館內，終於放棄撰著《宋史》的打算。錢大昕意欲重修《元史》，做了大量考訂性質的準備工作，著《元史藝文志》、《元史氏族表》等，然而最終也並未撰成《元史》全書。至於陳鱣撰《續唐書》70 卷，師範著《滇系》100 卷，郭倫撰有《晉記》68 卷，陳黃中撰《宋史》紀、傳、表共 170 卷而全書未成，嘉慶時陳鶴撰成編年體《明紀》52 卷，後由其孫續寫餘下的 8 卷等等情況，前已敘述，不多贅言。不過，官方修史的熱潮以及對私家修史以文字獄為特徵的政治壓力，在乾隆初期不甚嚴重，嘉慶後期也皆有消減，私家修史著述就趁機出現了比較有價值和清新的著述，例如乾隆初顧棟高撰《春秋大事表》，將《左傳》零散記載的史事歸納起來，列表展示，補編年體述事分散之缺點，甚得學者好評，官方亦給以充分肯定。全祖望承接黃宗羲的遺志，著力編纂《宋元學案》，這是一部規模超越《明儒學案》的學術史著作，可惜在全祖望手上未能最後完成。嘉慶後期有江藩《國朝漢學師承記》，算是一部斷代學術史清新撰述。祁韻士撰《西陲要略》記述新疆史地、風情，得自於親身的實地考察，也是備受贊稱的經世之作。但總而觀之，乾嘉時期私家纂修的系統史書，仍遠遠遜色於官方修史。

從傳統史學的清理與總結的角度考察乾嘉時期私家的史學活動，無論時人是否能夠意識得到，實際上乃是與官方的史學作為方向類同，異曲同工。

除具體選擇項目各有側重，官、私史學在許多方面都宛如相輔相成。例如
《四庫全書總目》的史籍提要，也是重於對具體史實、文獻流傳的考訂，
乃至不少研究者認爲是官方纂修《四庫全書》的活動，直接促進了考據學的
興盛。

（四）星光閃現的幕府修史活動

利用幕僚、賓客編撰書籍，在中國古代早已有之，戰國末期秦呂不韋的
《呂氏春秋》、西漢淮南王劉安的《淮南子》，就是以這種方式撰寫而成。但
只有清朝乾嘉時期的幕府修史，才作爲史學整體發展結構的一項組成部分，
因爲其處於傳統文化總結和清理的背景之下，與官方、私家的史學發展均有
密切聯繫，是私家史學面對官方史學強勢地位的一種反應，因而具備特別的
時代意義。其典型範例，就是畢沅幕府的修史活動。對於這個問題，學術界
尚未充分討論，值得在此詳述。

畢沅（1730～1797）字秋帆，又字纕衡，自號靈巖山人。生於雍正八年
（1730），卒於嘉慶二年（1797），一生主要活動，大體與清朝比較強盛的乾
隆時期相終始。其祖上由安徽休寧遷到江蘇崑山，後轉徙鎮洋，即今太倉。
在這經濟發達、人文薈萃之鄉，畢沅自少年即得到很好的文化教育，學習科
考舉業之外，15歲即能詩文，19歲就曾向大學者惠棟問學、求教，史料記載：
「公叩門請謁，問奇析疑，徵君（惠棟）輒娓娓不倦，是經學日邃」，〔註46〕
年21歲，得以拜詩壇領袖、著名文人沈德潛爲師，因而奠定了深厚的學術基
礎與文化根柢。乾隆二十五年，以一甲一名進士，任職翰林院，時年30歲。
後曾爲《大清一統志》纂修官。此後，畢沅官運頗爲通達，歷任陝西布政使、
陝西巡撫、河南巡撫、山東巡撫、湖廣總督等職，前後二十多年，成爲清代
著名的封疆大吏。

畢沅雖身居高官，但具備崇重學術的價值觀，始終不減學者的氣度和素
質。他「從少至老，無一日廢書」，「少嗜著述，至老不綴」，〔註47〕公事之
餘，主要精力和興趣在於治學。畢沅學問淵博，治學範圍非常廣泛，涉及經
學、史學、文獻學、文字學、子部書籍、金石考古等等，輯佚補缺、校勘

〔註46〕史善長：《弇山畢公年譜》（同治十一年重刊本，後同）乾隆十三年十九歲
條。
〔註47〕王昶：《兵部尚書都察院右都御史湖廣總督贈太子太保畢公神道碑》，載《碑
傳集》卷七三。

考釋，這些在乾嘉時期均為私家學術發展的主流，因而頗具聲譽，時人評價他「自經義、史籍、天文、地志、下逮百家、雜技之類，俱通貫而纂輯之」。〔註48〕

出於對學術事業的崇重，畢沅結交了當時的眾多的名流學者，並且周濟寒俊、禮賢下士，延攬人才，組成以治學和編纂書史為主要活動的幕府，給乾隆時期的社會文化增添了一道新穎的風景線。後人贊稱畢沅「喜豪舉，尤愛才下士，四方輻湊，所識拔海內知名人士，不下數十人，士林德之」。〔註49〕當時著名學者諸如精於歷史文獻與宋史的邵晉涵，經史博通的孫星衍、凌廷堪，史地學家洪亮吉，文字學家段玉裁，狂狷學人汪中、詩人吳泰來、莊炘、方正澍、黃景仁、楊芳燦，金石學家錢坫，書畫家黃易，書畫學家錢泳，書法和篆刻家鄧石如，文史學者嚴長明、文史理論家章學誠等等，皆曾入畢沅幕府。畢沅的幕府處於乾隆朝這一特殊的歷史時期，具有幾項突出的特點：

1、幕府的組成，不是依賴於幕主對幕賓的雇傭性關係。畢沅與學界和學者的友情關係，以及對學者慷慨的周濟與餽贈，才是其幕府組成的紐帶。幕賓固然幫助幕主編校書史，但這大多出於知遇情義，如同賓朋，出力多少並不與收益對應。如大學者錢大昕與畢沅曾同任職於翰林院，是為摯友，不在幕賓之列，乾隆末至嘉慶初年，已七十高齡，仍為畢沅精心審核《續資治通鑒》一書。洪亮吉稱畢沅「愛士尤篤，聞有藝長，必馳幣聘請，惟恐其不來，來則厚資給之。」〔註50〕這裡所說的「來則厚資給之」，顯然與參與修書的工作數量無關。

畢沅對學者的餽贈數額，往往極其厚重，例如書法家、篆刻家鄧石如本來貧寒，而居幕中三年後告別歸鄉，畢沅所贈銀兩，使之購置田產、建造莊園（即今位於安慶的鐵硯山房），一舉成為富戶。〔註51〕在眾多文獻、筆記中，記述了畢沅接濟許多文人、學者的軼事美談，如黃景仁、程晉芳、汪中、孫星衍等人，均為受惠者。畢沅的這種作為，在當時就獲得很大的聲望，有助

〔註48〕王昶：《靈巖山人詩集序》，載《靈巖山人詩集》（《續修四庫全書》本）卷首。

〔註49〕（民國）凌祖貽《太倉鄉先賢畫像贊》，民國三十六年（1947）上海百宋印刷局承印。

〔註50〕洪亮吉：《畢宮保遺事》，載《碑傳集》卷七三。

〔註51〕參閱祥斌、宏偉：《不可忘卻的鐵硯山房》，載《安慶晚報》2008 年 12 月 3日。

於其幕府文化事業的興旺。

2、具備學者動態流動中的較大規模，即幕賓雖然有來有去，但長期保持可觀的人員數量。據記載，畢沅自任職陝西地方大員時開設幕府，前後存在時間長達 20 多年，著名學者受到禮遇和資助者近 60 位，〔註52〕「士之負笈擔簦走其門者如鶩，片長薄技罔弗甄錄，海內慕為登龍」。〔註53〕無論在規模上，還是在影響上，畢沅幕府在清中期都是首屈一指的。

3、具有純屬「文化幕府」與私家團體的性質。襄助幕主畢沅修纂書史，是幕賓主要活動之一，這與為處理軍政事務而聘用的門客、謀士、師爺大不相同。在中國古代，春秋時期的貴族、卿大夫就有私下「養士」之風，其主要出發點在於從中獲取政治影響和政治謀略。戰國末期、西漢以降，也有任使幕僚纂輯書史事例出現，但幕僚沒有完全擺脫政治的依從關係，甚至多少存在著人身依附關係。而畢沅的幕府則是文化的組合，不涉及時務政治，幕賓來去自主，流動不常。畢沅在任官生涯中，也經歷不少政治動盪、軍事行動，卻未見其幕府在其中有所參與或起到相關的作用。其原因是在乾隆時期高度的皇權專制、朝廷超強政治控馭力的背景下，無論畢沅還是多數學人，都不敢也無必要貿然組成一個政治性的幕府。

而即使在文化活動上，也與公務截然區分，所校訂、編纂書籍，均為畢沅選定的私家項目。康熙年間，徐元文主修《明史》，請萬斯同以賓客身份館於家中協助，這是辦理官方的修史事業，後來徐乾學在家鄉開設書局，聘顧祖禹、閻若璩等學者纂修《一統志》，也是官方的修史項目。如果這也可以比類於幕府的話，那實際是以私家名義聘請學者做官方的文化事業，或者公、私混一進行，與畢沅的做法區別很大。畢沅在湖廣總督任上，也曾聘用自己的幕賓章學誠主修《湖北通志》，但寫作班底乃以官方名義另行組建，非由本幕府人員包攬。後因巡撫惠齡不喜章學誠，修志館局中即泛起攻訐章氏學識、訾議通志體例的議論，終使《湖北通志稿》未能刻印。〔註54〕

總之，畢沅能夠組織長達 20 多年、具有相當規模的文化幕府，固然間接得益於他的地方大員官職（主要是因官位獲得的經濟實力與社會勢力），但其幕府存在和運行的機制，卻很少官僚氣息。而畢沅個人的文化素養、學術見

〔註52〕據尚小明《學人遊幕與清代學術》，社會科學文獻出版社，1999 年版。
〔註53〕史善長：《弇山畢公年譜》卷末，史善長識語。
〔註54〕胡適、姚名達：《章實齋先生年譜》，乾隆五十九年（1794）。上海商務印書館，1933 年，第 106 頁。

識、崇重學術與尊重學者的態度，是其幕府更重要的向心力。錢大昕在爲畢
沅所做墓誌銘中稱其：

> 性好著書，雖官至極品，鉛槧未嘗去手。謂經義當宗漢儒，故
> 有《傳經表》之作。謂文字當宗許氏，故有《經典文字辨正書》及
> 《音同義異辨》之作。謂編年之史莫善於涑水，續之者有薛、王、
> 徐三家，徐雖優於薛、王，而所見書籍猶未備，且不無詳南略北之
> 病，乃博稽群書，考證正史，手自裁定，始宋訖元，爲《續資治通
> 鑒》二百二十卷，別爲考異附於本條之下，凡四易稿而成。謂史學
> 當究流別，故有《史籍考》之作。謂史學必通地理；故於《山海經》、
> 《晉書地理志》皆有校注。又有《關中勝蹟圖記》、《西安府志》之
> 作。謂金石可證經史，宦跡所至，搜羅尤博，有關中、中州、山左
> 《金石記》。〔註55〕

這些著述，大多爲畢沅自己擬定選題與思路。彙刻於《經訓堂叢書》的
《山海經新校正》、《晉書地理志新補正》、《關中勝蹟圖記》、《關中金石記》
等等，他個人出力最多，幕賓的協助不足以否定其著述權，而在畢沅幕府所
修之書中，最具集體合作性質的兩大史籍——《續資治通鑒》和《史籍考》，
也正是最體現畢沅幕府修史之意義的著作。

《續資治通鑒》的纂修，出於畢沅早年即有的構思和設計，史善長所撰
《弇山畢公年譜》記述：「公自爲諸生時，讀涑水《資治通鑒》，輒有志續成
之。凡宋元以來事跡之散逸者，網羅搜紹，貫串叢殘」，〔註56〕這是畢沅自行
編纂的階段，而且應當形成部分初稿。錢大昕指出《續資治通鑒》「凡四易稿
而成」，〔註57〕即應包括畢沅曾有過自撰的書稿。第二階段是正式延攬幕賓分
纂，約始於乾隆三十七年（1772），此年畢沅任陝西布政使，並且幾經署任巡
撫。在這個階段，參與纂修者有洪亮吉、孫星衍、嚴長明等，皆當時著名學
者，而稿成之後，據後來章學誠稱，畢沅對此稿並不滿意，因爲未能顯著地
超越康熙年間徐乾學的《資治通鑒後編》。〔註58〕第三階段是畢沅請著名史家
邵晉涵（字與桐）重新全面校訂，約完成於乾隆五十六年。這可見證於此年

〔註55〕錢大昕《潛研堂文集》（《四部叢刊》本）卷四二，《太子太保兵部尚書湖廣總
　　　督世襲二等輕車都尉畢公墓誌銘》。
〔註56〕史善長《弇山畢公年譜》嘉慶二年條。
〔註57〕前揭錢大昕：《太子太保兵部尚書湖廣總督世襲二等輕車都尉畢公墓誌銘》。
〔註58〕章學誠：《邵與桐別傳》，《章氏遺書》卷十八。

章學誠代畢沅致錢大昕的信件，信文稱對於此書「邵與桐校訂頗勤……全書並錄副本呈上」，即畢沅將經過邵晉涵校訂的成稿交與錢大昕進審閱考訂。最後階段，由錢大進一步加工，增寫史事考異，但未及全部完成，畢沅已於嘉慶二年逝世。隨後，錢大昕將已成書稿交還畢沅家屬，這是最終定稿的第四階段。全書 220 卷至嘉慶六年才刊刻印行。《續資治通鑑》以編年體記述宋代、元代的歷史，接續司馬光的《資治通鑑》，亦如司馬光那樣對史料異同撰有考異，而依照胡三省的方法，將考異分散於書中，書寫在相應的史事記述之下，類若注釋。全書史料充沛，內容豐富，裁制妥善，考異精到，雖亦有缺陷，而瑕不掩瑜，遠遠超越歷來接續《資治通鑑》的同類著述，清季張之洞評《續資治通鑑》的學術水平說「宋、元、明人續《通鑑》甚多，有此，皆可廢」〔註59〕，是爲公認定論。

《史籍考》的編纂，章學誠的摯友周震榮起到很大促進作用。周震榮任永清知縣時，「購書都市，兼車累篋……一時文墨之士，聞風過訪，往復討論，縣衙乃如名山講社」〔註60〕。其雅好學問若此，更千方百計幫助章學誠解決生計出路。周震榮想到康熙年間有朱彝尊撰著《經義考》，分類評介經學著述，但一直無人撰著《史籍考》。因此於乾隆五十二年，特向畢沅建議編纂此書，並且推薦章學誠入其幕府。畢沅對這個著述項目極其讚賞，章學誠因而得以成爲河南巡撫畢沅的幕賓，〔註61〕次年，正式啓動《史籍考》的編纂，章學誠乃實際的主持者。按畢沅安排，參加者有洪亮吉、淩廷堪等，但二人似乎對此事並不積極，沒有任何參與編纂的跡象。乾隆五十五年，洪亮吉中一甲第二名進士，入翰林院，脫離幕府，不久則有新到的幕賓胡虔作爲補充。

根據《論修史籍考要略》〔註62〕的規定，《史籍考》是一部通貫古今的史部解題目錄學著述，而且內容大有擴展，既將經部、子部、集部之中的史學文獻攬入，也將已佚史書列入考錄的範圍，還要采擇往代舊有的對史書評介的資料，即各部史籍的序論、題跋，編纂方法則「理宜先作長編，序跋、評論之類，鈔錄不厭其詳」。可見這是規模浩大的撰著工程，遠過於官修《四

〔註59〕張之洞撰、范希曾補正：《書目答問補正》卷2，《史部》，《續資治通鑑》條，上海古籍出版社，1986年4月版，第110頁。

〔註60〕《章氏遺書》卷十八，《周筤谷別傳》。

〔註61〕章學誠：《上畢制府書》，載《章氏遺書·補遺》。

〔註62〕載《章氏遺書》卷十三。

庫全書總目》。《史籍考》的纂修歷時長久且幾經困厄、波折，政局變易、人事動遷，均影響了此書的命運。對於《史籍考》編纂過程，已有文章敘述，〔註63〕這裡不必詳細復述。其要點是乾隆五十三年開始纂修未及一年，即因畢沅遷官等等原因而擱置，延至乾隆五十五年春，方重新接續進行。四、五年間編輯雖很有進展，但章氏亦非專力事此一書，而同時纂輯《湖北通志》以及幾種縣級方志，占去相當多的時間和精力。乾隆五十九年八月，畢沅貶官，章學誠離開湖北。後來畢沅雖官復原職，但卻出現苗民動亂，畢沅奉命從事軍務，無暇顧及《史籍考》之事，且章氏再也未回到湖北推動纂修之事，畢沅的「文化幕府」已瓦解不存，直至嘉慶二年畢沅逝世，《史籍考》最終未能告成。畢沅逝世後，《史籍考》初稿及資料均在章學誠之手，浙江布政使謝啓昆則以狡詐手段攘奪得手，在誘騙章學誠撰成新的編纂計劃綱要即《史考釋例》之後，就將章學誠排斥出局，利用自己的幕賓胡虔等人進行了一年左右的編纂，而懾於學界的輿論譁然又廢止了編纂活動。〔註64〕道光、咸豐之間，南河總督潘錫恩獲得存稿，組織學者又作修訂，因產生對學者的猜忌而中輟，延滯於太平軍戰火蔓延，終於全稿都毀於潘家火災。書雖片紙無存，但其社會影響仍然頗大，是乾嘉時期史學上的大事。今評議此事，周震榮紙無私奉獻且玉成友人章學誠進入畢沅幕府，畢沅之熱心學術而超擢人才，皆屬可嘉可敬，其餘相關的袞袞諸公，私欲醺天，不足道也。〔註65〕

　　畢沅的幕府進行了多種經史、方志的撰述，但歷時長而影響大的是《續資治通鑑》和《史籍考》，二者一成一敗，顯示著幕府主持修史事業的優點與缺陷，優點是汲取了官方修史活動的某些長處，如多人參與、分工合作，既避免勢單力薄，又可以討論參酌，彌補私家個體修書的弱點。缺陷是種種原因使其難以保持穩定的長期存在，幕主個人的官場沉浮、道德品質、學術水平、經濟實力等都會制約纂修成效，幕府的組織性也遠遠不能與官方的修史

〔註63〕參見林存陽：《〈史籍考〉編纂始末辨析》，《故宮博物院院刊》2006 年第 1期。

〔註64〕詳見拙撰《〈史籍考〉編纂問題的幾點考析》，載《史學史研究》2009 年第 2期。

〔註65〕章學誠雖在編纂《史籍考》中多所出力，但畢沅逝世之後，不像錢大昕那樣將史稿奉還畢沅家屬，而是用作自身鑽營的資本，因而被謝啓昆所欺，又因些許小利或心懷畏懼，不敢公佈真相，遂落下被譴責爲「盜買畢公《史考》」的輿論。這不僅使章學誠形象猥瑣，也致使謝啓昆不得不放棄《史籍考》編纂。

機構相比。比畢沅稍後的謝啓昆，也熱衷於修史，在胡虔等幕僚的努力下，修成《西魏書》24 卷。此爲一部紀傳體史籍，訂補魏收《魏書》之缺失。北魏政權分裂爲東魏、西魏之後，取代東魏統治的是北齊政權，其史官魏收所撰《魏書》以東魏爲正統，較少記述西魏史事。這一點早在隋朝即被指謫，而補充修纂西魏史事另成一書，直到謝啓昆幕府著手修纂，方得實現。因此，這項修史活動，也有較大史學的意義。謝啓昆也試圖將《史籍考》纂修完成，但其居心不良，意欲攫取此項學術成果據爲己有，引起物議，隨即放棄，致使《史籍考》稿本閒置一旁，終至淪落。可見幕府修史的私家性質，是非成敗，與幕主的心術如何，亦有較大關係。謝啓昆在幕府修史上功過分明，瑕瑜不掩。而同時的阮元幕府，已將重點至於修纂經學書籍。幕府修史，在清乾嘉時期實爲個案，但恰如新星閃現於天空，以其光芒在中國史學發展中留下了不可泯滅的亮點。

綜上所述，清朝乾隆朝的史學發展爲傳統史學大清理、大總結的主導方向，化作治學視野和治史風格，使整個社會的史學活動圍繞這個中心，形成皇帝和朝廷主持的官方史學、地方官府主辦的修纂方志、以考據爲主要手段而多樣探索的私家個體性史學和幕府進行的修史活動等四類活動主體的結構。清代「盛世」史學的修史活動，本質上仍然是官方與私家兩個主體，但官方早就發散、擴展出地方官府修纂方志的活動，私家也形成幕府修史這一補充方式，成爲官方與私家史學互相競爭、互相聯繫的又一場所。這些修史機制的總和，就是當時史學發展的社會結構。這時期官方史學與私家史學的關係，主要表現於四類修史主體的社會結構之中，而所有的治史活動，乃從不同角度參與了傳統史學的清理與總結。此爲各類修史主體協同互補的一面，但另一方面也包含官方與私家在修史上互動而又互相排抑的矛盾，這且在下一節敘述。

三、乾嘉兩朝官、私史學撰著之間的關係

官方與私家是中國史學發展中的兩個學術主體，中國古代史學的發達，最重要原因就是具備了官方史學與私家史學兩條相互聯繫的發展軌道。研究中國史學史，必須從官方史學與私家史學的總和、從官方史學與私家史學的關係中探討，才能得出全面、深入的分析。對清代史學的研究，更當如此，否則必然會形成片面性的認識。乾嘉時期官方與私家在治史、撰著方面，有

著明顯的互動、互益但也存在矛盾、競爭和排斥，這在傳統史學清理和總結的整體格局內得以統一，也在具體史家、史書和史學互動中得到體現。從對於傳統史學全面大總結、大清理的角度來看，官方史學與私家史學是在史學總體結構下有所「分工」，但這種「分工」實在是官方史學與私家史學之間矛盾所促成，包含了官方對私家史學的擠壓，非所有私家學者百分之百的情願，這就構成這一時期官方史學與私家史學的對立統一局面。

首先，乾隆朝開始的官方大力興辦修史活動，對私家史學無形中起到擠壓的作用。清廷已經建立完備的修史制度，用充裕的人力。物力投入規模宏大的修史活動，這是私家無法競爭的優勢。官方不但掌控檔案資料，壟斷本朝當代史的記述，而且在《明史》甫成，就纂修《明紀綱目》，由官方經營《資治通鑑綱目》系列史籍的接續，直至完成通史性的《御批通鑑輯覽》。因為「綱目類」的史籍具有承載評論歷史、判決正統、褒貶人物的特點，乾隆朝官方首先將之佔據，由皇帝和朝廷作出裁斷。其它如前所述，在乾隆帝親自督導下多方開闢纂修項目，「續三通」、《國朝宮史》、《日下舊聞考》等等史書，都是佔據了原先私家的著述項目。這樣，官方留給私家纂修史書的空間就被大大壓縮，在系統性史書編纂問題上，私家不但在人力、物力上無法與官方競爭，而且從名分上也不敢與官方爭奪同一纂修項目。畢沅能夠得到《續資治通鑑》這個修史課題，實屬特殊幸運，假如官方編纂《續資治通鑑》，畢沅就可能會放棄。因此，朝廷利用官方人力、物力、資料、名分的優勢，擠壓了私家的修史空間，這是一種強勢的、不對等的競爭，使大批史家承襲清初以來逐步強化的「實學」思潮而紛紛從事零碎、具體的歷史考據，是一個合乎邏輯的選擇。私家撰寫系統的歷史專著絕非易事，往往需要幾十年時間專心致志、持之以恒方可完成，《史記》、《漢書》、《通典》、《通志》《文獻通考》等等名著，無不如此。清朝開展大量的編纂書史活動，收攬許許多多文人、學者進入官方的書局、史館，特別是《四庫全書》的纂修，徵集學者的數量和任用期限之長，均屬前所未有。學者在史館享受功名利祿，接受上司對纂修業績的督催，有的終身忙碌於纂修官方史書，沒有充裕時間私下撰寫大型的私家著述，而且單槍匹馬撰寫大型史書，資料、資金、精力皆不易解決。邵晉涵曾有志重修《宋史》而終於無功，錢大昕意欲重纂《元史》而未成，都與此相關。由此可見，即使不涉及政治歷史觀問題、僅僅在撰寫歷史著述上，官方史學也對私家史學的發展形成壓抑，更無論官方在政治思想上以文

字獄手段的打擊和威懾。〔註66〕乾嘉時期官方史學與私家史學，雖然都對傳統史學進行了總結性清理，但二者的地位、宗旨均有區別，矛盾時時存在，無可否認。

其次，幕府修史活動在乾隆時期的凸顯，並非完全出於偶然，朝廷修史的強勢擠壓，並不能泯滅私家纂修大型系統史書的欲念。私家修史傳統已然經歷了二千年來的積澱，又有歷代朝野公認孔子個人修訂《春秋》這一光輝榜樣的權威示範，私家修史得到法理和道義的保障。既然在全面總結傳統史學與纂修大型史書方面，私家個體處於嚴重的弱勢地位，那麼有胸懷著述之志的高官，自然會採取聘用幕賓的方式予以纂修，這種幕府修史方式汲取了官方修史活動的某些長處，如多人參與、分工合作，既避免勢單力薄，又可以討論參酌，彌補了私家個體修書的弱點。因此，幕府的修史是私家史學面對官方強勢的一種應對方式，是私家史學不放棄修撰大型史籍、不放棄向官方史學競爭的表現。以畢沅幕府纂修《續資治通鑑》為例，即得到許多著名學者的參與，僅在考異中署名者就有畢沅、錢大昕、邵晉涵、洪亮吉、孫星衍、嚴長明、瞿中溶、李銳、汪劍潭等 9 人，實際參與撰寫與討論者還應更多，這是私家個體修史無法比擬的。由於幕主具備較高官位，還可能變相地利用官方的部分資源，實際上，《續資治通鑑》在纂修與考訂過程中，已經利用了官方《四庫全書》館輯出《續資治通鑑長編》等史書的資料，是幕府史學得益於官方史學的一項體現。

在畢沅決定任用章學誠編纂《史籍考》的乾隆五十二年，官方《四庫全書總目》已經告成，〔註67〕其書性質、特點為世人所知，且《史籍考》編纂的起步，最初就是首先抄錄《四庫全書總目》的提要，〔註68〕是更直接地得益於官方史學的成果。《史籍考》的學術目標，一開始就是要超越於《四庫全書總目》史部之上，而更加全面、更加深入，否則根本沒有再修同一類型書籍的必要。如果說《四庫全書總目》是對尚存史籍的清理和總結，那麼《史

〔註66〕清廷的政治歷史觀對私家史學的扼制，以及乾隆朝文字獄問題，將在第八章論述。

〔註67〕《清高宗實錄》卷一一二五，乾隆四十六年二月己未日載諭旨：「《四庫全書總目》提要，現已辦竣呈覽，頗為詳覈。」是其大體框架具備，次年即告成進呈。此後隨全書纂修仍有所修訂。故乾隆五十二年之後，畢沅依靠四庫館內邵晉涵等等人脈關係，能夠得到相關資料，在編纂《史籍考》中利用。

〔註68〕章學誠撰於乾隆五十三年的《與洪稚存博士書》（《章氏遺書》卷二十二）自言檢閱四庫子部目錄，並且詢問洪亮吉：「史部提要已鈔畢否？」。

籍考》要對史學發展總歷程予以清理和總結，因爲它包括經部、子部、集部內的史學文獻、包括亡佚之書、包括歷來史籍的序跋題評文獻等等。這樣，《史籍考》工程的浩大自不待言，而其對於官方史學的競爭與挑戰，則比《續資治通鑑》尤爲明顯。無論畢沅還是章學誠，這一點都是瞭然在胸的自覺意向。因此，畢沅幕府修史具有源於其時代背景的特殊性，在史學史上有重要地位。以纂修《續資治通鑑》與《史籍考》爲標誌的修史活動，是對朝廷修史強勢地位的競爭舉動，是打破官方史學壟斷傾向的嘗試，是新的修史主體在形式上的自發探索，成爲當時史學發展結構中的新的因素。《續資治通鑑》顯示了這种競爭、嘗試和探索的成功，而《史籍考》的未成，則表現了幕府修史活動的嚴重局限。其局限性主要有三點：一是幕府修史遠沒有成長爲一種穩定、普遍的組織方式，在清代僅僅是零星的、散發的，只有個別官員具備這樣的學識、志願、勇氣和條件。畢沅之稍後，有謝啓昆幕府進行修史活動，《西魏書》是其主要成果。隨之有阮元的文化幕府，但修史已經不占重要地位，而更多地是從事於經學文獻的整理。因此，在整個社會中，幕府修史的力量乃是很薄弱的。二是幕府的修史活動雖然可能營造出多人合作的優勢局面，但其組織上還是相當鬆散的，這與官方修史相比，仍有很大差距。幕主的人格、學問、氣度的感召力與提供的經濟待遇，對幕府修書事業的成敗固然影響很大，而官場浮沉，政局動蕩的卻更加關鍵。《史籍考》的纂修，就曾因爲畢沅的貶謫及湖北發生苗民動亂而停頓。因此，幕府修史活動的維持，實際受到官僚政治體制與政治局面的制約。三是幕賓之間能否和衷共濟地予以合作，是個極爲複雜的因素，幕主缺乏官方修史機構那樣的權威，難以控馭和協調，直接影響大型書史的纂修進度和成敗。《續資治通鑑》的編纂由於畢沅親自參與和主持，以其個人魅力以及對每個幕賓的和諧關係，抵消了幕賓之間的矛盾，且由於起步較早，終於能夠較好地修成。而《史籍考》則委託章學誠主持，情況大爲不同。章氏在史學、校讎學上具有高深造詣，從學術而言無疑是最佳人選，但他與洪亮吉等幕賓矛盾很深，時有爭辯，畢沅雖安排洪亮吉、凌廷堪等參編《史籍考》，但洪氏所有著述中未曾提及此事一字，查不到他做有任何工作。這種態度勢必擴散影響，其負面效果當然不可低估。以上幾點局限性，說明幕府修史機制雖然在形式上似乎是官方、私家之外的又一修史主體，但本質上乃是以私家主體爲基礎，部分地吸取了官方的多人合作方式，而受到整個官僚政治文化體制的挾制，更逾於私家學術，此乃「文

化幕府」致命的困境。因此，在君主集權與官本位的社會，幕府無法發展成類似近代民間學術機構和近代大學那樣的相對獨立的團體。不過，畢沅之後，「文化幕府」現象在清代仍然不時閃現，如謝啓昆、阮元、潘錫恩、曾國藩等幕府，〔註69〕是為顯例。

幕府的修史方式屬於私家修史的範圍，與依靠政權力量組成官僚化模式的史館、動用公帑作為經費的官方修史有著根本區別。因此，幕府修史可以打破官方纂修大型、系統史書的壟斷地位，為私家史學爭得接續前代名著、或自創大型史著的一席之地。特別是《史籍考》的編纂，向官方總結史學遺產的主導地位發起挑戰。不過，幕府修史與官方史學有千絲萬縷的聯繫，畢沅幕府纂修《續資治通鑑》和《史籍考》，都借助了官方的資料和成果。幕主作為地方官，常常把幕賓安排為纂修方志的人員，從地方官府獲取經濟報酬，同時經營幕主的私下修書事項。這裡官與私實際上是常常會纏繞一起、難分難解。

第三，修纂方志，乾嘉時期早成地方官府的職責，亦有非硬性的定期續修的慣例，地方官操辦方志編纂比康熙、雍正年間有更大的權限，只要政局、財力條件許可，隨時都能舉辦，聘用哪些學者主筆，也由地方官員決定。纂修方志既是官方史學從中央向地方的發散，又是官方史學與私家史學融彙的平臺。清代的纂修方志，培養了許多史學人才，促進了私家史學的發展，最典型的事例就是史學家章學誠的學識，主要是從多年多次編纂方志的實踐中成長起來。

編修方志，是章學誠一生最主要的學術活動，他從 27 歲至 57 歲，修志活動經歷了 30 多年，所修方志中尤以《和州志》、《永清縣志》、《亳州志》、《湖北通志》為重要。修志的實踐活動是他史學創見形成的最主要原因。章氏想把方志修成一家著作，就需要對資料取捨裁斷，不能全收並載，而方志又有向國史提供資料的任務，理應保存更多的地方史資料，這是方志「著作性」與「資料性」的矛盾。他在歷次纂修方志中探求解決這個問題的方法，不僅形成「方志立三書」（志、掌故、文徵）的理念，而且提出學術分為著述與比類二途的理論，《答客問》三篇論「獨斷之學」與「比次之書」、「考索之功」

〔註69〕 謝啓昆幕府，嘉慶年間纂有《小學考》、《西魏書》等；阮元幕府，嘉慶年間編纂《宛委別藏》、《經籍籑詁》等；潘錫恩，道咸間召集幕賓編輯《乾坤正氣集》、接纂《史籍考》等；曾國藩亦以幕賓編書，同治年間搜集王夫之著述，編成《船山全書》。

的區別，也由此而闡發。其它史學創見的論述，也都可以追溯到纂修方志的活動。章氏在歷次修志中總是受到持異議者的詰難與攻擊，面對反對意見的責難，「必援古證今，以明其說之有據」〔註 70〕，必須通過論說史學義例來表明自己見解的正確，正如他自己所說：「歷聘志局，頻遭目不識丁之流橫加彈射，亦必補錄其言反覆辨正。此則雖爲《文史通義》有所藉以發明，而屢遭坎坷不能忘情。」〔註 71〕可見章氏也自知其許多史學創見，乃得自於纂修方志。以往論者多認爲章學誠有豐富的史學見識，因無緣纂修國史，不得已才將其史學理論轉向方志領域予以實踐，此乃顛倒因果的不正確說法。章氏從事修志活動甚早，而史學理論形成很晚，重要的史學論文是在歷次修志活動之後寫成，且其見解多爲對方志各篇「序例」的發揮。這些歷程有實跡可以考察，乃無可置辯的史實。在纂修方志中發揮史學見識，不止章學誠一人，梁啓超即曾指出，清代學者所修方志，「其書有別裁、有斷制，其討論體例見於各家文集者甚備。欲知清代史學家之特色，當於此求之」〔註 72〕。可見清代方志的纂修，不僅是方志學產生的實踐基礎，也是清代整個史學發展動力之一，纂修方志這一分散到地方的官方史學現象，乃是清代官、私史學互動關係中具有活力的組成部分。

第四，私家史學在學風積累、官方擠壓、文字獄影響等多種因素制約下，發展成爲學術精深、範圍廣泛的歷史考據，使傳統史學的別開生面。乾嘉歷史考據學是以十足的學術態度對待它所研究的問題，基本不考慮向官方提供什麼合用的歷史經驗與教訓。學者之間的切磋、辯論，以實事求是爲準則，治史的學術宗旨得到亙古以來最大限度的發揮。中國史學自上古產生之時起，就緊緊依託於政治，往往在思想上、宗旨上表現出很強烈的政治色彩。乾嘉歷史考據學以其執著的實事求是精神，擯除了治史直接從政治需要出發的宗旨，很大程度上增強了史學學術的相對獨立性，有效的擺脫了政治婢女的角色，這在中國古代史學史上，是學術機制在一定範圍超越其它機制因而促進史學發展的動人時刻。這本來是一種與官方史學隔膜、分離的治學傾向，但乾隆朝官方興辦編纂《四庫全書》工程，無論是從《永樂大典》中輯佚，還是撰寫《四庫全書總目》，都需要任用善於考據的學者，歷史考據的

〔註 70〕 （清）張宗泰《魯岩所學集》卷十，《跋文史通義外篇》。

〔註 71〕 《章氏遺書》卷九，《與胡雛君》。

〔註 72〕 梁啓超：《清代學術概論》（十四）。北京，東方出版社，1996 年《民國學術文庫》本，第 50 頁。

治史方式獲得清廷的青睞。而私家的個別歷史考據雖顯得零碎，但總和一起，則構成對史學遺產從微觀角度的大清理、大總結，正與官方史學活動相輔相成，這是乾隆朝官、私史學之間的特殊關係，即在史學的清理、總結框架下，經營領域有所不同卻恰能相互配合，構成這種「盛世」史學發展的整體結構。

清廷主導的官方史學形成對私家史學的擠壓，已如上述，但私家史學也從官方修史活動獲得補益。學者在朝參與官方修史，多數並不放棄私人著述。學者雲集史館，既能夠親眼目睹金匱石室的秘典，又可以相互交流切磋，有利於開闊眼界，啓發思路，提高自己的學術水平。齊召南爲乾隆元年博學鴻詞科進士，隨即參修《大清一統志》、《明紀綱目》、《續文獻通考》等多種官方史書，他的重要著述《水道提綱》28 卷的撰成，就有得於官方修史的這些經歷，他在《水道提綱·自序》稱：「臣初久在志館，考校圖籍，於直省外，又專輯外藩蒙古屬國諸部，道里翔實。是以事成之後，亦嘗條其水道，惟圖無可據者闕之。及蒙恩告歸臺山，杜門無事，養病餘暇，時檢篋中舊稿，次第編錄，共成二十八卷。」〔註73〕《四庫全書總目》對此書提要也說：「召南官翰林時，預修《大清一統志》，外藩蒙古諸部是所分校，故於西北地形多能考驗。且天下輿圖備於書局，又得以博考旁稽，乃參以耳目見聞，互相鈎校，以成是編。」〔註74〕這表明其編纂意圖、編纂資料，都緣於參修《大清一統志》。

特別是在纂修《四庫全書》期間，使學者見到《永樂大典》輯出的《舊五代史》、《續資治通鑑長編》、《元朝秘史》、《皇元聖武親征錄》等，於治史探研很有裨益。例如錢大昕在四庫館得見上述兩部元史書籍，存錄副本，「其所以能從事考證《元史》者，蓋以此」〔註75〕，遂在元史的考訂研究獲得突出成就。戴震利用身在四庫館的便利條件，見到稀見的《永樂大典》本《水經注》，因而最後完成《水經注》的考校，取得重要的學術成就。〔註76〕乾隆四十年（1775），清廷將《舊唐書》和《舊五代史》同列爲正史，促進了學者對這兩種史書的關注，趙翼的《廿二史箚記》就有專門的評論。總之學者在

〔註73〕《水道提綱》卷首，《自序》。乾隆四十一年刊本。

〔註74〕《四庫全書總目》卷六九，史部地理類二。

〔註75〕梁啓超：《中國近三百年學術史》，上海：三聯書店，2006 年，第 252 頁。

〔註76〕段玉裁：《戴東原先生年譜》乾隆三十九年條。載《戴震文集·附錄》，中華書局，2006 年版。

官方的修史活動的歷練，有助於自身學術水平的提高，有助於學術眼界的擴大，有助於學術資料的充實。

官方史學也獲益於私家史學，雙方是相輔相成、相互促進。正是這種官、私史學的良性互動，構成了乾嘉史學興旺發展的局面。不言而喻，官方的修史機構，是吸納一位又一位史家所組成，史家個體學術素質的總和，必然影響官修史的質量，而且影響史館內的學術風氣，使私家的史學主張滲入官方修史活動。清初以來，「實學」風氣增進，經學、史學的考證求眞、文獻學的辨僞與博徵廣引，漸成世人崇重的治學路徑。顧炎武《日知錄》、閻若璩《尙書古文疏證》、胡渭《禹貢錐指》、馬驌《繹史》、顧祖禹《讀史方輿紀要》等著述，當時就在學術界影響甚大。乾隆朝早期，惠棟在考據學上成就卓著，並且樹立起推重「漢學」的學術旗幟，上承家學，下傳弟子，直接推動乾嘉考據學風的興起。乾隆四年，參加過《明史》纂修的楊椿又任《明紀綱目》的纂修官，他提出《明紀綱目》在史實上不能完全依據《明史》，因爲《明史》多有史事失考、記述舛誤之處，應該首先予以訂正。這是一項具備歷史考據學風格的建議，最早地批評了官修《明史》。但當時清廷專注於仿照《資治通鑑綱目》的褒貶和書法，沒有採納楊椿的主張。至乾隆四十年，乾隆帝終於發現問題和轉變觀念，頒發諭旨批評原先《明紀綱目》「惟務書法謹嚴，而未暇考核精當，尙不足以昭傳信。著交軍機大臣，即交方略館將原書改纂，以次進呈，候朕親閱鑒定，其原書著查繳。」〔註77〕三天之後，又下令「著將《明史》一併查改，以昭傳信。」於是，《明紀綱目》被重修，後以《御定通鑑綱目三編》之名收錄於《四庫全書》，《明史本紀》被改修，《明史列傳》被細緻地核定與考證，改正了許多錯謬、訛誤，至乾隆五十四年才最後完成。這映照出官方史學接受考據學風之理念的轉換過程，是私家史學影響官方史學，從而向顧及學術性方向發展的典型事例。

官方纂修史書，固然是集體性的活動，有官僚化、組織性、等級制的管理措施，修史成書，不應歸功於某個史官、某一個人。但有些官修史，也確實會出現關鍵人物作出重要貢獻，例如《御批通鑑輯覽》的纂修，史官楊述曾的貢獻頗大。楊述曾，史家楊椿之子，爲乾隆元年博學鴻詞特科一甲第二名進士，乾隆二十四年充《通鑑輯覽》館纂修官，「三十二年，《通鑑輯覽》書成，將脫稿而卒，年七十。始編《輯覽》時，折衷體例、書法、本末條件，

總裁一委之」〔註78〕。此書從不大重要的修史項目終成爲乾隆帝最重視的著述，與楊述曾的精心策劃、全力編纂關係甚大，故總裁傅恒上奏，爲其請功，聖旨追加四品職銜。〔註79〕但另一纂修《平定準噶爾方略》的史官蔣雍植（字秦樹），則未能獲得楊述曾死後那樣的榮譽，其人爲乾隆二十六年進士，任翰林院編修後即參與官方修書，病死於乾隆三十五年二月。朱筠爲之所撰《編修蔣君墓誌銘》曰：「君之在館閣也，矻矻獨勤。君故通六書，雖一字之失不假藉，凡日月先後、地理、職官，必窮搜旁諮，求得其當然後已。以故總裁諸公皆重倚之，令總辦《方略》一書。『方略』者，載西事始末……端緒千百，事實、人名累譯而後具。館中用車載箱致君家，檔冊充屋，莫能竟其首尾。君早起坐書室，夕燒膏以繼，肌分孔決，終始一貫。午食列盤飧或不暇啜，寒則以火酒數杯自溫，比竟茫如也。書成久之而君之精殆銷亡於此矣，書既上，同修者皆得優敍，而君名以卒不與。館中諸公議欲如故侍讀楊公述曾贈銜例爲之請，已而未果。悲夫！此亦君之命也。」〔註80〕如此事例說明在清朝官修史中，有大量作爲史官的學者將精力投入其中，鞠躬盡瘁，而後功勞竟被埋沒，這是私家學者爲官方史學做出的犧牲。

《四庫全書》纂修的緣起，也可以追溯到私家的文化活動，例如乾隆初期，學者周永年就撰寫了著名的《儒藏說》，主張聚集圖書，分局編輯，刊印珍本，使之永無散失，令天下共讀。他還主持建起「藉書園」，其藏書允許他人借閱研讀，「使學者於以習其業，傳抄者於以流通其書」〔註81〕。學界認爲這對《四庫全書》編纂的發起有很大的啓迪作用，官方江浙三閣（揚州文匯閣、鎮江文宗閣、杭州文瀾閣）所藏《四庫全書》，允許士人借讀、傳抄，即類同於周永年藉書園的做法。近人郭伯恭指出：「儒藏之說，由個人而及國家，由理想而成事實，故《四庫全書》之成就，士林以倡導之功歸諸永年。此當時學術思潮之影響《四庫全書》者也。」〔註82〕《四庫全書》史部編纂中的校勘、考訂與提要的撰寫，都廣泛汲取了歷史考據家的研究成果。官修史書《西域圖志》、《日下舊聞考》、《滿洲源流考》等，能夠取得較高學術水平，

〔註78〕《清史列傳》卷七一，《文苑二・楊椿傳附楊述曾》。
〔註79〕見《國朝耆獻類徵》初編卷一二四，劉綸：《楊述曾墓誌銘》。
〔註80〕朱筠：《笥河文集》卷十二，《編修蔣君墓誌銘》。嘉慶二十年椒華吟舫刻本。
〔註81〕見章學誠：《藉書園書目序》，載《章氏遺書》卷八。
〔註82〕郭伯恭：《四庫全書纂修考》第一章，《四庫全書纂修之緣起》，商務印書館，1937年版。

都得力於考據學方法的運用與多名學者的盡心盡力。編纂《四庫全書》客觀上需要考據學家的參加，正在興起的考據學派因官方的任用而氣勢昂揚，乾隆時期考據學風的漸形熾熱，是官方與私家互動的結果。

　　乾嘉年間官、私史學之間，相輔相成、相互補益的關係佔據主要方面，官方對私家史學的壓抑僅為次要方面。乾隆時期固然發生很多文字獄，但文字獄打擊的對象，極少屬於著名學者、傑出史家。乾隆後期，清廷入關已經是 100 多年之後，遺民學者盡數謝世，思想影響在士人中也已逐漸淡化，多數上層學者與清廷沒有根本的利益衝突，此為官方史學與私家史學的矛盾不成為對抗性矛盾的基礎。但乾隆朝興起的各種文字獄，包含大量故入人罪、製造對抗的做法，有意恐嚇學者，使之避嫌遠遁，亦當予以分析批判，這留待第八章再作論述。

第七章　乾隆帝與章學誠史學思想的比較

　　乾嘉時期對傳統史學的大清理和大總結，具有全面性與深入性的特徵，其中包括理論思想的總結。這一方面是在大量審視史籍、編纂史著的進程中，必然會使認識上升爲理性層次；而另一方面，自古以來的史學理念、史學思想也亦當在此次總結的範圍之內，從而有所揚榷，得出新的理論概括。乾嘉年間雖然考據學成爲學術主流，但官方和私家都沒有忘記在史學思想、史學理論方面的總結與發揮。

　　中國古代傳統文化與學術的發展，至清代已經積累了豐富多彩的成果。清朝入關之後，統治者積極學習和宏揚以儒學思想體系爲核心的傳統文化，文化建設漸趨完善，不僅促進私家學者接踵而出，官方的學術文化也日益發達。至乾隆時期，清朝政治上形成比較穩定的局面，經濟實力增強，學術上的人才準備日益雄厚，傳統文化的發展進入一個全面清理與總結的階段。乾隆年間的文化清理與總結，在官方是以《四庫全書》的編輯而達於高潮，私家則廣泛地進行了歷代典籍的考據、校勘和訂補。就史學而言，官方史學與私家史學是相輔相成的。《四庫全書》、《四庫全書總目》的史部對歷代史籍予以鑒擇、校訂、收錄與評價，這種清理的廣度和深度是前所未有的。私家歷史考據的涉及面與學術深度也超越往代，而畢沅幕府主使章學誠執筆編輯《史籍考》，乃屬於私家對史書的總結，而試圖超越官方的《四庫全書總目》史部，但惜功虧一簣、未能告成。

　　學術界多認爲乾隆中期之後，考據之學風靡一世，似乎史學理論的研討

不得時人青睞。但這是一種誤解，實際上此時卻正是史學思想和史學理論取得突出建樹的時期，這乃是傳統史學得到全面清理與總結文化背景下的應有之事。更加湊巧的是：對史學思想和史學理論的總結，承當人和主要代表者，恰恰一是清朝官方指揮《四庫全書》編纂的乾隆帝，二是私家《史籍考》的實際主編者章學誠，官方和私家都具有史學理論方面的成就，從代表性人物的身份來看，史學理論的建樹與傳統史學大總結之間的關係，就更加明朗了。

官方在史學理論上作出建樹的代表人物是乾隆皇帝，私家在史學理論方面作出主要貢獻者是章學誠，一是最高統治者，一屬獨立研討的私家，二人的身份地位差距懸殊，而各自成為官方與私家總結傳統史學思想的代表者，皆與平生的經歷和著述活動密切相關，將之予以比較研究，對於研討這個時期官方史學與私家史學的關係，對於透視清代史學和清代政治文化發展的趨向，均有重要的學術意義。

一、乾隆帝的史學思想在官方修史進程中的發展

乾隆帝名愛新覺羅・弘曆（1711～1799），雍正帝第四子。他自幼受到良好的傳統文化教育，本人也勤奮好學，打下很深的學識基礎。雍正十三年（1735）八月雍正帝逝世，弘曆繼位，次年改年號「乾隆」。乾隆帝是清代很有作為的皇帝，在統治政策上明確制定「寬嚴相濟」的方針，在政治上善於調整典制和策略，也比較重視發展經濟。他在位期間，平定了西南地區民族分裂的叛亂，又毅然決策發動統一西域地區的征戰，為此後中國疆域版圖奠定了基礎。在文化事業上作出了許多重大舉措，其中尤以纂修《四庫全書》著稱於世。乾隆帝個人的文化素養頗高、學術功底深厚，其御製文集部帙宏大，有許多專門撰寫的治學論文。他名下的詩作達到 4 萬多首（其中多有詞臣為之擬寫），數量在古代可居首位。乾隆帝在位期間，對於官方史學格外重視，視為政治建設和思想整飭的要事，乾隆元年在博學鴻詞特科殿試的《史論問》策論中就斷言：「凡具淵通之學，必擅著作之才，然非熟於掌故，周知上下數千載之事理，而剖決其是非者，不足以語此，則史學尚矣！」〔註1〕他親自策劃和督率官方的修史活動、審定史稿、論定疑難問題，有力地促進了

〔註 1〕乾隆帝：《御製文初集》（影印文淵閣《四庫全書》本，後同）卷十四，《史論問》。

官方史學的興盛。在位六十年間欽定修成的史書種類繁多，內容豐富，超過了歷代歷朝任何一位皇帝。正是這些大規模的官方修史的實踐，成爲乾隆帝史學思想形成的基礎。

（一）乾隆帝史學見識的積累和增長

乾隆帝繼承帝位之後，在官方修史上首先是承接雍正朝未竟的的纂修項目。原先正在進行修史工作的史館，並不因爲雍正帝的去世而解體，繼續編纂乃是順理成章之事。這些編纂事項有《明史》、《八旗通志》、《大清一統志》、國史館纂修活動、校訂清太祖、清太宗、清世祖三朝實錄人名、地名的譯音用字，以及接續雍正帝《上諭內閣》、《朱批諭旨》的編輯和刊印等等，皆爲雍正朝已經開展而未及完成者。

在接續纂修前朝未竟修史事項的同時，而隨著一些史書的編纂告成，乾隆帝也展開不少新的纂修項目，如《清世宗實錄》於雍正十三年就下令開館纂修，這雖是沿襲舊例，但雍正帝逝世之當年就立即開始，則較前朝更爲迅速。實錄館與纂修實錄的同時，還編纂《清世宗聖訓》，至乾隆六年全部告成。實錄、聖訓，原皆爲不公開之書，乾隆帝對此作出新的變通，早在乾隆二年，乾隆帝即將各朝聖訓通同閱覽，向有關大臣發布諭令：「向來列祖實錄聖訓，告成之後，皆藏之金匱石室，廷臣罕得見者。朕思列祖聖訓，謨烈昭垂，不獨貽謀於子孫，亦且示訓於臣庶，自應刊刻頒示，俾人人知所法守。今朕次第敬覽，皇祖、皇考五朝實錄聖訓，應將閱過之聖訓，陸續交與武英殿敬謹刊刻。」〔註2〕從此清朝各朝皇帝的《聖訓》成爲公開刊布之書，此事雖小，但已顯示乾隆帝在史學與政治結合的問題上，不固守陳規，有創例開新的意旨。此後官方新的史學建設與修史事項，連續開展，如乾隆三年開始校勘刊刻「二十一史」，乾隆四年（1739）諭令編纂《明紀綱目》、七年敕修《國朝宮史》、九年敕撰《詞林典故》、《盛京通志》、十二年諭令纂修《大清會典》、《續文獻通考》、十六年纂修和繪製《皇清輿貢圖》、二十年開始編纂《平定準噶爾方略》、二十一年始修《西域圖志》、二十九年重修《大清一統志》等等。這是在乾隆三十年之前主要的官方史學活動，乾隆帝在直接參與、督導官方修史的過程之中，史學見識日益增長，而其不斷開發修史項目的意圖也早見端倪。例如《國朝宮史》一書，就是因閱讀明代《宮史》而決定纂

〔註2〕《清高宗實錄》卷四二，乾隆二年五月庚子。

修，該書卷首載乾隆帝諭旨曰：「朕近檢閱宮中陳編，得明朝《宮史》一書，凡五卷。作者曰『蘆城赤隱』，不著其名氏，〔註3〕蓋勝國晚季中涓所爲。詞雖淺俚，而所紀皆宮廷事實，使後有所考。芻蕘之言，聖人擇焉，此類是也……朕意欲輯『本朝宮史』一編，首載敕諭誥誡，諸如宮殿、輿服、典禮、爵秩、經費，凡有關掌故者備識兼該……」〔註4〕可見乾隆帝讀書閱史，隨時可能激發其官方修史願望，而且對內容、義例的構思比較周密。

乾隆四年（1739），《明史》纂修甫就，立即開始仿照《資治通鑑綱目》體式編纂《明紀綱目》，著重探討史書的義例和書法，這對乾隆帝史學思想的形成與史學建樹的信心的樹立，都有重要要的促進作用。關於此書的編纂，乾隆帝的諭旨曰：

> 編年紀事之體，昉自《春秋》。宋司馬光彙前代諸史，爲《資治通鑑》，年經月緯，事實詳明。朱子因之成《通鑑綱目》，書法謹嚴，得聖人褒貶是非之義。後人續修『宋元綱目』，上繼紫陽，與正史紀傳相爲表裏，便於檢閱，洵不可少之書也。今武英殿刊刻明史，將次告竣，應仿朱子義例，編纂《明紀綱目》，傳示來茲。〔註5〕

這也是在已有史籍系列上產生延伸接續的撰著設想，蘊含著要由官方開發重要史書編纂新項目的意圖，他要乘《明史》已成而尚未廣泛流佈，由官方駕輕馭熟地佔據綱目體裁的明代史撰述，並且親自掌控其中的褒貶是非之義。但這裡對所謂後人續修的「宋元綱目」（指明代商輅主持編纂的《續資治通鑑綱目》）未加否定，表明該時的史學見解與日後成熟時期的學識，還差距甚遠。在編纂的過程中，史臣周學健等提議對明洪武元年之前史事，分設「前紀」予以記述，又對元末明初之際的書法和正統問題提出解決方案，如「前紀」中仍然使用元朝年號等等，得到乾隆帝贊許。〔註6〕這是在清朝官方於纂修編年體綱目類史書中，依照正統論觀念作出的一項創新。《明紀綱目·前紀》二卷首先修成，進呈御覽，史官上奏稱：「行文用追敘體，總稱明祖。若其始爲大元帥，及自立爲吳國公，大書皆從僭號之例，以其時元季玉步未改，天王正朔有歸，明雖興王，何逃名分！蓋既別爲一書，則體例

〔註3〕 按《宮史》五卷，目錄書籍有所著錄，作者爲明人呂毖。參見《書目答問》卷二史部。
〔註4〕 《國朝宮史》卷首，《聖諭》。北京古籍出版社，1987年版。
〔註5〕 《清高宗實錄》卷九八，乾隆四年八月辛巳。
〔註6〕 《清高宗實錄》卷一七○，乾隆七年七月庚申。

無嫌小變，而不恕其僭號，則褒辭彌則大公。伏候聖明裁定。」這個編纂義例的新發明，使乾隆帝高興的手舞足蹈，發諭旨答曰：「朕材謝知古，學未通經，當此史筆之公，實恐目光之眩。至明祖《前紀》體例，諸卿所見，與朕意同。蓋大君臣子，名分不可逃於天地間。僭號興王，予奪嚴乎辭語內，敢曰繼《春秋》之翼道，於此昭來茲之鑒觀，我君臣其共勉之。」〔註7〕待乾隆十一年全書修成，乾隆帝更興沖沖寫詩六首，對此書倍加稱賞，如第一首曰：

> 直道惟憑信史留，斯民三代理無偷。
>
> 學探司馬治平要，書慕文公體例優。
>
> 亦曰此心無予奪，敢云我志在《春秋》！
>
> 編摩端識權衡在，魚魯何妨付校讎。〔註8〕

　　將《明紀綱目》與司馬光、朱熹的著述並立，甚至上比孔子《春秋》，其沾沾自詡之意，溢於言表。第六首還標榜此書「義利纖毫毋或爽，勸懲一字必期安。試觀三百年間事，己意曾無愛惡干。」拋開其中誇詡之詞，而亦可看出乾隆帝對於在史學上作出超越往代的成就，已經信心百倍。《明紀綱目》的纂修，是乾隆朝以名教思想體系、綱常倫理大義和正統論觀念，體現於史書編纂而具備創新性的首次嘗試，拉開乾隆帝在政治歷史觀與史學義例上探索開新的序幕，對清朝官方史學的發展以及乾隆帝本人的史學思想，均有重要影響。但乾隆三十年之前，乾隆帝的史學思想雖有某些新意出現，整體上卻還未能系統化、成熟化。對於某些官方史學問題的處理，例如乾隆十四年十二月所謂「五朝國史」告成，不久後即關閉國史館；初修的《西域圖志》成書於乾隆二十七年，並沒有採用西洋傳教士測量的新疆地區經緯度，於地理方位還是依樣畫葫蘆地承襲以往「分野」的說法，這都是學術眼光仍有很大局限性的表現。《明紀綱目》的新意、以及《大清會典》與《大清會典則例》分書並立的編纂方式等等，都是大臣、史官所提出，皇帝完全出於「乾綱獨斷」的創見極少，是乾隆帝史學見識處於積累和增長的階段。

（二）乾隆帝史學思想的系統化階段

　　乾隆二十四年（1759），清廷設立館局，纂修一部記事自上古直至明代的

〔註7〕《清高宗實錄》卷一七八，乾隆七年十一月丙辰。

〔註8〕《御製詩初集》卷三一，《明史綱目書成有述並序》。影印文淵閣《四庫全書》本，後同。

「綱目體」編年通史《御批通鑑輯覽》，〔註 9〕這是促使乾隆帝歷史觀念和史學思想系統化的一個契機。但此書最初的設館開修，並未當成大事，只是乾隆帝喜愛閱讀明朝李東陽主編的官修史《歷代通鑑纂要》一書，意欲「重加訂正，並增入明代事跡」。〔註10〕故《清高宗實錄》與其它清廷官書、文書、檔案均不見關於纂修開始時的諭旨、議奏與其它記載，開館時間也史無明文。《四庫全書總目》在此書提要中稱：「《御批通鑑輯覽》一百十六卷……乾隆三十二年奉敕撰」，而實際上，乾隆三十二年（1767）乃是乾隆帝為本書撰寫序言的題簽時間，欲知其始撰之年，仍須加以考訂。楊述曾是本書最重要的執筆纂修人，據其生平事跡可以揭示開始修纂的時間。楊述曾之父楊椿，為雍正、乾隆間有名學者，參修《明史》、《明紀綱目》、《大清一統志》等書。楊述曾承其家學，尤精於治史，乾隆七年考中一甲第二名進士，任翰林院編修。《清史列傳》卷七十一記述曰：「（乾隆）二十四年，充《通鑑輯覽》館纂修官……三十二年，《通鑑輯覽》書成，將脫稿而卒，年七十。始編《輯覽》時，折衷體例、書法、本末條件，總裁一委之。又詳訂輿地謬訛，彙為《箋釋》。與朱筠、蔣和寧、張霽、王昶諸人，同事發凡起例，斷斷不少假。及卒，大學士傅恒以述曾在事八載，實殫心力入告，奉旨賞給四品職銜」。《國朝耆獻類徵》（初編）卷一二四載劉綸《楊述曾墓誌銘》，記述與《清史列傳》略同，且言「君之於《輯覽》，則直以官與身視成書為始終，其可志也。」既然《御批通鑑輯覽》一書從發凡起例開始，楊述曾就是主要纂修人，那麼他充任此書纂修官的乾隆二十四年，必然是本書的始修之年。

在《清高宗實錄》中，直至乾隆三十一年才出現關乎《御批通鑑輯覽》一書的諭旨，是此書在開始纂修一段期間，清廷和乾隆帝恐怕均不大重視。今本《御批通鑑輯覽》之上，書之天頭有大量乾隆帝的批語，其重要性不言而喻，但批語的撰寫恐怕是在纂修臨近完成的乾隆三十年前後才開始，於是這項原本不重要的修史事項，一躍成為「此非一時之書，而萬世之書也。」〔註11〕因此，《御批通鑑輯覽》的編纂雖是乾隆帝史學思想系統化的契機，但其思想真正達於此境，本非自開始纂修為然。他的史學思想之重大進展乃是以乾隆三十年關於重開國史館的諭旨為標誌，而此時，《御批通鑑輯覽》已近

〔註 9〕 《四庫全書》中名為《御批歷代通鑑輯覽》，《四庫全書總目》中題為《御批通鑑輯覽》，今文從其簡。
〔註10〕 《御批通鑑輯覽》（文淵閣《四庫全書》本，後同）卷首，《凡例》。
〔註11〕 《四庫全書總目》卷四七，史部編年類，《御批通鑑輯覽》提要。

於完成，乾隆帝在此書上的御批之語，必也於乾隆三十年前後才新見紛呈，史識大進。

乾隆三十年（1765）六月，乾隆帝發下長篇諭旨，指示重開國史館，纂修國史列傳。其中指出：

> 向來國史館所輯列傳，原係擇滿漢大臣中功業政績素著者，列於史冊，以彰懿美，其無所表見及獲罪罷斥者，概屏弗與。第國史所以傳信，公是公非所關，原不容毫釐假借，而瑕瑜並列，益足昭衡品之公。所謂據事直書，而其人之賢否自見。若徒事鋪張誇美，甚或略其所短、暴其所長，則是有褒而無貶，又豈春秋華袞斧鉞之義乎！……因思大臣之賢否，均不可隱而弗彰，果其事功學行卓卓可紀，自應據實立傳，俾無溢美。若獲罪廢棄之人，其情罪允協者固當直筆特書，垂為炯戒，即當日彈章過於詆毀，吏議或未盡持平，亦不妨因事並存，毋庸曲為隱諱。從前國史編纂時，原係匯總進呈，未及詳加確核。其間秉筆之人，或不無徇一時意見之私，抑揚出入，難為定評。今已停辦年久，自應開館重事輯修。著將國初已來滿漢大臣已有列傳者，通行檢閱核實、增刪考正。其未經列入之文武大臣，內而卿貳以上，外而將軍、督撫、提督以上，並宜綜其生平實跡，各為列傳。均恭照實錄所載，及內閣紅本所藏，據事排纂，庶幾淑慝昭然，傳示來茲，可存法戒。〔註12〕

他徹底否定了本朝國史館以往的修史方針，要求以史學的規範、正史的標準編纂國史，這是史學思想的一大跨越。本年九月，再次發布長篇諭旨，指示不論官職高下，甚至布衣之士，確有政治、事業、學術成就者，就應為之立傳。最後表白說：「朕每覽歷代史冊，褒譏率無定評，即良史如司馬遷，尚不免逞其私意，非阿好而過於鋪張，即怨嫉而妄為指謫，其它更可知矣。我朝百餘年來，於大小臣工，彰善癉惡，一秉至公，實可垂為法戒。今悉據事核實，立為表傳，總裁大臣公同商推，朕復親為裁定，傳之萬世，使淑慝並昭，而袞鉞不爽，不更愈於自來秉史筆者之傳聞異辭、而任愛憎為毀譽者耶！將來成書時，即以朕前後所降諭旨，弁之簡端，用示慎重修輯國史之意。」〔註13〕

〔註12〕《清高宗實錄》卷七三九，乾隆三十年六月丁卯。
〔註13〕《清高宗實錄》卷七四四，乾隆三十年九月戊子。

這裡的關鍵之處，不僅在於如何完善本朝國史的義例，而且要特別地貶低私修史書，主張官方修史最能夠能達到「彰善癉惡，一秉至公」的標準，因而傳之萬世。到乾隆三十三年（1768）正月《御批通鑑輯覽》正式成書，〔註14〕乾隆帝的批語展現於大臣中間，其的歷史見解與史學理念系統性、成熟化地顯現出來，編纂前代史和本朝國史，在史學思想上是完全一致的。《御批通鑑輯覽》是一部自上古至明末的通史，涉及各朝各代的史事和歷史記載、歷史評論的問題，乾隆帝親自審定，並且撰寫大量批語，貫通整個歷史發展，在史籍審視和歷史評議上，必然要求價值標準的統一，有利於促進其史學思想系統化。乾隆三十年之後，乾隆帝已經對一些歷史問題的官方評價予以調整和修訂，例如乾隆三十一年關於南明問題的諭旨，已與清初以來的官方定論很不相同，其中論斷曰：「今日國史館進呈新纂列傳內《洪承疇傳》，於故明唐王朱聿釗（按：應為朱聿鍵，此為原文之誤）加以『偽』字，於義未為允協。……纂輯一代國史，傳信天下萬世，一字所繫，予奪攸分，必當衷於至是，以昭史法。昨批閱《通鑑輯覽》至宋末事，……批示大旨，使名分秩然，用垂炯戒。若明之唐王、桂王，於昰、昺亦復何異，設竟以為偽，則又所謂矯枉過正，弗協事理之平……朕權衡庶務，一秉至公，況國史筆削，事關法戒所繫，於綱常名教者至重，比事固當征實，正名尤貴持平。特明降諭旨，俾史館諸臣咸喻朕意，奉為準繩，用彰大中至正之道。」〔註15〕這裡明確顯示出乾隆帝是在批閱《御批通鑑輯覽》稿的進程中，將官方的歷史觀和史學思想予以系統化，使之建立為符合綱常倫理準則的思想體系，為此不惜調整對於明清之際歷史問題的觀點，標舉所謂「大中至正之道」，更新編纂歷史和評論歷史的準繩和圭臬。

乾隆三十八年（1773）開始編纂的《四庫全書》，是清朝官方對傳統文化進行綜合的、全面的清理，同時帶動了四庫館外的文化活動和修書工作，形成空前盛大的傳統學術、文化的總結及提高。但乾隆帝對史學問題的重新審視，並非與《四庫全書》的編纂同時起步，而是稍有遲緩，呈現於乾隆四十年。從乾隆三十年至四十年的十年左右期時間，乾隆帝史學思想的基本特點，是依照儒學思想體系和綱常倫理觀念，全面、熟練地判斷歷史記載、歷史評

〔註14〕《御批通鑑輯覽》卷首《進書表》乃簽署此時，《清高宗實錄》卷八〇二也記載成書於乾隆三十三年正月己亥日。但乾隆帝所撰序言，乃在乾隆三十二年。

〔註15〕《清高宗實錄》卷七六一，乾隆三十一年五月甲午。

論的是非，對歷史人物、歷史事件從帝王立場予以評價，而評價的標準表現出貫通全史的一貫性。這主要形成於對《通鑑輯覽》這部通史的審閱和「御批」，但此書在纂修《四庫全書》期間又被修訂和補充，乾隆三十三年的最初版本已無法見到，現在只能從乾隆帝的有關諭旨中考索其中部分新增、新改的內容，從中考察乾隆帝的史學思想與歷史觀點，在乾隆四十年之後又有哪些重大的演變。

（三）乾隆帝史學思想的翻新、突破階段

　　乾隆四十年（1775）五月，乾隆帝忽然對他早年十分自負的《明紀綱目》大為不滿，嚴辭批評前所負責編纂的大臣，同時牽連《明史》，下令修訂。起因是發現史實考訂未能精確。其諭旨略曰：「是張廷玉等原辦『綱目』，惟務書法謹嚴而未暇考核精當，尚不足以昭傳信。著交軍機大臣即交方略館，將原書改纂，以次進呈，候朕親閱鑒定。其原書著查繳。」〔註16〕三天以後，又諭令重修《明史本紀》，並且將《明史》全部審查考訂，更正訛誤。這是對本朝官方史學和歷史認識的再檢討，導致乾隆帝的史學觀念發生一系列的翻新和突破。隨後，陸續在國史纂修和處理明清之際歷史問題上更張作秀，例如下令在國史中特立《貳臣傳》、下令在《御批通鑑輯覽》內附錄明末唐、桂二王事跡，指示《御批通鑑輯覽》應當直接記載吳三桂俘獲明末永曆帝的事跡，不必迴避。這說明《御批通鑑輯覽》一書同樣列入了被修訂、補充的範圍。乾隆四十二年，官方重新改寫《皇輿西域圖志》，全書篇幅、結構、記事下限皆煥然一新，尤其是擯棄了傳統文化中對於地理位置的「分野」學說，採用西方技術實測的經緯度，更是思想和認識科學性的一大突破。所有這些，有的我們前文已經敘述，有的後當詳論，此處暫略。總之，自乾隆四十年之後，乾隆帝在史學思想上頻頻得出修史義例翻新和提出突破性見解，並且標舉了記史務求真實的旗幟，對已成的官修史重新考訂、修訂，增強了其史學思想的說理性、權威性和學術性色彩。

　　乾隆帝的史學思想，能夠在傳統史學的範圍和儒學思想體系之內，針對具體史學問題而翻出新意，從而推動官方史學的發展，體現出總體上保守而具體上有所作為的特徵。這種思想特徵，是與乾隆帝處於中國整個皇朝制度和舊有思想體系的沒落時期，而又作為經濟和文化相對繁榮的「盛世」君主

〔註16〕《清高宗實錄》卷九八二，乾隆四十年五月辛酉。

相對應的。他要竭力維護本朝的統治地位，將史學作爲其思想工具之一，就必然採取總體上保守的思想傾向，維護和修補綱常倫理概念並且體現於官方的史學活動；而作爲「盛世」君主，有一種高屋建瓴審視千古的氣魄，在追求官方史學蓬勃發展的動機下，自然會提出一些新的史學見解，對舊的史學思想作出一些新的發展。

中國的傳統文化至於清代，已經進入一個全面總結和清理的歷史時期，私家學者對古來經學、史學、諸子百家學說的全面考釋、對歷代古文獻的整理，都是這種清理和總結的一個方面，乾隆帝主持編輯的《四庫全書》，是官方對文化遺產的一次大的清理和總結，對史學的清理也不例外。乾隆帝本人的史學思想，就是對傳統史學思想從官方角度的總結和提高，並促使官方史學發展到歷代以來的最繁榮的時期。無論是從中國史學史抑或從清代文化史角度來看，乾隆帝的史學思想以及他對於官方史學發展上的作爲，都佔有十分重要的地位，值得予以深入總結和分析。這是研究乾隆帝生平、思想和清乾隆朝歷史必備的組成部分，也是研究清代史學史不可或缺的內容。

二、章學誠史學理論的形成與特點

（一）章學誠創明史學理論的可能性

在中國傳統史學的發展歷程中，一般而言，私家史學比官方史學具有更大的活力與開拓精神。清初，學界承接明代學術文化的個性探索精神，同時又摒棄那種浮躁、粗疏的學風，做出許多卓越的理性思考和紮實的治學實踐，取得遠超明代的學術成就。黃宗羲《明儒學案》、王夫之《讀通鑑論》、顧祖禹《讀史方輿紀要》、馬驌《繹史》、閻若璩《尚書古文疏證》等等，洵爲中國史學史上的名著，顯示出在理論和考據上均有突出的史學創樹。當時，批評明末著述之空疏、粗率，是主流的的輿論取向，故紮實務博、重於考據的治學路徑處於日益拓展的趨勢，成爲導致後來乾嘉考據學崛起和興盛的先機。但無論是清初還是乾嘉時期，學界對史學理論的探討皆時有閃現。例如錢謙益《有學集》中多篇序跋、書信中論述了經史關係、史學宗旨、史學方法。朱彝尊參與官修《明史》，有多封書信討論修史義例問題。戴名世撰有《史論》專文，提出他對史書修纂的理論性見解。即使考據學家王鳴盛，雖極力主張「蓋學問之道，求於虛不如求於實，議論褒貶，皆虛文耳」，〔註17〕但在

〔註17〕王鳴盛：《十七史商榷序》，載《十七史商榷》卷首。

其《十七史商榷》中，卻多有史學義例的探討，如論紀傳史編纂，認為「凡作史者，美惡必宜別卷，所以類族辨物，使薰蕕異器，閱者一覽可知。……然因事類記，或不得不聚於一卷中，此似亦未可以編次不倫責之。」〔註18〕又如論紀傳體與編年體，指出「編年雖古法，而古不可泥，宜以後出為定……正史足兼編年，編年不能包正史。」〔註19〕可見凡精於史實考訂的學者，不會毫無對史學義例的感悟，在史學思想上不會完全空白。

乾嘉時期歷史考據學的興盛，是清初以來史學發展的結果，乾嘉考據學在某種意義上看，是對歷代文化成果從微觀問題入手的總清理，這種文化氛圍也不排除私家學者進行理論思想上的總結與思考。事實上，戴震、袁枚、姚鼐等多人都頗具理論性探討，〔註20〕涉及到學術宗旨、經學、哲理、文學、史學、社會倫理學等等各個治學領域。但私家在史學理論作出比較全面的論述，則不僅需要有一定學術氛圍的促進或挑戰，更有賴於出現治學旨趣、治學經歷恰好符合條件的人物，章學誠正可謂是應運而生，承擔起私家總結史學理論的時代角色。

章學誠（1738～1801）字實齋，中進士而基本未曾任官，靠教學、做幕賓、應聘纂修方志為生。他撰有《文史通義》、《校讎通義》等著作，亦成名於乾嘉時期。《文史通義》是一部學術論文集，除專題論述的文章之外，尚有大量書信、方志序例受辱其中。章學誠評文論史，表達了豐富的史學見解，他後來曾自稱「吾於史學，蓋有天授」〔註21〕，其語不免有所誇詡，但所言「吾十五六歲，雖甚駑滯，而識趣則不離乎紙筆，性情則已近於史學」〔註22〕，則其自幼秉性喜愛史學，應為事實。章學誠一生最主要的社會學術活動，是編修方志，27歲就協助其父纂修湖北《天門縣志》，此後主修多部方志，其中《和州志》、《永清縣志》、《亳州志》、《湖北通志》最為重要。他將纂修方志

〔註18〕王鳴盛：《十七史商榷》卷八四，「美惡宜別卷」條。
〔註19〕王鳴盛：《十七史商榷》卷九九，「正史編年二體」條。
〔註20〕戴震（1724～1777），乾隆時期著名考據學家、思想家，撰有《原善》、《孟子字義疏證》等理論性著作，通過批評理學提出自己的哲學見解。袁枚（1716～1797），清代詩人、思想家，撰有《小倉山房文集》、《隨園詩話》，在文學理論上提出詩的「性情論」，懷疑儒學經典的真實性，批判傳統的「道統」與「正統」說，揭露理學及其倫理說教的虛偽性。姚鼐（1731～1815），清代桐城派文學家，撰有《惜抱軒文集》等著作，在散文理論上有突出建樹。
〔註21〕《章氏遺書》（劉承乾嘉業堂刊本，後同）卷九，《家書二》。
〔註22〕《章氏遺書》卷九，《家書六》。

視爲撰寫「一方之全史」，從而在多年的修志實踐中總結與修訂自己的史學見解，這是其史學理論創見形成的最主要原因。乾嘉時期，考據學雖風行於世，但在編修方志活動中卻未能佔據統治地位。方志學中的考據學派以洪亮吉、戴震爲代表，主張方志應爲地理之書，「悉心於地理沿革，則志事已竟」〔註 23〕。這種主張並不符合清廷的要求，乾隆初被清廷頒爲各地仿從體式的《江南通志》〔註 24〕，就明確宣稱「例準史裁」〔註 25〕，因此，將方志視爲一方之史的觀念，始終處於主流的地位，致使清代纂修方志的社會活動，蘊含著創明史學理論的有利條件。在編纂方志的活動中，章氏總是受到持異議者的詰難和攻擊，在與他人不同意見的辯駁中，爲了爭取地方官的支持，必須通過論說史學義例來表明見解的正確，這就起到推動章氏史學理論發展和成熟的作用。

在清代，編修方志的活動具備著創明史學理論的有利條件。清朝是編修方志的興盛時期，所修方志數量之多，地區之廣皆爲前所未有，構成了有利於方志學與史學發展的社會環境。在纂修方志領域，清廷和官府大都傾向將方志作爲一方之史來編纂，並不局限於地理考證，因而考據學派的修志觀念始終被邊緣化。早在雍正年間，雍正帝就諭令：「志書與史傳相表裏，其登載一代名宦人物，較之山川、風土尤爲緊要，必須詳細確查，愼重探錄。」〔註 26〕因此，章學誠一生從事修志，對他成爲歷代以來傳統史學思想的總結者，是一種上好的機遇與條件。依照胡適、姚名達《章實齋先生年譜》提供的線索來考察，章學誠的主要史學創見，都是在纂修方志進程中產生和發展的。因此，章學誠成爲私家對傳統史學思想的總結者，同樣具有社會文化背景、個人經歷與素養所鑄成的基本條件，即其生活的乾嘉時期，本來具備產生史學理論家的學術土壤，提供了史學理論探討得以獲得創見的可能性。

（二）章學誠的纂修方志與學術進展

乾隆二十八年（1763），章氏 26 歲，他的好友甄松年應邀參修方志，向他徵求意見，章學誠便認眞地思考了方志義例問題。他在給甄松年的兩封

〔註 23〕 此爲戴震的主張，見《章氏遺書》卷十四《記與戴東原論修志》。
〔註 24〕 據清道光《觀城縣志凡例》追述，乾隆《江南通志》修成後頒爲修志定式。
〔註 25〕 乾隆《江南通志》卷首，高斌《序》。
〔註 26〕 《上諭內閣》，雍正六年十一月二十八日。

信中，認爲方志「體裁宜得史法」〔註27〕，方志應當成爲「非苟然爲者」的著述和具備「爲國史取材」的資料。〔註28〕這種將方志擬於紀傳體史書的早期見解，是章學誠閱讀大量古今方志後得出的認識。次年，章氏就參與了《天門縣志》的纂修。後來他投師於朱筠，在朱家又閱覽了大量的各省通志，〔註29〕還幫朱筠組織過《順天府志》的纂修事業，參與了《國子監志》的編寫。這些實際的鍛鍊，積累了經驗，對以後的修志工作很有裨益。

乾隆三十八年（1773），章學誠受聘主修《和州志》，這次修志活動在他的整個學術生涯中佔有十分重要的地位，主要表現於以下幾方面：

第一，確立了章氏自己在方志義例上的基本輪廓，即紀、圖、表、傳等各種體裁齊備，創設了各種「圖」及「前志列傳」，這成爲此後修志中必備的內容。

第二，從編修《和州志》起，章學誠改變了早期那種以舊有紀傳體史書模式來擬議方志體例的方法，而是將修志中的體驗上升爲撰修史書的義例，在史學理論方面提出了一些創見。如史書應當立圖、史書應當立史官傳等等，這些創見寫入了《和州志》各篇序例中。《和州志》各篇的序例，雖然列於正文之前，但卻是寫於修志中或修志後。例如：《田賦書序例》敍述對和州有關田賦文章的採錄及編排情況，《氏族表序例》敍述修志期間搜集當地家譜的情況，這都不是著手修志之前所能寫出的內容。《和州志文徵序例》明言編成了「奏議二卷、徵述三卷、論著一卷、詩賦二卷，合爲文徵八卷」。〔註30〕這裡明確寫出《文徵》各部分的卷帙，充分說明序例是作於正文編輯之後。因此，章學誠在方志序例裏暢述的史學創見，是從修志活動中總結出來的。

第三，在《和州志藝文書序例》中，首次對校讎學理論進行了探討，論述了校讎學「辨章百家、通於大道」的作用和「循流而溯源」的研究方法，並且因推重劉歆《七略》而提出從《周官》尋求學術之源的見解，從而初步奠定了他的校讎學理論基礎。

第四，章學誠早年在治學上有「讀書當得大意」，又有「好立議論」〔註31〕的習性。但乾隆三十一年結識已經名揚學界的戴震之後，戴震強調必

〔註27〕《章氏遺書》卷十五，《答甄秀才論修志第一書》。
〔註28〕同上書卷卷十五，《答甄秀才論修志第二書》。
〔註29〕同上書卷十三，《讀道古堂文集》。
〔註30〕《章氏遺書》外編卷十八，《和州志·文徵》。
〔註31〕《章氏遺書》卷二十二，《與族孫汝楠論學書》。

須從訓詁考據入手的治學途徑，以此指導章學誠，這使章氏自覺「慚惕」與「寒心」。〔註32〕是堅持原先的治學習性，還是改弦更張而從事考據？章學誠徬徨局促、舉措不定。這種狀態，直至纂修《和州志》時才得以改變。在《和州志》纂修期間，章學誠與戴震就方志義例問題進行了面對面的辯論，申明「夫修志非示觀美，將求其實用也」，〔註33〕主張方志內容應當重文獻。而戴震將方志看作地理書，認為內容應著重考證地理沿革。經過辯論，章學誠駁倒了戴震，認清戴震原來「不解史學」，〔註34〕從而將心目中對考據學權威的敬畏情緒一掃而光，這對於他不盲從於考據學風，堅持獨特的治學途徑具有決定性意義。

章學誠於乾隆三十八年至三十九年纂修《和州志》，此間正是清朝開展《四庫全書》編輯的初期，官方清理傳統史學遺產的工作已經肇始，考據學也呈現進入全面熱潮的端倪。國史館的修史活動已經打開新局面，乾隆帝對纂修本朝「國史」已有較為系統的體認，在史學理念上即將步入「佳境」。章學誠的史學理論探討於此時起步，這在官方史學與私家史學關係的發展上，與整個學術文化背景若合符契。可見對傳統史學的清理、總結與考據學的繁興，以及官方、私家代表人物做史學理論的探討，幾乎同步邁向一個新的階段。

乾隆四十四年（1779），章學誠修成《永清縣志》。《永清縣志》在體例上的最大變化是設吏、戶、禮、兵、刑、工六書。究其原因，一方面是章學誠要實施修《和州志》時已產生的「溯源官禮」的思想，體現「若論史法，則書志大原必追官禮」〔註35〕的見解，另一方面是修《永清縣志》時全部閱覽了縣內檔案，深感這些資料的重要性。於是，他試圖「以當代人官為綱紀」〔註36〕改造書志體裁，按六部官署名稱分類編，記載一縣典章掌故。這樣，《永清縣志》保存了大量史料，但在內容裁斷上則冗雜混亂。如《禮書》將禮樂、儀節、學校，藝文諸事一併闌入，而兵、刑、工各書則內容貧乏。章氏自己後來也認識到「《永清全志》頗恨蕪雜」，〔註37〕這迫使他既要探索使

〔註32〕《章氏遺書》卷二二，《與族孫汝楠論學書》。
〔註33〕《章氏遺書》卷十四，《記與戴東原論修志》。
〔註34〕《章氏遺書》卷十四，《記與戴東原論修志》。
〔註35〕《章氏遺書》外編卷九，《永清縣志·禮書》。
〔註36〕同上書外編卷九，《永清縣志·吏書》。
〔註37〕《章氏遺書》卷九，《又與永清論文》。

方志多多保存資料的同時，如何能夠體現著述的精要特點，又必須深入研究學術上怎樣更好地實現「溯源官禮」的理論。因此，《永清縣志》的纂修，主要意義在於促使章學誠做更深入的學術探索，不僅撰成《校讎通義》初稿，而且對方志義例的研究集中於探索資料性與著作性的關係。此後，章學誠的學術思想有了長足的進展。乾隆五十二年開始編輯《史籍考》，次年修訂了《校讎通義》，又次年寫成多篇哲理性文章，如《原道》、《原學》、《博約》各三篇等，表明他在校讎學、哲理和治學方法上都形成一套較為成熟的見解，但在史學上尚無重要論著。

　　乾隆五十四年（1789）至五十五年，章學誠修成《亳州志》，創設了「人物表」與「掌故」專書。「掌故」立為專書，意義尤為重大，章氏從此確立了「方志立三書」的體例。即方志正文僅存經要，體現獨斷別裁，《文徵》裒集一方詩文，《掌故》彙編當地典章檔案，各為專書，相輔相成，從而解決了《永清縣志》存在的問題。《亳州志》修成後的當年，章學誠就總結修志經驗，撰寫了《答客問》上、中、下三篇，這是「討論史學的最重要文字」。〔註38〕隨後兩年，又寫成《書教》上、中、下與《方志立三書議》等等，是章學誠史學理論和方志學理論的代表作，其中的論述與《亳州志》各篇例議及《答客問》有明顯的承續關係。

　　乾隆五十七年（1792），章學誠又受聘纂修《湖北通志》，這是他最後一次修志活動。湖北一省，地域廣闊，在此期間又予修了《荊州府志》和《常德府志》，其規模為前幾次修志所不能比擬，這對於章氏不久前總結出的方志學與史學理論，提供了進一步補訂和提高的機會。在《書教》、《與邵二雲論修宋史書》中，章氏曾經設想了「刪書志之名」〔註39〕的方案，即擴大列傳的內容使之也記載典章制度，把紀傳體的「志」併入列傳。這個設想在纂修《湖北通志》過程中得到修正，《湖北通志》仍設有《食貨考》、《府縣考》等，恢復了《亳州志》中關於史書「紀、表、志、傳，率由舊章」〔註40〕的觀點。

　　除上述修志活動之外，章學誠還纂修過《永定河志》、《麻城縣志》等等。他從二十七歲至五十七歲，修志活動經歷了三十年，為時之久與所修方志之

〔註38〕胡適，姚名達：《章實齋先生年譜》乾隆五十五年。
〔註39〕《章氏遺書》卷九，《與邵二雲論修宋史書》。按：此篇緊踵《書教》寫成。
〔註40〕《章氏遺書》卷十五，《亳州志掌故例議中》。

多，在清代學者中也屬罕見。在修志過程中，章學誠不僅總結出方志學理論，而且還概括出自己的史學創見。《和州志》的編纂奠定了章氏的校讎學基礎、確立了治學方向、形成方志義例的基本輪廓，也打開史學研究的良好開端。《永清縣志》成爲此後深入學術研究的契機，《亳州志》帶來史學理論和方志學理論的成熟，《湖北通志》則使之得以完善。

（三）章學誠的史學創見及其學術根基

章學誠在其治學的歷程中，得出多方面的學術見解，在他的撰述之中，有的文章論述哲理問題，有的談一般性的治學方法，有的評析文化現象，有的類析典籍文獻，但一史學論斷最爲引人注目。在章學誠的史學見解中，不乏一般的泛泛而論，甚至亦存在迂腐、落後之說，但具有不少可圈可點的史學創見。近代以來，章學誠成爲史學史研究的熱點之一，不同學者對章氏史學創見的歸納大體一致，但也存有差異，這是學術觀點不同或探討的視角有別。這裡，謹將章學誠的史學創見簡略地概括爲以下六項：

1、將古今學術和撰史作品分爲著述和比類兩家。在《報黃大俞先生》〔註41〕的書信中，章學誠精闢地指出：「古人一事，必具數家之學，著述與比類兩家，其大要也。」所謂著述，是指成一家之言的獨斷之學，比類則爲著述提供資料，「使著述者出，得所憑藉以恣其縱橫變化」。針對當時的學術風氣，他提出：爲比類之學者，「不可以比類之密而笑著述之或有所疏」，〔註42〕這項認識，在《答客問》三篇、《書教》三篇中都曾經論斷，體現了於史學貴其著述成家的思想，是章學誠最重要的史學創見之一。作爲著述，必須是作者的獨斷別裁，在理論上或方法上有所創新。比類則是資料的纂輯、編彙與核定。有了這種基本的分析，使章氏對獨斷之學的推重倡導、對煩瑣考據學風的批判、對自己獨特治學途徑的堅持、對以往史書的評價，不僅底氣十足，而且呈現出理論上的成熟性與系統性。

2、提出考述史學源流的主張。章學誠泛讀群史，發現史書雖多爲史官所撰，卻都不爲史官設立專門類傳，於是提出紀傳體史書「於儒林、文苑之外，更當立史官傳」〔註43〕的見解。他還指出：史書的「史官傳」不能相其它列

〔註41〕本文載《章氏遺書》卷九，據錢穆《中國近三百年學術史》考訂，本文寫成於乾隆五十九年，時《湖北通志》方成，但對志例的辯論仍在進行。

〔註42〕《章氏遺書》卷九，《報黃大俞先生》。

〔註43〕《章氏遺書》卷九，《家書六》。

傳那樣僅僅記載人物的生平事跡，主要內容應當是史學的的前後傳習、史書撰寫的過程、後人的研習以及對後世的影響等等。他解釋說：「後代史官之傳」要「略仿『經師傳』例，標史爲綱」，例如對於司馬遷，就要闡明《史記》的材料有取於《左傳》、《楚漢春秋》等書，要敘述楊惲對此書的傳佈作用，要介紹徐廣、裴駰的注釋，「凡若此類，並可依類爲編，申明家學，以書爲主，不復以一人首尾名篇。」〔註44〕這實際上已然打破人物傳記的格式，形成史學專傳或史書專傳了。這種設想，實際上是要把史學的發展源流理清，已經接近於倡導史學史性質的撰述。

3、改進史書體例的主張。這是章學誠史學理論的一個重要組成部分。針對紀傳體史書體例趨於僵化的弊病，他提出史書應當立圖，特別是輿地、器物更應有圖，甚至以圖爲主，附加文字說明；應設人物表，將職務較高而實際作爲不大的人物列於表內，使列傳內容精練；列傳除了記人之外，還應以參照紀事本末體史書的寫法作記事性的列傳；設立「史篇別錄」，即相當於索引的作用，便於整合分散記載的史事。這些具體建議，值得歷史撰著這參考，其創見多得自修志中對方志體例的實際改進和創新。

4、闡明史學總體的觀念。章學誠認爲：「有天下之史、有一國之史、有一家之史、有一人之史。傳狀志述，一人之史也；家乘譜牒，一家之史也；部府縣志，一國之史也；綜紀一朝，天下之史也；比人而後有家，比家而後有國，比國而後有天下，惟分者極其詳，然後合者能擇善而無憾也。」〔註45〕從「一人之史」到「天下之史」，應當「制度由上而下，採摭由下而上」，〔註46〕即自上而下地貫徹史法、義例，自下而上地提供史料，各類史籍便組成有級別、分層次、互相獨立但又存在有機聯繫的整體，而州縣的方志，則是史學整體結構中聯上馭下的樞紐。這表現了章學誠對修史、治史的全局性眼光，是一項深刻的、獨創性的史學見解。

5、對於「史意」的標榜，是章學誠史學理念的又一精髓。章學誠說：「鄭樵有史識而未有史學，曾鞏具史學而不具史法，劉知幾得史法而不得史意，此予《文史通義》所爲作也。」〔註47〕又說：「吾於史學，蓋有天授，自信發凡起例，多爲後世開山。而人乃擬吾於劉知幾，不知劉言史法，吾言史意；

〔註44〕《章氏遺書》外編卷十八，《和州志前志列傳序例》。
〔註45〕《章氏遺書》卷十四，《州縣請立志科議》。
〔註46〕《章氏遺書》卷十四，《州縣請立志科議》。
〔註47〕《章氏遺書》外編卷十六，《和州志志隅自敍》。

劉議館局纂修，吾議一家著述，截然兩途，不相入也。」〔註48〕這裡用以自我標舉的「史意」，就是治史的「意旨」，即宗旨和意圖，一是要「好學深思、心知其意，讀古人書而求其意。」〔註49〕二是主張史家要有自己的學術目標，即他所大聲疾呼的「作史貴知其意，非同於掌故，僅求事文之末也。」〔註50〕至於史家應具備怎樣的學術目標，章學誠認為「文貴發明，亦期用事」，〔註51〕即不但要發凡起例、創明新意，而且要樹立經世致用的宗旨。章學誠還曾因襲孟子的論說而強調史書蘊含著事、文、義，其中史「義」更為重要。於是學界不少人誤以為章氏倡言的「史意」就是「史義」，這是很不准確的。「史義」是指史書中所體現的歷史觀和價值觀，是自史書的分析所認知；而「史意」則是撰史者預先就具有的撰著意圖，乃從史家的主體位置上加以觀照。撰著意圖雖然與歷史觀聯繫緊密，但二者並不完全重合，如司馬遷《史記》體現的歷史觀具有多方面內容，而撰寫目標則是「成一家之言」而已。章學誠標舉「史意」，內中含有貶低「僅求事文之末」的學風，是要否定「為學術而學術」考據學派。

6、「六經皆史」的論斷，並非章學誠所首創，但章氏對「六經皆史」的闡發則有其獨得之見。他說：「六經皆史也，古人不著書，古人未嘗離事而言理，六經皆先王之政典也。」〔註52〕他進一步指出：「若夫六經，皆先王得位行道、經緯世宙之跡」，〔註53〕是「三代盛時典章法度見於政教行事之實」。〔註54〕因此，「六經」本身是經世致用的，學者尊崇「六經」，那就必須貫徹「六經」的經世致用精神。乾嘉考據學自經學的考釋字句、解讀篇章而發端，這種學風漫延開來，流而忘返。章氏單刀直入地點明「六經皆史」，六經「皆先王得位行道、經緯世宙之跡」，實際也是表達了改變學風的理念和訴求。

這六項史學創見，主要得自於章學誠纂修方志的學術實踐。將學術分為「著述」與「比類」的創見，是章氏在解決方志著述性與資料性矛盾的過程

〔註48〕《章氏遺書》卷九，《家書二》。
〔註49〕《章氏遺書》卷八，《為謝司馬撰楚辭章句序》。
〔註50〕《章氏遺書》卷四，《言公上》。
〔註51〕《章氏遺書》卷九，《答沈楓墀論學》。
〔註52〕《章氏遺書》卷一，《易教上》。
〔註53〕《章氏遺書》卷一，《易教上》。
〔註54〕《章氏遺書》卷一，《經解上》。

中產生的。問題的肇始與基本觀點的萌芽，產生於《永清縣志》，實際上的解決歸於《亳州志》的編纂，《答客問》、《書教》等篇的論述，不過是對《亳州志》成果的總結。而進一步的發揮，則完成於《湖北通志》纂修期間及隨後對方志的討論。考述史學源流的論述，始於章學誠修纂《和州志》設置《和州志‧前志列傳》，《前志列傳》就是以記述此前的本地方志之書，是將修方志的作者事跡融入志書的記敘之內。章氏由此而推想史書的「史官傳」也應當如此「以書爲主」，因而形成了這一創見的核心觀念，即提倡考述史學源流的獨得之見。改進史書義例的主張，如前所述，多爲纂修方志時得出的體會，這是不言而喻的。例如「史書應當立圖」的設想，乃是基於方志中必設地圖才能明瞭區域狀態所作出的史學推想；列傳不但記人而且應當記事，得自《和州志》纂修設立《乙亥義烈傳》等篇的撰寫實踐，此篇記述「明末崇禎八年闖賊攻破和州，官吏紳民男婦殉難之事」〔註55〕，這樣的列傳倘若逐人記述，必然文繁事晦、頭緒不清，可見以紀事爲主導的列傳，是章氏在修志中根據內容的需要而創用的，隨之將其推拓爲普遍的史書義例。章學誠對史學總體結構的設想，在涉及方志的問題上論述得最爲精詳，對方志在史學總體中的作用也最爲重視。他認爲「譜牒散而難稽，傳志私而多諛」，〔註56〕而州縣方志是基層的官修之書，能夠「下爲譜牒傳志持平，上爲部府徵信」，〔註57〕乃是整個史學總體中的關鍵性環節。因此他主張：「今天下大計既始於州縣，則史事責成，亦當始於州縣之志。」〔註58〕這種見解本身，就表明修志實踐是他的史學總體觀念形成的主要原因。章學誠前後兩次以「史意」標榜自己的治學特點，都是緊踵於修志活動之後，第一次是修成《和州志》之後，第二次是修成《亳州志》之後，這並非偶然，這兩部方志皆爲章氏得意之作，卻都因本省學政持異議或州官易任而未能刊刻，這種遭遇，使章氏痛感自己的著述難爲世人理解，〔註59〕從而要對自己的治史特點，做出不合世俗亦不同於古人的標榜。章學誠的經世致用思想是在修志活動中形成的。所修方志，重於當代政治、經濟情況和當代人物、文獻，實行詳近略遠的原則。正如纂

〔註55〕《章氏遺書》卷二，《古文公式》。
〔註56〕《章氏遺書》卷十四，《州縣請立志科議》。
〔註57〕《章氏遺書》卷十四，《州縣請立志科議》。
〔註58〕《章氏遺書》卷十四，《州縣請立志科議》。
〔註59〕從乾隆三十九年的《和州志志隅自敘》和乾隆五十五年的幾封《家書》中，可以明顯看出這種心情。

修《和州志》時與戴震的辯論中明確提出的：「修志非示觀美，將求其實用也。」〔註60〕可見章氏「六經皆史」論的中心內容——史學經世思想萌發於修志實踐。

除了纂修方志的實踐，章學誠的史學理念還得自其理學觀念以及「校讎學」（即目錄學）的造詣，例如他的認識論中包含理學的「格物致知」觀念，著述與比類分爲二途以及考述史學源流的主張，都帶有其校讎學上「辨章學術，考鏡源流的」思想。章氏對程朱理學十分推重，他認爲「程朱之學，乃爲人之命脈也」；〔註61〕讚揚「程朱當末學忘本之會，故辨明性理以挽流俗之心」；〔註62〕攻訐戴震等人批評朱熹和反對理學的行爲是害義傷教，〔註63〕這在當時社會背景下，是整體的否定，而且是不懷好意的出拳猛擊；針對當時的考據學風，他提出「今日之患，又坐宋學太不講也」，因而自稱要將「以班、馬之業而明程朱之道」作爲著述的宗旨。〔註64〕被學界格外重視並且多所誤解的《文史通義・史德》篇，即完全依據程朱理學立論，觀念迂腐，見識落後。章學誠早年即撰有《校讎通義》，後又進行《史籍考》的規劃和編纂，提高了他的歷史文獻學素養。這種從總體上探討圖書分類與評介方法的學術，有利於史學理論方面的探索。而他的校讎學研討，實際是從編纂《和州志》起步。

章學誠的學術生涯，展示了他成學的錯綜過程，校讎學素養、理學觀念和修志實踐，構成其史學理論的三項根基。校讎學理論雖然形成最早，但從修志實踐中奠定基礎，是章學誠創明史學見解的主要淵源。理學觀念自然來自傳統的教育，而其作出探討則是因校讎學討論學術史源流而引發。修志實踐是章氏史學理論形成的最重要原因，至於具體的史學創見，多數更直接從修志實踐中總結而來。章氏成學，固然也有得於師友之益、讀書之效、前人影響等等，但論其主因，應從本人的社會活動、學術活動中探尋。前人影響，斑駁多彩；書籍品類，千差萬別；師友教益，焉能一致？面對師友、書籍、前人的影響，章學誠接受什麼、排斥什麼，歸根結底仍是由他社會活動和學術實踐所決定。既然章氏一生主要學術實踐是編纂方志，修志又恰爲當時可

〔註60〕《章氏遺書》卷十四，《記與戴東原論修志》。
〔註61〕《章氏遺書》外編卷三，《丙辰札記》。
〔註62〕《文史通義》內篇六，《天喻》。
〔註63〕見《文史通義》內篇二，《朱陸篇書後》。
〔註64〕《文史通義》外篇三，《家書五》。

具備創明史學理論條件的領域，他得此機遇，才成爲乾嘉時期獨樹一幟的史學理論家。

三、乾隆帝、章學誠之史學思想的同與異

乾隆帝與章學誠生活於同一時代，一個是至高無上的皇帝，其史學思想代表著社會頂層的理論導向。另一個雖得中進士，卻無緣於官場騰達，僅依附於大小官僚以教學、編書、修志謀生，其史學思想反映了社會文化基層的某一種價值取向。由於乾隆帝與章學誠生平經歷和社會地位相差懸殊，比較乾隆帝與章學誠之史學思想的同與異，更應當著重比較其史學思想相同或近似之處，這對於全面、深入把握乾嘉時期史學與學術的總體發展趨勢，具有提綱挈領的作用。

（一）乾隆帝匡助政治的修史宗旨與章學誠史學經世論

乾隆帝十分重視歷史的垂訓鑒戒、匡助政治的作用。他品評歷代史事，修纂前代史、典制史，是用以汲取鑒戒。他主持編纂《御批通鑒輯覽》，宗旨是「觀是書者，凜天命之無常，知統系之應守，則所以教萬世之爲君者，即所以教萬世之爲臣者」〔註65〕。爲挽救滿族貴族、八旗子弟日趨腐化的頹勢，鞏固清朝的統治地位，從乾隆三十八年敕撰《開國方略》始，隨即進行了一系列重理本朝開國史的編纂活動，目的是通過追憶本朝先祖的豐功偉績，使清朝的子孫、臣民知曉「祖宗開創之艱難」〔註66〕，從而激發起維護清廷統治的政治熱情。另外，借助歷史的總結和分析，推動政治理論的創建和深化，這體現於《古今儲貳金鑒》一書的編纂。此書順次敘述了自周代至明朝因冊立儲君而引起禍亂的二十九項事例（另附敘五事），〔註67〕各加按語評論。卷首收錄乾隆帝大量上諭和論文，以及康熙帝諭旨一道，均關乎各朝代「冊立太子」的問題。這是一部總結與分析歷史教訓，闡明乾隆帝建儲理論的史評類著述，其突出特點是以傳統史學的方法，剖析歷史上主流理念的悖謬，從而否定了二千年來的冊立儲君制度，將清朝秘密建儲制度提高到理論的水平，是乾隆帝以史學匡助政治的顯著成就。

經世致用的學術宗旨，是中國古代學術思想中的一面冠冕堂皇的旗幟。章

〔註65〕　《御批通鑒輯覽》卷首，御製序。

〔註66〕　《己未歲薩爾滸之戰書事》，載《清高宗實錄》卷九九六，乾隆四十年十一月癸未。

〔註67〕　《四庫全書總目》卷八八，稱此書記述三十三事，誤，與實際內容不合。

學誠總結和發展了前人的史學傳統觀念，明確提出「學術將以經世」〔註68〕的觀念，認爲「文章經世之業，立言亦期有補於世，否則古人著述已厭其多，豈容更益簡編，撐床疊架爲哉。」〔註69〕他大聲疾呼：「史學所以經世，固非空言著述也」〔註70〕。這是貫穿於《文史通義》的基本觀念，章氏強調「六經皆史」，理由是「六經皆先王之政典也……皆先王得位行道、經緯世宙之跡，而非託於空言」〔註71〕。他斷言「政教典章、人倫日用之外，更無別出著述之道」〔註72〕，於是依據儒學思想體系，建立了史學經世思想的理論根基。

關於史學的經世致用，乾隆帝與章學誠的認識在原則上相同，但關注的重點有所區別，乾隆帝試圖以史學輔助清朝政權的鞏固，章學誠則希望以倡導史學經世爲考據學風糾偏。

（二）乾隆帝貫徹於史學的「綱常」準則與章學誠的名教倫理觀念

傳統儒學的綱常名教原則，是君主專制統治的思想基礎，如何以史學扶植綱常，是乾隆帝極爲關注的問題。他以獨裁君主的地位，經長期地研究思索，在評析歷史和指導官方修史方面，都將綱常準則的貫徹達到了前所未有的廣度和深度，其中尤以強調「臣節」最爲昭著。

在《御批通鑒輯覽》中，乾隆帝以批語的形式闡發君臣之義，對「臣節」的要求無絲毫姑容，批評的矛頭常指向古代一些「名臣」。例如指責陳平、周勃直至呂后死後，才安定西漢劉氏天下，乃是「柔奸自全者流」，是漢高祖的罪人；〔註73〕對於武則天時期身居高位的狄仁傑，接連以六條批語予以撻伐，認爲狄仁傑本唐臣，在武周政權爲相，大節墮落，「後世反以復唐之功歸之，是皆託於明哲保身、寬柔以教之論，而未讀夫子至死不變之語，是非倒置，莫甚於此。」〔註74〕指出《資治通鑒綱目》「於仁傑津津言之，且以薦張柬之爲復唐張本」，是歷史評判的錯誤。於是《御批通鑒輯覽》將狄仁傑的身份書爲「周」臣，「以爲爲人臣而事二姓者戒」。〔註75〕其它如南唐亡國而降

〔註68〕《文史通義》內篇六，《天喻》。
〔註69〕《文史通義》外篇三，《與史餘村簡》。
〔註70〕《章氏遺書》卷二，《浙東學術》。
〔註71〕《章氏遺書》卷一，《易教上》。
〔註72〕《章氏遺書》卷二《原道中》。
〔註73〕《御批通鑒輯覽》卷十三，「張辟疆請拜呂臺、呂產爲將」事批語。
〔註74〕《御批通鑒輯覽》卷五十三，「武氏改國號爲周」事批語。
〔註75〕《評鑒闡要》（影印文淵閣《四庫全書》本，後同）卷五，「周平章事狄仁傑

宋的徐鉉、原爲宋將而降元的劉整，皆受到乾隆帝無情地指斥，認爲這些人
已不足齒於人類。總之，強調忠君思想，是乾隆帝在史學中貫徹綱常倫理的
中心內容，即使對開國創業之前代君主，亦因忠君問題有所抨擊，如對於宋
太祖趙匡胤奪取後周政權，就指出「其得國之不以道，又豈能曲爲原諒哉！」
〔註 76〕這些都充分表明乾隆帝在人臣忠於君主的問題上，有著不容稍有迴
護、不存一絲罅隙的徹底態度。

　　乾隆帝還把這種綱常準則實施於對明、清之際史事的考察，作出了兩項
重大舉措，一是乾隆四十二年二月大張旗鼓地爲明朝殉節諸臣議諡，予以表
彰，並編纂《勝朝殉節諸臣錄》；二是於國史創立《貳臣傳》，其論旨曰：

> 　　我朝開創之初，明末諸臣望風歸附，如洪承疇以經略喪師，俘
> 擒投順；祖大壽以鎮將懼禍，帶城來投。及定鼎時，若馮銓、王鐸、
> 宋權、謝升、金之俊、黨崇雅等，在明俱曾躋顯秩，入本朝仍忝爲
> 閣臣。至若天戈所指，解甲乞降，如左夢庚、田雄等，不可勝數。
> 蓋開創大一統之規模，自不得不加之錄用，以靖人心而明順逆。今
> 事後平情而論，若而人者皆以勝國臣僚，乃遭際時艱，不能爲其主
> 臨危授命，輒復畏死幸生，靦顏降附，豈得復謂之完人？……朕思
> 此等大節有虧之人，不能念其建有勳績諒於生前，亦不因其尚有後
> 人原於既死，今爲準情酌理，自應於國史內另立《貳臣傳》一門，
> 將諸臣仕明及仕本朝各事跡，據實直書，使不能纖微隱飾，即所謂
> 雖孝子慈孫，百世不能改者。而其子若孫之生長本朝者，原在世臣
> 之列，受恩無替也。此實朕大中至正之心，爲萬世臣子植綱常，即
> 以是示彰癉。昨歲已加諡勝國死事諸臣，其幽光既爲闡發，而斧鉞
> 之誅，不宜偏廢，此《貳臣傳》之不可不核定於此時，以補前世史
> 傳所未及也。著國史館總裁查考姓名事實，逐一類推，編列成傳，
> 陸續進呈，候朕裁定，並通諭中外知之。〔註77〕

　　《貳臣傳》的設立，無疑是在史學領域徹底貫徹綱常準則的重大措施，
是清朝纂修國史的一大創新。把「在明已登仕版，又復身仕本朝」的「大節
有虧」大臣編入「貳臣」之列，從總的原則上予以貶責，即使對清朝極有功

　　辛」事批語。
〔註 76〕　《御批通鑑輯覽》卷七一，「陳橋兵變」事批語。
〔註 77〕　《清高宗實錄》卷一○二，乾隆四十一年十二月庚子。

－273－

業者如洪承疇等也不例外，確具有弘揚忠節理念的作用。當然清廷也不能對洪承疇等人過於貶斥，隨後乾隆帝在《貳臣傳》分甲、乙兩編的指示中，就提出洪承疇等人「雖不克終於勝國，實能效忠於本朝」，應當「諒其心而稱其義」，「故有善守之主，必無二姓之臣，所以致有二姓之臣者，非其臣之過，皆其君之過也」〔註78〕。

根據儒學的綱常倫理，女人是不應干預朝政的，乾隆帝評論史事，也貫徹這個原則，凡母后干預朝政，無論實效如何，一律予以貶斥。如史稱東漢明帝馬皇后賢明，曾經建言「諸王封域過儉」，乾隆帝則撰批語曰：「婦人不得預朝政，以是斥之，雖罪后可也」〔註79〕對於漢安帝時臨朝處理政務的鄧太后，乾隆帝批評說「無毀無譽，婦人之道，躬自減撤以救災厄，豈女后之事耶？」〔註80〕史載唐太宗欲與長孫皇后議賞罰，乾隆帝則批評說：「然以太宗英明，豈不知牝雞之意？何必與后議賞罰哉！」〔註81〕至於呂后、武則天等掌權者，更無一不在乾隆帝貶斥之列，這已經成為他的思維定式。

與乾隆帝在史學中貫徹綱常準則極其相似的是，章學誠在史學上也極力維護名教準則、倫理規範，至於認識上的是非和史事的真實性問題，就都退居次要地位，他說：「夫著書大戒有二：是非謬於聖人，忌諱或干君父，此天理所不容也。」〔註82〕按照這種思想規範，維護「君父」利益是最高原則，為此可以掩蓋史實。章氏聲稱：「史臣不必心術偏私，但為君父大義，則於理自不容無所避就。」〔註83〕《文史通義》內篇五《史德》一文中關於司馬遷是否「發憤」撰史的辯駁，很能說明這個問題，他認為司馬遷「所云發憤著書，不過敘述窮愁而假以為辭耳。後人泥於發憤之說，遂謂百三十篇皆為怨誹所激發，王充亦斥其言為謗書。於是後世論文‧以史遷為譏謗之能事，以微文為史職之大權，或從羨慕而仿傚為之，是直以亂臣賊於之居心，而妄附《春秋》之筆削，不亦悖乎！……吾則以謂史遷未敢謗主，讀者之心自不平耳。夫以一身坎坷，怨誹及於君父，且欲以是邀千古之名，此乃愚不安分，名教中之罪人，天理所誅，又何著述之可傳乎？」因此他告誡史家，任何情

〔註78〕《清高宗實錄》卷一〇五一，乾隆四十二年二月乙卯。
〔註79〕《評鑑闡要》卷二，「馬后言諸王封域過儉」事批語。
〔註80〕《評鑑闡要》卷二，「鄧太后臨朝」事批語。
〔註81〕《評鑑闡要》卷五，「帝嘗與長孫皇后議賞罰」事批語。
〔註82〕《章氏遺書》卷二十九，《上辛楣宮詹書》。
〔註83〕《章氏遺書》卷五，《習固》。

況下皆不可「誹君謗主」，即使面對君主種種惡行，也只能學習《詩經》怨而不怒的風格，「言婉多風，皆不背於名教」。章氏在另一文中，尤其明確地說：「學者慎毋私智穿鑿，妄謂別有名山著述在廟堂律令之外也。」〔註84〕可見在史學思想上與朝廷保持一致，是章氏倫理規範的核心。

　　對於綱常倫理的其它內容，章學誠也出乎尋常地熱衷維護，如纂修方志，他極其重視調查貞婦烈女，予以立傳表彰，將自己的社會倫理道德觀念溶注到方志之中。對於學者汪中考證上古盛世男女之防並不甚嚴，對於戴震貶斥朱熹理學，章氏皆深惡痛絕，極力攻擊，特別是對於當時文化名人袁枚招收女弟子教習詩歌一事，詆毀和咒罵得最為激烈，《文史通義‧婦學》篇說「文章雖曰公器，而男女實千古大防，凜然名義綱常，何可誣耶！」《婦學篇書後》解釋說；「《婦學》之篇，所以救頹風，維世教，飭倫紀，別人禽，蓋有所不得已而為之，非好辨也。」他指斥袁枚「非聖無法」，甚至寫詩咒罵，其中一首曰：「江湖輕薄號斯文，前輩風規惧見聞，詩佛詩仙渾標榜，誰當霹靂靖妖氛！」〔註85〕簡直是欲置之死地而後快了。這些雖非史學文章，但與他的史學的主張則完全一致，足可證見章氏在維護腐朽倫理道德方面，極盡愚頑和狂熱。

（三）乾隆帝由官方主導史學的設想與章學誠的史學總體觀念

　　乾隆帝身為皇帝而又熱衷於史學，這種特殊的地位，決定他具有皇帝「乾綱獨斷」、官方主導史學的理念。早在乾隆七年，正當編纂《明紀綱目》之際，乾隆帝即對館臣稱該書「予奪嚴乎辭語內，敢曰繼《春秋》之翼道，以此昭來茲之鑒觀，我君臣其共勉之。」〔註86〕這已然包括由官方執掌歷史之褒貶予奪的意圖。在此後的修史活動中，他調動官方人力、物力的優勢，將大量原先私家的修史項目攬入官方，例如纂修《續文獻通考》、《續通典》、《續通志》，並且由「續三通」而單另編纂「清三通」，從而佔據這一重要修史題材。其它如閱讀明朝的《宮史》而下令編纂《國朝宮史》，見到朱彝尊《日下舊聞》而決定編纂《日下舊聞考》，因巡幸等原因編纂《詞林典故》、《盤山志》、《熱河志》、《河源紀略》，總之是盡力拓展官方修史項目，無形中擠壓了私家的修史空間。

〔註84〕　《章氏遺書》補遺《與邵二雲論文》。
〔註85〕　《章氏遺書》卷五《詩話》附《題隨園詩話》。
〔註86〕　《清高宗實錄》卷一七八，乾隆七年十一月丙辰。

官修的《御批通鑒輯覽》以及由其中批語編成的《評鑒闡要》，就是要給歷史評論規定導向，特別在歷代政權的正統問題與歷史人物的善惡忠奸問題上著力辨析。四庫館臣認爲《評鑒闡要》「聖鑒精詳，無幽不燭……斥前代矯誣之行，闢史家誕妄之詞」，「尊讀史之玉衡，並以闡傳心之寶典矣」〔註87〕。《四庫全書總目・史評類》小序乾脆說：「我皇上綜括古今，折中眾論，欽定《評鑒闡要》及《全韻詩》昭示來茲。日月著明，爝火可熄，百家譌言，原可無存。」明確地將官方的歷史觀念作爲無論何人、無論何時皆要遵從的基本準則。

至於清朝本朝國史，是乾隆帝更要壟斷的重點。乾隆三十年重開國史館的諭旨曰：「朕每覽歷代史冊，褒譏率無定評，即良史如司馬遷，尚不免逞其私意，非阿好而過於鋪張，即怨嫉而妄爲指謫，其它更可知矣。……今悉據事核實，立爲表傳，總裁大臣公同商榷，朕復親爲裁定，傳爲萬世，使淑慝並昭，而袞鉞不爽，不更愈於自來秉史筆者之傳聞異詞，而任愛憎爲毀譽者耶！」〔註88〕這裡明確表達了本朝國史不能夠由私人修纂的觀念。

自戰國至秦漢認定了孔子以私家身份修訂《春秋》以來，任何王朝已經沒有禁止私家修史的理由，清朝亦然，並不禁止私家修史。但乾隆帝顯然是要官方盡力多修各種史籍，在歷史觀念與史學理論上掌控思想導向，而壟斷本朝當代史上的纂修，以此使官方史學處於絕對的強勢地位。

章學誠沒有參與朝廷的修史館局，但纂修方志一類的史籍也是由官方所主持與掌控，不過，被聘作爲主編的學者，在方志的形式和內容上有較大的權限，這優於史館內的總裁，更優於一般的史官。清代纂修方志，往往是官方與私家在史學上處於交互作用的狀態。章氏在纂修方志的實踐中產生了一種史學建設的總體觀念，認爲「有天下之史，有一國之史，有一家之史，有一人之史。傳狀志述，一人之史也；家乘譜牒，一家之史也；部府縣志，一國之史也；綜紀一朝，天下之史也。比人而後有家，比家而後有國，比國而後有天下，惟分者極其詳，然後合者能擇善而無憾也。」〔註89〕這裡以史學的眼光將各種文獻典籍分爲不同層次，組合成史學的總體結構，而詳分層次，是爲了「合者能擇善而無憾」。在各種史籍組成的統一結構中，必須實行「制

〔註87〕《四庫全書總目》卷八八，史評類《評鑒闡要》提要。
〔註88〕《清高宗實錄》卷七四四，乾隆三十年九月戊子。
〔註89〕《章氏遺書》卷十四，《州縣請立志科議》。

度由上而下，採摭由下而上」〔註90〕的原則，即修史義例從上向下貫徹，修史資料自下而上提供，於是各種史籍就有序地整合爲一體。

　　章學誠認爲「譜牒散而難稽，傳志私而多諛」，不堪充任史學總體的建設基礎。而州縣方志則可以「下爲譜牒志狀持平，上爲部府徵信」，「今天下大計既始於州縣，則史事責成，亦當始於州縣之志」〔註91〕。因此章氏主張在全國州縣建立常設機構——志科，其職能是收集、保存纂修方志的資料，並且對文集、志狀、譜牒等隨時組織「學校師儒，從公討論，予以鑒定和質實，保證逐層向上供應可靠的史料。這個主張沒有引起各級官府的重視，但其中的史學思想具備非常獨到的特色，值得注意和認眞研究。作爲一個私家學者，居然思考了整個社會史學建設的全局問題，並且提出前無古人、後不見來者的全局構想，僅此一項，即爲史學理論的卓然創樹。方志既然是史學總體中的基礎，就「尤當一破夙習，以還正史體裁」，而由上而下貫徹的史法，才可以保障各個層次歷史文獻內容、規範的一致，便於向國史提供合乎標準的史料。章學誠的見解與乾隆帝的思想不盡相同，而視野似更廣大，但實際上二者並不矛盾，都是主張在史學體制和方法上以官方史學爲主導，建設一個官方修史爲核心的整體格局。

（四）乾隆帝標榜史學的「大公至正」與章學誠「史德」論的真相

　　乾隆帝注重史學的彰善闡惡的作用和信今傳後的旨歸，他對此有統一的準則與冠冕堂皇的旗號，這就是所謂的「大公至正」，常常以此來標榜他所裁斷下的官方史學。乾隆帝提出：「作史乃千秋萬世之定論，而非一人一時之私言。」〔註92〕他批判「自來修史者多軒本朝而輕勝國，皆出於一己之私，而不合於天理人情之公，不可以作史，並不可以讀書」，聲稱「史筆係千秋論定，豈可逞私臆而廢公道乎！」〔註93〕。在這個原則下，乾隆帝也確實對官修史書作出許多調整，例如於本朝國史中立《貳臣傳》，主張於南明福王被執之時爲明朝滅亡，於《御批通鑑輯覽》內附記南明唐王、桂王事跡等等，他自稱「《通鑑輯覽》一書，其中體例書法，皆朕親加折中，一本大公至正，可爲法

〔註90〕　《章氏遺書》卷十四，《州縣請立志科議》。
〔註91〕　《章氏遺書》卷十四，《州縣請立志科議》。
〔註92〕　乾隆帝：《御製文二集》卷三十五，《讀金史》。
〔註93〕　《國朝宮史續編》卷八九，《聖製命皇子及軍機大臣訂正〈通鑑綱目續編〉諭》。

則。」〔註94〕但所謂「大公至正」，實際不過是從帝王立場來主持綱常名教，君主出於朝廷根本利益而作出較有遠見的決斷，即代表了「大公」，如果符合綱常名教的思想原則，就是「至正」，這都被視為「天理」。清廷借編輯《四庫全書》之機，大量禁燬和篡改帶有華夷之分思想及反清情緒的史籍，與文字獄以禁止私存明代野史，動輒批駁書籍、詩文「誕妄」、「悖逆」、違背綱常等等，都是在「崇正斥邪」旗號下進行的。如乾隆帝指謫宋代《契丹國志》一書存在「種種乖謬」，甚至有「滅倫背義」之論，下令更改。四庫館臣隨即頌揚曰：「仰見我皇上扶植綱常，敦崇名教……而大聖人大公至正之盛心，與崇正斥邪之微旨，所以垂訓萬世者，實至深且切矣。」〔註95〕這充分透現了乾隆帝標榜官方史學「大公至正」的實質。

章學誠既然具有濃重的名教倫理觀念，在史學的「公是公非」上也與乾隆帝的思想類同，這在《文史通義·史德》篇中有哲理化的論述。此文提出：「能具史識者，必知史德。德者何？謂著書者之心術也。」至於怎樣的心術才符合史德的標準，章氏的回答是：「當慎辨於天人之際，盡其天而不益以人也。」近代以來，學術界多將這裡的「天」解釋為客觀史事，把「人」解釋為私人情感，於是認為章學誠倡言的史德就是如實記述歷史，而不參雜個人意願，這是一個莫大的誤解。章氏「史德」論之「盡其天而不益以人」，乃要求史家對史事的評論盡合於天理，不夾雜個人私意、私欲，這與朱熹所說的「蓋必其有以盡夫天理之極，而無一毫人欲之私」，〔註96〕如出一轍，從句式和到語義都完全一致。

《史德》篇警告說：「陰陽伏沴之患，乘於血氣，而入於心知，其中默運潛移，似公而實逞於私，似天而實蔽於人。」這裡明白地將「公」對應「天」，即天理之公，將「人」對應「私」，即個人私欲、私情，充滿程朱理學的氣味。眾所周知，理學把「天理」具體化為人世間的綱常倫理，同樣，《史德》篇也大講史家不可「誹君謗主」，倘若「怨誹及於君父」，便是「名教中之罪人，天理所誅」。因此，章學誠實際是將維護君父作為「盡其天而不益以人」的準繩，這種判斷「天」與「人」、公與私的標準，比乾隆帝標榜的「大公至正」

〔註94〕《清高宗實錄》卷九八三，乾隆四十年五月甲子。
〔註95〕《欽定重訂契丹國志》（影印文淵閣《四庫全書》本）部卷首，清高宗諭旨、館臣提要。
〔註96〕朱熹：《四書章句集注·大學章句》（上海古籍出版社，2001年標點本）「大學之道，在明明德，在親民，在止於至善」解說。

更爲狹隘。

　　章學誠作爲與當時考據學風格格不入的私家學者，曾經高調倡言「獨斷之學」，提出「專門之學，」〔註97〕這本意是表達不追隨考據風氣的理念，顯然爲乾隆帝所不具備。但章氏提出這種見解的次年即乾隆五十五年，就意識到其議論的「氣積而情偏」，於是撰寫《史德》一文，「綱紀天人，推明大道」，給「獨斷之學」申明一個盡「天理」的公共準則。乾隆帝不像章學誠那樣自拒於歷史考據學之外，他親自撰寫過多篇史地考據文章，如《陽關考》《熱河考》《濟水考》《三韓訂謬》《夫餘國傳訂訛》等等，載於其《御製文集》。在史學理論上，乾隆帝提出史書「信今傳後」，批評各種史籍記載的誇飾失眞，強調「事不再三精覈，率據耳食以爲實，君子不爲也」〔註98〕。而章學誠著意抵制務實旗幟下的考據學風，竟然偏頗地對撰史求眞的問題也忽視不言，惟大講史學義例，全部著述中根本沒有明確的直書實錄主張。因此，章學誠與乾隆帝的史學思想雖大端一致，但仍存許多具體的區別，似乎章學誠在某些問題上的主張比皇帝還要保守、落後。

（五）乾隆帝與章學誠在史書體例上的見解

　　乾隆帝在官修本朝國史、章學誠在纂修方志中，都產生了關於紀傳體史書體例的新設想，如乾隆帝令國史設《貳臣傳》、《逆臣傳》、《人物表》等，章氏則提出史書立圖、立表、傳分記人記事兩種撰述方式、設「史官傳」等比較豐富和系統的見解。兩相比較，乾隆帝多從帝王立場和政治倫理的需要出發，並非著意改革史書義例，章氏則極言紀傳體積弊已深，思欲大力改造，故思路多有不同。這裡僅就二人皆主張設立《人物表》的問題予以比較分析。

　　乾隆三十年（1765），清廷再開國使館纂修大臣列傳，令總裁等擬定編纂條例。九月，乾隆帝諭旨曰：

> 　　今據該總裁等議奏開館事宜，內稱：滿漢大臣定以官階，分立表傳。旗員自副都統以上，文員自副都御使以上，及外官督撫、提督等，果有功績、學行及獲罪廢棄原委，俱爲分別立傳等語。所議尚未詳備。列傳體例，以人不以官……至立表之式，固當如所定官階爲限制，仍應於各姓氏下注明有傳無傳，使覽者於表傳並列者，

〔註97〕《章氏遺書》卷四，《答客問上》。
〔註98〕清高宗：《御製文二集》卷十一，《土爾扈特部紀略》。

即可知某某之美惡瑕瑜。而有表無傳者，必其人無足置議。有傳無
表者，必其人實可表章。則開卷了然，不煩言而義自見。〔註99〕

這裡主張按官階編纂《人物表》，用以配合列傳，官職雖高但事跡平庸
者，僅入表而不立傳，以避免列傳的龐雜蕪濫。官職低下甚至布衣平民，學
行突出同樣可以立傳，這就同時蘊含了褒貶之意。諭旨中「列傳體例，以人
不以官」的論斷，準確概括、總結了正史列傳的纂修義例，是一個精到的見
解。乾隆帝關於《人物表》的創議，不單單是正史中設表的問題，而牽涉
國史整體上的裁制以及調整人物列傳的史學方法。這種將人表與列傳相配合
的考量並且作出理論性的論述，乾隆帝比章學誠早二十多年，二人在觀點上
近似。

乾隆五十五年（1790），章學誠於纂修《亳州志》的過程中，得出紀傳體
史書與方志都應當設《人物表》的史學見解，撰《亳州志人物表例議》上、
中、下三篇〔註100〕進行了詳細的論述。他說：「夫不立人表，則列傳不得不
多⋯⋯專門名家之史，非人表不足以明其獨斷別裁。集重所長之史，非人表
不足以杜其參差同異。強分抑配之史，非人表不足以制其蕪濫猥夥」，對某些
歷史人物，「傳例苟無可登，列名人物之表，庶幾密而不猥，疏而不漏」。後
來他纂修《湖北通志》，進一步探討了《人物表》的編纂方法與史學功能，作
出更明晰的論述：

> 顧炎武氏嘗惜南北六朝諸史無表，以謂表闕而列傳不得不繁。
> 不知宋元諸史未嘗無表，而列傳之繁反過六朝數倍，蓋但表王公將
> 相，而不以類綜人物姓名，史傳所由蕪而冗也⋯⋯則類從列表，以
> 為人物之總攝。人物既有歸矣，然後綜覽古今，裁度事理，擇其不
> 可已者而為之傳，表則取其囊括無遺，傳則取其發明有自，意冀該
> 而不傷於蕪，約而不致於漏，庶幾經緯相資，以備一方之記載也
> 哉。〔註101〕

章氏在嘉慶元年撰寫的《史姓韻編序》〔註102〕中，再次論述《人物表》
的問題：「夫史之大忌，文繁事晦；史家列傳，自唐宋諸史，繁晦至於不可勝
矣。使欲文省事明，非復人表不可；而人表實為治經業史之要冊。」這些見

〔註99〕《清高宗實錄》卷七四四，乾隆三十年九月戊子。
〔註100〕載於《章氏遺書》卷十五。
〔註101〕《章氏遺書》卷二四，《湖北通志檢存稿一·人物表敘例》。
〔註102〕載於《章氏遺書》卷八。

解，與乾隆帝的論述有同有異，二者都試圖借助《人物表》來改革列傳的纂
修，使史書的列傳更爲精當。但乾隆帝設想的《人物表》仍然是因官階入選
的職官表，章學誠則不限於官員，而是參考正史類傳的方式將人物分類立表。
很明顯，這裡設計的不同，原因是斷代性質的國史與通貫古今的方志，時間
與空間範圍均不一致，編纂中要解決的問題自有較大的差異。

在乾隆帝與章學誠史學思想的比較中，相同點重於相異處，因爲二人地
位懸殊，一位是官方的最高首領，一是普通的學者，史學思想上的相同之處，
才最能反應當時傳統史學發展的總體趨向。

四、乾隆帝與章學誠史學思想共同的價值取向

歷史理論與史學思想的總結，往往預示此後史學的發展導向，歷史經驗
的總結，包括史學在內全面性的文化總結，完全可能提供現實社會大進步、
大發展的契機，但是也可能導致更堅定地保守舊的政治路線與思想體系。因
此，政治的、歷史的、文化的總結，其後果都具有或者開新、或者守舊的二
重性，關鍵在於文化清理與總結的價值取向。

乾隆中期之後對傳統史學的總結，在文化大總結的整體形勢下展開，當
時西方的許多歷史地理知識、科技知識已經傳入中國，其中如天文、曆算、
地理勘測等等，得到了實際應用，顯示出無可置疑的先進性。這造成部分知
識更新和理念轉換，如《四庫全書總目》對西洋人利瑪竇《乾坤體義》、熊三
拔《表度說》等皆有讚揚評論〔註 103〕，連乾隆帝也因採用西洋方法測量新疆
地理，經長期思考，得出否定從《周禮》、《史記》到所有歷代經史著述中關
於「分野」的地理觀念，指出「蓋分野之說，本不足信，而災祥則更鄰於讖
緯，皆非正道」，〔註 104〕這帶動官修《西域圖志》、《熱河志》、《皇朝通志》等
史地之書紛紛批斥傳統的「分野」之說，採納西方關於經緯度的地理位置觀
念〔註 105〕。如果依照這種思路，對傳統知識和思想體系的反省進一步拓展，

〔註 103〕《四庫全書總目》卷一〇六，子部天文算法類，利瑪竇《乾坤體義》提要稱
　　　　其書：「雖篇帙無多，而其言皆驗諸實測，其法皆具得變通，可謂詞簡而義
　　　　賅。」熊三拔《表度說》提要指出：「彼法別有全書，此復舉其要略……皆具
　　　　有圖說，指證確實……是時地圓、地小之說初入中土，驟聞而駭之者甚眾，
　　　　故先舉其至易至明者，以示其可信焉。」
〔註 104〕清高宗《御製詩集》四集卷十七，《題毛晃〈禹貢指南〉六韻》詩自注。
〔註 105〕參見喬治忠、崔岩：《清代歷史地理學的一次科學性跨越──乾隆帝《題毛晃
　　　　〈禹貢指南〉六韻》的學術意義》，載《史學月刊》2006 年第 9 期。

可望出現思想解放的趨勢。而私家的歷史考據，如戴震、袁枚、汪中，都從考釋典籍、考證歷代典章制度，而提出批判理學、反對壓迫婦女的見解，以這種實事求是精神繼續探討，也有可能會形成思想解放的契機。

然而歷史條件沒有造就思想解放的時會，乾隆時期是一個君主專制的盛世，政治、經濟、文化統治的成功，是清廷從康熙朝以來實踐經史之學、按儒學思想體系施政的成果，因而不可能放棄儒學根基，文化的總結只是強化與修補原有的思想體系。這種強化與修補可以翻出新意，因而呈現出明顯的成效，但從長時段歷史發展方向上考察，不僅沒有帶來思想的嬗變和突破，反而更嚴格地束縛於傳統政治文化的軀殼之內。乾隆帝與章學誠史學思想中表現出的官方、私家的相似之出，可以反映當時史學的價值取向，也可以透視出乾隆帝與章學誠乃至整個時代的史學價值取向。乾隆帝是官方史學理論總結的代表，章學誠為私家史學理論的代表，而二者具有很多共同或近似的認識，這預示了官方史學與私家史學經歷過諸多衝突之後，走向良性互動、矛盾緩和的狀態，有利於傳統史學的繼續發展，但不利於史學的轉型和思想的解放。為什麼以乾隆帝和章學誠為代表的官方和私家的史學理論總結，都不利於史學的轉型和思想的解放呢？我們可從五個方面予以分析：

第一，乾隆帝與章學誠的史學理論中，都極端強調在史學中貫徹綱常倫理準則，這是當時史學思想價值取向的根本特徵。乾隆帝關於修史的多次諭旨，特別是對國史設立《貳臣傳》、《逆臣傳》的長篇諭旨，以及在《御批通鑒輯覽》上的批語，高唱「君為臣綱」，突出「臣節」問題，是其反覆強調的內容。清廷在史學上，之所以比以往朝代更加強調儒學的綱常倫理觀念，是需要以此壓制漢人「華夷之分」的民族情緒，早在雍正年間，清世宗就曾專門批駁呂留良、曾靜等人「華夷之分大於君臣之倫」之類的說法，論定「君臣居五倫之首，天下有無君之人尚可謂之人乎？人而懷無君之心而尚不謂之禽獸乎？盡人倫則謂人，滅天理則謂禽獸，非可因華夷而區別人禽也」〔註106〕乾隆帝則依照這一思路，於《御批通鑒輯覽》中以三綱五常原則審視所有歷史問題，建立一套修訂後的正統政權統緒，以及重新評價歷史人物的歷史觀念體系。

如前所述，乾隆帝下令追諡明代殉節大臣並且編纂《勝朝殉節諸臣錄》，

〔註106〕《大義覺迷錄》卷一，《上諭》。

在國史中立《貳臣傳》，將明朝滅亡時間定為南明福王政權垮臺，聲明南明唐王、桂王政權不是偽政權等等，這些處理明清之際歷史問題的舉措，都是嚴格遵循綱常倫理準則作出的調整，在史學上翻新花樣，頗有創樹，轟動一時，影響長遠，但其思想實質卻是陳舊腐朽的。清朝官方能夠在陳腐的史學思想體系內翻出花樣，有所「創新」，當然有利於鞏固統治地位，但對於長遠的社會發展則是一個歷史的拖累。

如果說在皇權專制的盛世，官方的史學思想總結，必然會採取修補舊的理論體系的守舊路線，那麼私家對傳統史學思想的總結，同樣走上思想體系守舊的價值取向，則是無可奈何的選擇。在這個專制主義的盛世，朝廷不僅在政治、經濟、社會組織上具備比較有力的控制，而且沒有給私家學者以學術上的開闊空間。當官方將舊史學修補和裝點一新，並且強力推行「崇正斥邪」方針之際，私家對傳統史學的總結就會以認同於官方為主流。章學誠並不受寵於朝廷，在學界亦無顯赫地位與威望，然而他提出「夫著書大戒有二：是非謬於聖人，忌諱或干君父，此天理所不容也」〔註107〕，提出「史德」的標準是不可誹君謗主，其它學者即使心中反感，也是無法公開辯駁的。不僅如此，就是章氏撰文指名道姓地詈罵袁枚、汪中、戴震等人「非聖無法」、「害義傷教」，對方也只是置之不理而已。這表明私家學術也以維護綱常倫理的觀念佔據上風，更何況要面對極大的政治壓力！在個別問題上，私家往往產生試圖衝破綱常藩籬的思想火花，但僅僅是零星與斷續地出現，而且隨即衰熄，不可能形成新的有別於儒學的思想體系，不可能大張旗鼓地宣揚違背官學的理念。道光時期修訂刊行的《南疆逸史》，徐鼒《小腆紀年附考》、夏燮《明通鑒》等涉及南明歷史之書，均遵循表彰忠節、培植綱常宗旨，而與乾隆朝官方歷史觀不相違背，依從清廷既定的南明史撰述義例，三書均在卷首序言或義例內引據乾隆帝有關諭旨。乾隆朝之後，私家史學思想逐步與官方趨於一致的狀況，由此可見一斑。於是，傳統的歷史觀和社會政治價值觀，乃是隨著官、私史學理論的總結而大為加強，因而即使在內憂外患的時期，在西方思想逐漸傳入之際，欲衝破傳統的史學思想體系，仍非易事。

第二，乾隆朝以其修史、評史的多種著述，確立了官方在史學上的主導地位，而私家史學思想的總結者章學誠，也在史學總體建構的設想中，承認

〔註107〕《章氏遺書》卷二九，《上辛楣宮詹書》。

與肯定官方的主導地位，並且追溯淵源，反覆強調上古「官守學業，皆出於一，而天下以同文爲治，固私門無著述文字」〔註108〕，爲官方主導學術提供理論依據。其餘大量史家，則思不及此，處於集體無意識的狀態，於是官方在史學上的主導作用更加鞏固。雖然乾隆朝之後官方修史的興旺程度大減，但是官方在史學思想方面的主導功能依舊。

第三，在史學理論上貫徹綱常倫理準則，在文化總結中「崇正斥邪」和官方思想居於主導地位的條件下，乾隆朝編纂《御批通鑑輯覽》，給歷代重大史事和歷史人物定下評論和分析的基調，極大地擠壓了私家學者在歷史研究中個性認識的發揮，在對傳統文化和史學進行全面總結學術氛圍中，只有具體歷史問題的考據，尚存在私家創新的較大空間。章學誠不滿於考據學風之彌漫，高倡重視史學「義理」，但值得注意的是：章氏本人的著述僅僅論述史書的「義例」，而未涉及評論歷代政權興亡、歷史人物功過、歷史事件是非的「義理」。如前所述，他在提出「獨斷」之學的理念之後，仍迅即撰寫《史德》，給「獨斷」之學限定在不違反「天理」、「綱常」的範圍之內。因此，在乾隆盛世，官修史籍接踵而出，御定歷史評論頻頻發布，私家學者難於在史學義理上別開生面。

第四，史學的經世致用，在中國是一幅冠冕堂皇的旗幟，官方史學爲其根本的政治利益服務，是史學經世宗旨的基點。由於傳統史學思想的積澱，私人史家也幾乎無不贊同史學必須經世致用的理念。章學誠史學論述中的重要觀念，就是「史學所以經世，固非空言著述也」〔註109〕，這成爲他批評考據學風治學瑣屑、流於無用的主要理論根據。發展到乾隆後期的歷史考據學，以其執著的實事求是精神，擯除了直接從政治需要出發的治學目的，很大程度上增強了歷史學的相對獨立性。而當時大批的考據學家，雖個人可以不作經世致用的夢想，但同樣不能從理論上否定史學的經世致用宗旨。在皇權專制的社會，史學經世的理念，雖有助於史學的發達興旺，卻導致史學成爲政治的附庸，遏制史學學術性能的發揮。例如四庫館臣中頗多考據學家，他們對文獻的考訂不能不顧及官方的文化政策。《古文尚書》是閻若璩、惠棟等人早就考證爲僞書，《四庫全書總目》不得不予以承認，但卻認爲「梅賾之書行世已久，其文本採撮佚經，排比聯貫，故其旨不悖於聖人，斷無可廢之理。而

〔註108〕《章氏遺書》卷十，《校讎通義・原道第一》。
〔註109〕《章氏遺書》卷二，《浙東學術》。

確非孔氏之原本，則證驗多端」〔註110〕。這裡實際主張的是這樣一種怪論：即《古文尚書》雖為偽書，而內容不偽，仍然將之列於儒學經典，即偽造的經典只要「其旨不悖於聖人」，就承認它是經典，這在文獻學上是何其荒唐！但其實乃是清廷對待《古文尚書》的既定方針，面對政治利益與官方意志，學術顯得十分蒼白無力。對於另一辨偽學者姚際恆，四庫館臣則予以排斥，《四庫全書總目》僅於存目列出他的《庸言錄》，提要中對於姚氏辨《周官》等書之偽，乃橫加指責為「恣肆」，更詆毀曰：「際恆生於國朝，初多從諸耆宿遊，故往往剿其緒論」，〔註111〕這種攻擊詆毀，已然丟棄了實事求是精神。

　　第五，乾隆帝有改良史書體例的設想，如上文提及的設立《人物表》主張。章學誠的史書「義例」之學的內容更十分豐富，還概括成修史需要「圓神」、「變通」的原則〔註112〕。他主張在方志中設《人物表》而消減列傳，方志應分立「三書」即志書、掌故、文徵，將地方官紳的蕪雜詩文安置於「文徵」，其出發點與設立《人物表》略同，是要保證方志的學術品位。但這些設計，面臨許多地方官員與紳士的抵制與反對。高級官員被國史立傳，地方官紳事跡見於方志，均屬名垂青史的特大榮耀，史學既然附庸於政治，豈可傷及一大部分政治強勢人物的欲望？章氏纂修的《亳州志》、《湖北通志》等多種方志，都遭到扼殺而未能刊印，自有其多種原因，而深層的原因之一是他堅持史學義例，不能滿足官紳藉此留芳後世的企圖。

　　乾隆帝以至尊無上的皇帝身份，提出「列傳體例，以人不以官……至立表之式，固當如所定官階為限制」，乃為史學義例上的真知灼見，但高官的業績達到何等水平才能夠立傳？標準顯然不好掌握，品評起來定費斟酌，商榷討論難免糾葛。因此，乾隆帝的主張同樣不能在國史纂修中實現，清朝國史最終依然是按官階立傳，這在咸豐年間清文宗的諭旨中講得明明白白：「至國史臣工列傳，雖乾隆年間曾奉上諭：列傳體例以人不以官，而以後仍限以官階。原以大臣列傳之外，尚有儒林、文苑、循吏等傳，苟其人事功、品學卓卓可稱，官秩雖卑，亦無虞湮沒。」〔註113〕而乾隆帝關於「有表無傳者，必其人無足置議；有傳無表者，必其人實可表章」〔註114〕的褒貶寓義，則全被

〔註110〕《四庫全書總目》卷十二，經部《書》類二，《古文尚書冤詞》提要。
〔註111〕《四庫全書總目》卷一二九，子部雜家類存目六，《庸言錄》提要。
〔註112〕見《章氏遺書》卷一，《書教下》。
〔註113〕《清文宗實錄》卷一六四，咸豐五年四月丁酉。
〔註114〕《清高宗實錄》卷七四四，乾隆三十年九月戊子。

遺棄，避而不談。

　　以上的分析充分說明：當修史活動形成舊思想體系之內的既定宗旨、行爲規範與價值取向，其運行方式就會頑強地循從舊有軌道。乾隆時期朝野進行的史學思想總結，實質上構建了貫徹綱常倫理、官方主導方向、提倡經世實用的史學價值觀，三者緊密、有機地結合一起，起到加固傳統史學舊有軌道的作用。而舊史學體系的加固、加密，最終總是要拖累社會發展的腳步。認識及此，才能對清朝後期的史學發展作出確切的評析，例如對清季某些史書和史家，往往孤立地從「經世致用」角度予以過高的讚譽，而未考察貫穿其中的綱常準則與官方主導的史學思想，並且也未辨明其「經世」觀念是否可能產生實效。總之，探討清代史學的發展，不能割斷從清初到清末的整個進程，對官方與私家的史學活動不能顧此失彼，乾隆「盛世」的史學尤應認眞研究，這就是比較乾隆帝與章學誠史學思想所應得到的啓示。

第八章 清朝「盛世」的史論與歷史觀念

　　在清廷統治力強盛和官方史學繁榮的形勢下，乾隆帝亟欲將整個社會的歷史觀念統一到他本人思想爲準則的框架之中，以保障清朝政權的長治久安。這在《御批通鑒輯覽・御製序》中有所表白：「命儒臣纂《歷代通鑒輯覽》一書，盡去歷朝臣各私其君之習而歸之正，自隆古以至本朝四千五百五十九年事實，編爲一部全書。於凡正統、偏安、天命、人心、繫屬、存亡，必公必平，惟嚴惟謹，而無所容心曲徇於其間。觀是書者，凜天命之無常，知統系之應守，則所以教萬世之爲君者，即所以教萬世之爲臣者也。」〔註1〕《四庫全書總目》也稱此書爲「聖人之製作，如天施地設，惟循自然之理，而千古定案，遂無復能低昂高下於其間。誠聖訓所謂：此非一時之書，而萬世之書也。」〔註2〕雖然《御批通鑒輯覽》一書不能囊括乾隆帝的全部歷史觀念和史學思想，但此書的論述確是其思想體系形成、發展的樞紐。由本書天頭上的乾隆帝御批之語，輯出而另編爲《評鑒闡要》12 卷，歸於史評類著述，四庫館臣在《四庫全書》卷八八史評類小序中聲稱：「我皇上綜括古今，折衷眾論，欽定《評鑒闡要》及《全韻詩》昭示來茲。日月著明，爝火可息，百家讕語，原可無存。以古來著錄舊有此門，擇其篤實近理者，酌錄數家，用備體裁云爾。」這樣，《御批通鑒輯覽》成爲萬世君臣的教本、論斷成爲「千古定案」，甚至有了乾隆帝的論斷本來再也不需要其它的「百家讕語」，那麼乾

〔註 1〕 《御批通鑒輯覽》（文淵閣《四庫全書》本，後同）卷首，《御製序》。
〔註 2〕 《四庫全書總目》卷四七，史部編年類《御批通鑒輯覽》提要。

隆帝就不但是統治天下的獨裁君主，而且要做精神上的教主，任何違背其思想的言論，都會被視爲對清廷統治構成威脅的異端，因此，對於歷史觀念和歷史著述進行強力的整治運動，就不可避免。

一、正統論標準的論定與撰史「書法」的更張

中國歷史上的「正統論」由來甚久，在西漢時期，思想家董仲舒發揮《春秋·公羊傳》觀點，倡導《春秋》大一統論及天人感應學說，將一統天下作爲政權受命於天的條件與象徵，對歷史正統論的產生起了催化的作用，影響深遠。此後，漢代學者特別熱衷於以源於戰國的五德終始論評議政權的更迭，五德終始意即木德、火德、土德、金德、水德依據相剋或相生的順序替代循環，能夠佔據一德的政權自然是合法的正統政權，而一個時期也只能有一個政權歸入五德的系列之中。因此，五德終始論必然導致歷史觀念的正統論。在漢代，今文經學的天人感應之說、天命觀、五德終始說、《公羊春秋》的大一統論與正統論，實際構成統一的思想體系，當時許多學者有將之與尊崇漢朝的理念聯結一起。如司馬遷《史記·高祖本紀》「太史公曰」也稱：「三王之道若循環，終而復始……漢興，承敝易變，使人不倦，得天統矣。」《漢書·郊祀志》言「劉向父子以爲高祖始起，著赤帝之符，旗幟遂赤，自得天統」。據《後漢書·班彪傳》，班彪撰《王命論》，稱漢朝承接帝堯之統，班固承襲其父思想，所著《漢書》以歌頌西漢爲宗旨，且於《典引》一文贊漢高祖、光武帝「蓋以膺當天之正統，受克讓之歸運」，〔註3〕可見東漢初期，關於「正統」的概念即已形成。

東晉時期史家習鑿齒著文論「晉承漢統」，否定曹魏政權的正統地位，認爲「魏未曾爲天下之主；王道不足於曹，則曹未始爲一日之王矣。」〔註4〕認爲晉朝應承接漢朝的統緒。他還撰寫編年體史書《漢晉春秋》，記述漢末至晉朝的歷史，實踐其說，在曹丕篡位之後用劉備政權的年號紀年，以劉備政權爲漢朝遺緒。雖然他的議論當時影響不大，但在正統論觀念的整體發展中具有重要意義，第一，這恰好觸及正統論所面對歷史的一個焦點，即三國時期哪一國應爲正統政權？後世也每每發生不同觀點的爭論。第二，習鑿齒不但議論，也實際撰史，自覺地用自己正統論觀點改寫歷史著述。從此，正統論

〔註3〕 （梁）蕭統：《文選》卷四八，上海古籍出版社標點本，1986 年 8 月版，第 2161 頁。

〔註4〕 《晉書》卷八二，《習鑿齒傳》。（中華書局標點本，1974 年 10 月版）

觀念常常表現於史學領域，與史書的編纂緊密聯繫，不同的正統標準造成史書纂修義例的重大區別，成爲紀傳史和編年史都不能迴避的問題。

北宋文學家、史學家歐陽修連撰正統論之文七篇，認爲「《傳》曰：『君子大居正』，又曰『王者大一統』，正者所以正天下之不正也，統者所以合天下之不一也。」〔註5〕「夫居天下之正，合天下於一，斯正統也」。〔註6〕這是他正統論思想的基本點，即必須實行儒學正宗的王道，同時達到天下一統的政權，才是眞正的正統。歐陽修將正統觀念提高到理論性的論述層次，導致後來的廣泛關注。宋元明三個朝代，撰文論議正統者，風起雲湧，各持所見。所謂「正統」的問題，無論涉及歷史還是現實，均表示一個政權在道義上合於天命所歸、人心所向，地位尊重，眾庶理當依從，因此與各個政權統治者利益攸關，形成了判別正、閏的多種不同的標準。例如：1、以佔據中原地區的政權爲正統；2、以原正統政權統緒的相承遞接爲準；3、以原正統政權皇帝的血統關係爲標準；4、以政權的民族屬性爲準，即視漢族建立的政權爲正統，而排斥夷狄政權；5、以統一華夏區宇的功業爲準；6、以貫徹「王道」政治，德業深厚，百姓安康，實現天下大治的政權爲正統等等。這些標準之間明顯地存在牴牾，各個政權的統治者或各個時代的學者，往往主持一條或調和其中兩三條酌情取捨。

在正統問題的紛紜聚訟中，理學家朱熹編纂《資治通鑒綱目》一書，通過《凡例》提出「凡天下混一爲正統」的標準，認爲宋朝以前周、秦、漢、晉、隋、唐是正統政權，同時主張尊王賤霸、內中華、外夷狄。他反對司馬光《資治通鑒》在三國時期以曹魏年號紀年的做法，確認劉備政權仍爲東漢的繼續。其它各朝各君主，皆用特定書法表達褒貶，構成以正統論觀念爲主導而系統評判歷史的史學體系，影響極其巨大。南宋至明初編撰或修改史書，多參照《資治通鑒綱目》的範例。明代初期，按照統一政權爲正統政權的標準，官方纂修《元史》，已經確認蒙古族建立元朝爲正統政權，後來也不好貿然改變。然而明代中期之後，面對北方蒙古各部和女眞政權的軍事威脅之下，「華夷之辨」更加升溫，不僅對元代官修史將《宋史》、《遼史》、《金史》三史並立極力反對和力圖改訂，而且整個社會輿論湧動起不承認元朝正統的潮

〔註5〕 （宋）歐陽修：《歐陽文忠公集》卷五九，《原正統論》。（《四部叢刊》初編本，後同）

〔註6〕 （宋）歐陽修：《歐陽文忠公集》卷五九，《明正統論》。

流，其中以王洙《宋史質》最為典型，此書「大旨欲以明繼宋，非惟遼金兩朝皆列於外國，即元一代年號亦盡削之，而於宋益王之末，即以明太祖之高祖稱德祖元皇帝者承宋統」〔註7〕。這樣的正統論觀念，已將「華夷之辨」置於首位，「天下混一為正統」的標準退居於次要地位。

清朝建立之後，「華夷之辨」思想成為反清力量的精神武器。雍正年間，書生曾靜等人認定清朝將領岳鍾琪是南宋抗金英雄岳飛的後代，欲圖說服其人反清，這本來屬於政治謀反事件。但雍正帝將之導向文字獄案件，寬免曾靜等人死罪，矛頭指向主張「華夷之分大於君臣之義」的已故學者呂留良。他發布長篇上諭，辯論華夷以及正統問題。其主要論點是：所謂「華夷」，不過是地域不同，「皇天無親，惟德是輔」，不能以華夷判別正統或非正統政權。況且隨著國家版圖擴大與倫理教化的推行，以往的外夷地區，今多成為禮儀之鄉。大一統政權是絕對的正統政權，無論君主是哪一民族。君為臣綱是最高原則，「君臣居五倫之首，天下有無君之人尚可謂之人乎！人而懷無君之心而尚不謂之禽獸乎！」〔註8〕雍正帝的理論是打破民族界限的帝王大一統思想，旨在壓制漢人的華夷觀念，伸張清朝的正統地位，但尚未對歷代正統問題作系統的論述。

至乾隆中，才由纂修《御批通鑒輯覽》為契機，乾隆帝親自審視了歷代政權的正、閏地位，又於乾隆四十六年（1781）十月的諭旨中，集中地闡述了他的正統論觀點，其文曰：

> 《春秋》大一統之義，尊王黜霸，所立萬世綱常，使名正言順，出於天命人心之正。紫陽《綱目》，義在正統，是以始皇之二十六年秦始繼周；漢始於高帝五年，而不始於秦降之歲；三國不以魏、吳之強奪漢統之正，《春秋》之義然也。……夫正統者，繼前統、受新命也。東晉以後，宋、齊、梁、陳雖江左偏安，而所承者晉之正統。其時若拓拔魏氏，地大勢強，北齊、北周繼之，亦較南朝興盛，而中華正統，不得不屬之宋、齊、梁、陳者，其所承之統正也。至隋則平陳以後，混一區宇，始得為大一統。即唐之末季，藩鎮擾亂，自朱溫以訖郭威等，或起自寇竊，或身為叛臣，五十餘年間更易數姓，甚且稱臣稱侄於契丹，然中國統緒相承，宋以前亦不得不以正

〔註7〕《四庫全書總目》卷五○，別史類存目，《宋史質》提要。
〔註8〕《清世宗實錄》卷八六，雍正七年九月癸未。詳見前第四章。

統屬之梁、唐、晉、漢、周也。至於宋南渡後，偏處臨安，其時遼、
金、元相繼起於北邊，奄有河北。宋雖稱侄於金，而其所承者，究
仍北宋之正統，遼、金不得攘而有之。至元世祖平宋，始有宋統當
絕、我統當續之語，則統緒之正，元世祖已知之稔矣。〔註9〕

這段上諭不僅對歷代政權的正統歸屬問題作出裁斷，而且明確提出判別
正統地位標準，結合《御批通鑑輯覽》及其它一些論述，可知乾隆帝的正統
論思想，理論上具有如下幾個層次：

第一，大一統政權有絕對的正統地位，不論其統治民族如何、發祥地何
在。如元朝雖起自北邊，皇帝亦非漢人，而仍為正統政權。一統政權的惟一
標準，就是對以中原為中心的廣大經濟、文化發達地區的實際統治，即所謂
「為中華之主」。〔註10〕「《春秋》大一統之義，尊王黜霸」，這就否定了那種
對《春秋》大義作「尊王攘夷」的解釋，但乾隆帝也不迴避「夷狄」問題，
他說：「大一統而斥偏安，內中華而外夷狄，此天地之常經、古今之通義。是
故夷狄而中華，則中華之；中華而夷狄，則夷狄之，此亦《春秋》之法，司
馬光、朱子所為亟亟也。」〔註11〕即「中華」與「夷狄」是可以互相轉化的，
華、夷之間乃文明的特徵，而並非民族的屬性。在大一統的總綱下，把成為
中華之主的少數族政權置於同等的正統地位，這是清朝堅決主張的首要準
則，雍正帝早有申論，乾隆帝再次強調。

第二，統一政權崩析，幾個政權並存的時期，承緒原正統政權者為正
統，如東晉與南朝宋、齊、梁、陳等等。只要具備偏安一方的規模，即繼續
視其為正統。這是乾隆帝做出的調和，即將無形的「正統」地位，視為一
個似乎可以前後傳承與交接的名分，以照顧歷代政權嬗代的實際狀況，曾經
的統一政權可以傳承「正統」，其解體之後還留存了特權的地位，這增強了
對大一統的推重，而且多少給「正統論」增添了一絲神秘性。這一點與歐陽
修、朱熹等人僅將統一政權視為正統的主張不同，而是認為政權的正統總
是在接續、傳承，天下不統一時也不會長久地斷絕，只可以有短時期的過渡
而已。

第三，統治的區域仍作為判定正統地位得失之際的依據。乾隆帝認為：「宋

〔註9〕 《清高宗實錄》卷一一四二，乾隆四十六年十月甲申。
〔註10〕 《清高宗實錄》卷一一四二，乾隆四十六年十月甲申。
〔註11〕 《國朝宮史續編》卷八九，《聖製通鑑綱目續編內「發明」「廣義」題詞》。

自建炎南渡，已屬偏安，然德祐以前尚有疆域可憑，朝廷規模未失，猶可比之東晉。至臨安既破，帝　見俘，宗社成墟，宋統遂絕」，而是、昺二王「殘喘苟延，流離失據，不復成其為君」。〔註12〕很明顯，這裡判斷正統地位的得失，是要根據是否尚有相當的統治疆域可憑。而所謂的「疆域可憑」，是排除了海島、邊徼等類地區的，為此，乾隆帝特指出「如元順帝北遷沙漠，未嘗不子孫繼立、苗裔屢傳。然既委棄中原，編年即不復大書故號，此正也。」〔註13〕藉此表明否定宋末是、昺二王和明末唐、桂二王政權的正統地位，並非有失公道。

第四，原正統政權的皇族血統，仍作為很重要的因素。如三國時劉備的蜀漢政權，與東漢並無政權上的承緒關係，僅以劉氏皇族身份借用漢朝名號而已。多種史籍將之作為正統，乾隆帝亦予以贊許，說明血統關係仍作為判斷正統與否的參考因素。實際上東晉、南宋被認為承緒前統，也包含著皇族血統上的因素。

推尊大一統政權，是乾隆帝正統論思想的中心內容，不僅大一統政權的正統地位無條件地得以確認，而且一統政權的承緒者只要具備偏安規模，也保持著正統地位，沒有新的大一統政權出現，這種正統地位將一直傳遞下去，如西晉政權遞及於東晉與宋、齊、梁、陳，唐朝遞及於梁、唐、晉、漢、周各代。這裡強調政權的傳承遞及為正統標準，實則也突出了原一統政權的歷史地位。無這種承緒關係的新興勢力，只有建立新的大一統，才可能具備正統政權地位。因此，歷史上正統名分的存在與轉移，皆繫於大一統政權的建立。

乾隆帝的正統論思想，堅決摒棄某些正統論中排抑少數族政權的因素，但由於在分析並存政權的正、閏地位時，以「繼前統、受新命」為主要標準，便將以往的各家正統論標準分別採納、改造與調和，比較機動靈活地應對歷史難題。顯得准情酌世，頗具策略，也更適應於對以往歷代政權的研究和判斷。這樣，乾隆帝就在弘揚《春秋》大義、《綱目》大法」的旗幟下，對以往的正統觀念有融彙、有吸取、有改造，形成以大一統觀念為核心，以政權承緒關係為主線，並將地域、血統等因素折衷其間的正統論思想，以適應清廷處理政治問題和史學問題的需要。

〔註12〕《御批通鑒輯覽》卷九五，元世祖至元十三年批語。
〔註13〕《御批通鑒輯覽》卷九五，元世祖至元十三年批語。

　　這種對於正統問題擯棄了華夷之辨的論斷，已與朱熹之後特別是明代史家觀念很不相同，而將之體現於《御批通鑑輯覽》中，就是對歷代史事撰述的「書法」做系統的審定和更新，不放過任何一個環節，即乾隆帝在本書序言所稱「凡正統、偏安、天命、人心、繫屬、存亡，必公必平，惟嚴惟謹，而無所容心曲徇於其間」，朱熹《資治通鑑綱目》、商輅《續資治通鑑綱目》都成為被乾隆帝指謫的對象，《御批通鑑輯覽》也就自視為唯一公正、系統、毫無瑕疵的通史著述。本書卷首的《凡例》自稱「發凡起例，皆經睿裁鑒定，盡善盡美，集史學之大成，實足表裏六經，準式萬世」，到乾隆五十六年，乾隆帝自我欣賞閱讀後還曾寫詩，並以自注再次強調「此編體例一本至公，以為萬世君臣法戒、史策權衡」。〔註14〕《御批通鑑輯覽》在編纂中，於朝代更替之際重新審定興亡時間，講求書法，頗費斟酌。又對政權分立時期的各國關係，細加權衡，通過紀年、書法的方式到詞語表達，一字不苟。乾隆帝還往往以批語發表評論，作出裁定，對以往同類編年史如《資治通鑑綱目》等，多所更定，這是清廷最為自詡之處。那麼，本書主要在什麼地方作出了新的裁斷呢？《御批通鑑輯覽》在歷史的關節要點有哪些新的「書法」？乾隆帝又作出怎樣的論斷？試舉以下諸例：

　　《御批通鑑輯覽》於秦朝滅亡之後，並不立即作為漢朝的開始，而是有一個過渡的「楚漢」時期，至項羽敗亡後方為漢朝正統政權的開始。這是一個與所有古代史籍不同的處理方式，切合於帝王大一統的正統論準則，但乾隆帝對此未作深論。而不願依照司馬遷《史記》的模式給項羽以天下共主的名義，這是本書歷史觀點的保守傾向。

　　在隋朝末年，《御批通鑑輯覽》將隋煬帝的「大業」年號延續到第十四年，改編以往編年史的書法。對此，乾隆帝批語說：

　　　　《綱目》泥《隋書》、《北史》舊文，於是年正月即分注義寧二
　　　　年，蓋二史特以義寧已奉煬帝為太上皇，故用義寧繼大業年號耳。若
　　　　《綱目》於義寧之立，既斥之於不成君之列，於煬帝之弒又並不加
　　　　以太上皇之稱，則安得從繼述之例乎？至《通鑑》於大業十三年正月
　　　　竟書義寧元年，雖疾惡之義，究乖統系筆例。今折衷書法，於是年
　　　　用一歲兩系之例，三月以前大書大業十四年，而以義寧二年附注，四
　　　　月以後分注義寧二年而以恭帝侗及唐高祖附後，義例庶無矛盾。

這裡明確地批評了朱熹《資治通鑑綱目》與司馬光的《資治通鑑》的紀年方法，樹立自己歷史觀的權威形象。由今天的治史者看來，帝王年號不過是一種紀年方式，表示史事發生的時間而已。但在古代，則爲包含著歷史評價準則的大事。《御批通鑑輯覽》對隋唐之際繫年的上述處理，密切關聯帝王「正統」的存續和變動的原則，根據清朝「國之統繫於君，《春秋》之義：君在則大統歸之」〔註15〕的帝王立場，史書中延長隋煬帝的年號，是維護正統君主的大公至正原則，故不顧隋煬帝是否暴虐的問題而貫徹施行之。唐朝的建立雖然歷史地位重要，但其正統地位的獲得也必須重新審視，其處理方法是：隋煬帝大業十四年（619）爲正統年號，大書至於本年三月，而以隋恭帝「義寧二年」作爲附注；四月之後雖然隋煬帝已死，仍是政權分立時期，而不同於一般史籍將李淵稱帝的武德元年（618）作爲唐朝的開始，因爲唐國尙未成爲新的大一統政權。直至癸未年（623年），唐軍掃平各割據勢力之後，唐朝方得正統，此前乃爲「隋唐」時期，〔註16〕即唐朝有5年左右的向正統地位的過渡階段。這種紀年方式十分細碎，難於爲史家普遍採用，但也正因爲紀年的細碎，更體現乾隆帝與《御批通鑑輯覽》對正統問題的認眞、細緻，一絲不苟。

乾隆帝認爲五代時期遼國與中原的政權，以及南宋時期的宋、金之間，皆是不同政權並立的關係，以往史籍將遼國進攻內地、金兵南下書寫爲「入寇」，是不公正的。他說：「即宋室運際陵夷，然自徽、欽以上，共主位號猶存，至南渡以後，稱臣稱侄，惟恐不及，若仍書『入寇』則是以君寇臣、以伯叔寇侄，爲不經矣……是當用兩國互伐之文，書『侵』以正其誤，且使後之守器者兢兢業業，不敢失其統以自取辱，殊不失《春秋》尊王之本義云。」〔註17〕明代塞北的蒙古族軍隊，仍時有出兵騷擾明朝，乾隆帝也認爲「元自順帝北居沙漠，子孫相繼嗣位，襲其故號，雖國統已失，而南向出兵，猶有興復之志……《明史》沿襲舊文，於元兵皆以『寇』書，實爲未當。今特據金、元、宋相伐之例，悉加改正，庶乎情理平而體例允協耳」〔註18〕。這裡連本朝官修《明史》也施加批評，予以改正。這種「書法」上的處置，實際上是試圖全面更改歷代史籍中普遍存在的對少數民族政權的貶抑。

〔註15〕《評鑑闡要》卷一，夏少康事批語。
〔註16〕見《御批通鑑輯覽》卷四九。
〔註17〕《評鑑闡要》卷七，晉主聞遼將南侵條批語。
〔註18〕《評鑑闡要》卷十，納克楚侵遼東事批語。

　　對於《續資治通鑑綱目》記述金兵圍攻北宋首都、擄走宋朝皇帝及其宗室一事的書法，乾隆帝頗爲不滿，改書爲「京城巡檢范瓊逼上皇及后妃、太子、宗戚如金軍」，《評鑑闡要》卷八載有其論斷：

> 《續綱目》於此條，作「金『劫』上皇及后妃太子宗戚至其軍」云云，意在貶金。不知金初未臣服於宋，因宋人渝盟生釁遂至兵連禍迫，汴城既破，欽宗具表請降，則遷其族屬，乃伐國之常事，於金固無可責。而范瓊身爲宋臣，不能捍衛捐軀，乃仰承金將意指，陵逼其帝后，猝就犢車舉族倉皇，同爲俘虜。則瓊之爲亂臣賊子，實《春秋》所必誅。舊時書法無當於予奪大義，因改書之，以正《續綱目》之失，且示斧袞之嚴，爲萬世昭公道云。

　　這段論述，其言甚辯，但細緻到發現《續資治通鑑綱目》一個「劫」字的使用之不當，而作出整個記述之綱、目的改寫，說明乾隆帝與清朝史館對於事涉少數民族政權的記載，均予以無微不至的關注。元朝是第一個統一中國全境的少數民族政權，《御批通鑑輯覽》在記述的書法上自然更要細緻斟酌。乾隆帝在元末各地起事反元的軍事勢力中，只承認朱元璋政權的名號，徐壽輝、陳友諒的政權「僭竊」的年號不許出現在本書的「綱」上。對此，乾隆帝巧爲辯論，提出：「元政不綱，群盜蜂起，徐壽輝、韓林兒、明玉珍、陳友諒、張士誠輩，雖僭竊位號，而攻剽自如，不久敗亡，未成爲國。此正如勝、廣揭竿之徒耳。《續綱目》依朱子書秦、隋二代之例，皆書其國號紀年，殊未平允。」爲什麼說是「殊未平允」呢？乾隆帝認爲：其一，元順帝「未至若嬴政、楊廣之暴虐爲神人所共憤」；其二，秦末六國之後裔起兵復國，「其名近正，原非盜賊烏合之比」，隋末李密、竇建國等人的政權也「歷年稍久，亦略具規模」。因此，將徐壽輝等年號概從刪削，「於其起兵時書『作亂』，以嚴盜魁之誅」。〔註19〕其實，這裡所說的隋末李密政權與元末徐壽輝政權不同，很爲勉強，改變「書法」，乃是爲了強調漢人發起反抗元朝的起事，亦屬於犯上作亂，必須予以口誅筆伐。在元、明之際的歷史問題上，乾隆帝更斥責《續資治通鑑綱目》「於元順帝至正十五年明太祖起兵之後，即書『元』以去其正統，此大不可者」〔註20〕，主張明軍攻取元朝大都，元順帝逃亡漠北，明朝才取得正統地位。從元、明易代問題的考察出發，乾隆帝又提出對正統

〔註19〕《評鑑闡要》卷十，至正十一年以後不附書徐壽輝等僭號事批語。
〔註20〕《評鑑闡要》卷十二，明兵部尚書史可法等奉福王由崧監國於南京事批語。

論觀點的重要論述：

> 順帝出塞北去，固未嘗失帝號，而子孫相繼稱汗，與明代相終
> 始。至我朝破察哈爾林丹汗，而元始滅。然史家於是年即大書元亡，
> 以其失統系而遠避正也。知此之爲正，則知宋亡而仍係昰、昺爲正
> 統之非正矣。夫天命何常！常於有德。有天下者果能守其統系，即
> 一線僅延，亦不可輕加以貶絕。如宋高宗之遷臨安，雖屬偏安，尚
> 未至於亡是也。若宗社淪亡，流離遁去，即不得復存其統系，如宋
> 二王之居嶺海、元順帝之居漠北是也。進退予奪，悉視其事以爲
> 衡，豈可以殊中外而有所抑揚於其間！前於宋末已著其説，茲復引而申
> 之，使天下萬世，知史法大公至當之理應如此。〔註21〕

反對將南宋昰、昺二帝視爲正統的皇帝，是與否定若干南明政權的正統
地位聯繫一起的，引證元朝之後塞北蒙古政權不能視爲正統的事例，確爲清
廷找到其正統論思想體系的有力依據，藉此予以論斷，既顯示出在不同民族
政權之間「大公至當」、毫無偏袒的姿態，達到政治歷史觀在正統論理論上的
前後一貫，其思想史的價值不應忽略。平允而言，前此宋、明史家、學者所
持的正統論和「華夷之辨」思想，在理論的周密、邏輯的貫通上，根本不能
與乾隆帝的論斷相匹敵，這是值得在中國古代思想史和史學史研究中予以關
注的問題，學術界沒有理由對此視而不見。

二、對明代歷史問題的評論

清朝接續明代而興，清初在許多典章制度上都與明代有著因革關係，所
以清廷十分關注明代歷史上的得失成敗，對之有過反覆的評定。在清朝取代
明朝統治的進程中，曾經遭到歷時甚久的反抗，清朝政權建立和鞏固之後，
仍然面臨不時出現的「反清復明」起事或反清興論宣傳，這成爲清廷統治者
揮之不去的陰影。因此，評論明代一系列的歷史問題，對清朝統治者而言就
十分重要。至乾隆朝，隨著時間的推進、國情的變化以及對傳統歷史觀念的
清總結，清初原有的論斷也必須有所調整，以便更適應統治利益的需要，並
且顧及歷史觀念整體價值觀的一貫性。

（一）對明朝政務得失的分析

清廷在入關之前，一方面與明朝爲敵，攻訐明朝萬曆以後各朝皇帝失

〔註21〕《評鑒闡要》卷十，明師陷通州帝北去，徐達入大都，元亡事批語。

德、昏庸，另一方面又進行仿從明朝典制的政治改革，長期以來將《大明會典》作爲處理政務和建設制度的主要依據。因此，清初統治者對明朝的典制是持基本肯定態度，直至乾隆四年頒行的《明史》中，仍稱「至《大明會典》，自孝宗朝集纂，其於禮制尤詳。世宗、神宗時數有增益，一代成憲略具焉。」〔註22〕這裡明顯地帶有肯定和贊許的語意。而對於整個明代的政治狀況，則讚揚前期、批評萬曆朝之後，將萬曆朝作爲政務衰敗的最嚴重時期。如康熙帝認爲：「（明）萬曆以後，政事漸弛，宦寺朋黨，交相構陷，門戶日分而士氣澆漓，賦斂日繁而民心渙散。」〔註23〕《明史》更明確指出：「明自世宗而後，綱紀日以陵夷，神宗末年，廢壞極矣」，〔註24〕對萬曆朝政予以嚴厲的抨擊。清廷從政務制度的角度上，最尊崇的明朝皇帝是開國君主明太祖，其次也肯定明成祖。康熙帝說：「觀《明史》洪武、永樂所行之事，遠邁前王，我朝現行事例因之而行者甚多」，他還批評《明史》館所修史稿對明太祖和明宣宗多所訾議，敕令改正。〔註25〕乾隆四年刊本《明史》中稱頌明太祖「武定禍亂，文至太平，太祖實身兼之」；稱明宣宗「即位以後，史稱其職，政得其平，綱紀修明，倉庾充羨，閭閻樂業、歲不能災……帝之英姿睿略，庶幾克繩祖武者歟！」〔註26〕這些對明朝皇帝的評論，實質上也是對一朝政績狀況的評價。

但是，當清朝官方在細緻考察明朝典章制度和政務得失之時，不能不對明末弊政的由來發展做出述評，這些主要表現於《明史》一書中，如對於明朝後期的宦官之禍，指出明成祖因發動「靖難之役」、奪得帝位過程中得到宦官的幫助，便違反明太祖嚴禁內臣干預政事的祖訓，開始重用宦官，「蓋明世宦官出使、專征、監軍、分鎮、刺臣民隱事諸大權，皆自永樂間始。」至明宣宗時，又違反明太祖制度，竟設「內書堂」，派大學士教習宦官讀書識字，致使其「多通文墨，曉古今，逞其智巧，逢奸作奸。」〔註27〕這樣，這些明初有爲之君主便不能不對明朝後期宦官干政的後果負有責任。至乾隆帝時，乃指出明朝讓大學士、翰林官等教習宦官，「尤紊職守而褻班聯，若輩因此遂

〔註22〕《明史》卷四〇，《禮志一》。
〔註23〕康熙帝：《御製文一集》卷十八，《過金陵論》。
〔註24〕《明史》卷二二，《熹宗紀贊》。
〔註25〕《清聖祖聖訓》卷五六，《禮前代》。
〔註26〕《明史》卷三《太祖紀贊》，卷九《宣宗紀贊》。
〔註27〕《明史》卷三〇四，《宦官傳序》。

得與外僚日相習熟，實開夤緣交結之漸……至正統初即有司禮秉筆之事，貽害遂不可勝言，豈非立法之不善耶！」〔註28〕又如在明朝刑法問題上，清官方對明太祖的嚴刑竣法雖多恕詞，但仍指出對大臣的「廷杖」弊端肇於洪武朝，且自明太祖朝即實行株連治罪，造成「明制重朋比之誅」，使臣下受誣而無人敢出面爲之辯白，在刑罰較寬鬆的宣德年間，仍有大臣蒙冤而死，「此立法之弊也」。〔註29〕至於極爲慘毒的廠衛、鎮撫司獄等刑罰體制，官修《明史》也考察了其發展流變，指出明成祖時恢復了本已廢除的錦衣衛，還設立了東廠，由宦官主持，而鎮撫司獄則自明太祖時即有定制。因此，這些刑法上的弊端可追溯到明初，是整個明代典制的失誤。這種對明代政務得失追溯源流地予以考察，帶有明確的目的，即是要總結前代的統治經驗和教訓，健全自身的體制，將明代的弊政作爲前車之鑒。有清一代參照明朝的典制，進一步擴大了皇權，加強了君主專制制度，同時也在宦官干政一類問題上防微杜漸，取得明顯成效，這實得益於對前代歷史的系統考察與總結。

（二）對明代史事的評定

清朝官方重視以明代歷史爲借鑒，因而對明朝史事多有評論分析，這裡僅擇取其較有特色的幾件以見一斑。關於明初的「靖難之役」，《明史》即譴責明成祖舉兵奪取皇位是「倒行逆施」，〔註30〕至乾隆初，更對靖難之役中的失敗者——明建文帝予以追謚，後更進一步對爲建文帝殉節的明臣追加謚典，譴責明成祖當時「犯順稱兵，陰謀篡奪」的行爲，認爲他「殘刻性成，淫刑以逞，屠戮之慘，極於瓜蔓牽連，殆非人理。」〔註31〕

這些評定，尚是從君臣大義、綱常倫理的角度出發，僅僅作出道義上的論斷。當清廷將自己的統治經驗與對歷史的考察結合在一起，進而探究導致「靖難之役」的原因時，便有了更深刻的認識。乾隆帝指出：明太祖朱元璋分封諸子爲藩王即是一個大的錯誤，乃是「師古而不知度今，務名而以致害實」。後來又立皇太孫爲皇位繼承人，更是「不知愼始慮終，輕於授受，禍亂自貽。」他認爲立儲應擇賢，倘若明太祖立兒子燕王朱棣爲繼承人，不但託付得人，並可弭他日骨肉之釁。總之是明太祖泥古好名、措制失當，才種下

〔註28〕《評鑒闡要》卷十一，開內書堂，令劉翀爲修撰專授小內使書事批語。
〔註29〕《明史》卷九四，《刑法二》。
〔註30〕見《明史》卷七，《成祖紀贊》。
〔註31〕《清高宗實錄》卷一〇〇〇，乾隆四十一年正月己卯。

了「靖難之役」的禍源。這種見解，已經達到了古代傳統思想體系內所能達到的認識深度。

明英宗正統年間，北方蒙古族瓦剌部落進犯明朝，明英宗未作任何實際有效的軍事部署，即輕率地御駕親征。途中猶豫不決、迂迴游蕩，結果在土木堡（今懷來縣西南）遭敵軍襲擊，全軍覆沒，明英宗被俘。瓦剌軍乘機向北京進犯。這次事件史稱「土木之變」。瓦剌軍兵臨北京城下，以于謙爲首的愛國將領一方面擁明英宗之弟朱祁鈺監國（隨後即皇帝位，因改年號「景泰」，史稱「景泰帝」），一方面周密部署，擊退瓦剌軍。瓦剌因之與明朝議和，送回了明英宗。後來於景泰八年（1457）正月，明英宗勾結部分朝臣軍將，乘景泰帝病重，奪取東華門，復辟爲皇帝，殺害了于謙，史稱「奪門之變」。對於明朝這兩大事件，清官修《明史》的論贊對明英宗、景泰帝都採取基本肯定的態度，惟批評明英宗寵信宦官王振；批評景泰帝急急忙忙立自己的兒子爲太子、廢除明英宗兒子的太子位。而對於明英宗則稱「前後在位二十四年無甚稗政」，甚至稱其罷免宮妃殉葬的舊例，是「盛德之事，可法後世者矣。」〔註32〕後來，乾隆帝則很不滿意官修《明史》的這種評論，指出明英宗失德之處不勝枚舉，批評了《明史》館史臣對他的讚譽，認爲「宮人殉葬，自是亂政，罷之宜耳，豈足詡爲盛德哉！」〔註33〕同時，乾隆帝還批評了明景泰帝戀位失德，沒處理好同明英宗的關係，譴責明英宗殺害于謙，也批評于謙掌兵權之時，沒能具備像岳飛那樣以力戰迎回原皇帝的精忠之心。總之，乾隆帝認爲「奪門之變」中景泰帝的失敗是咎由自取，明英宗亦過於殘刻寡恩。于謙保衛京師有功，但不急於救回明英宗，亦是可訾議之處；至於徐有貞、石亨等輩，自是反覆小人、朋比爲奸。在清官方對明代史事的評斷中，這是前後觀點變化最爲明顯的事例之一。

關於明季「梃擊」、「紅丸」、「移宮」三案，乾隆帝認爲其是非本來不難論定，根本不必遇事生風、異說紛紜，可是在明廷上下卻弄得舉國若狂、自蓄疑團，狺狺爭訟、經年不休，實屬悖妄。原因在於「諸人初無忠君愛國之心，而分門別類、私意蔽錮、遂至幸災樂禍。詫爲忠愛，以逞臆見而肆譏彈，其心實不可問。」〔註34〕這種評斷，可謂快刀斬亂麻，深刻地指明

〔註32〕《明史》卷一二，《英宗後紀贊》。
〔註33〕《評鑒闡要》卷十一。
〔註34〕《評鑒闡要》卷十二。

了明朝後期朝臣們黨同伐異、借題發揮、互相傾軋和出風頭、爭權勢的政治狀況。

明季東林黨人爲政界一大勢力，對此清廷有比較一貫的看法，早在雍正年間，雍正帝即曾親自撰《朋黨論》，嚴厲斥責大臣的結黨分派行爲，指出無論所謂的「君子」抑或「小人」，只要形成朋黨，即屬於對君主不忠，從政治理論上將一切朋黨置於批判和否定的地位。《明史》在這種御定政論的指導下，對東林黨人也多所訾議，如在李三才等人傳後贊語中稱：「朋黨之成也，始於矜名，而成於惡異。名盛則附之者眾，附者眾，則不必皆賢而胥引之，樂其與己同也。名高而毀之者亦眾，毀者不必不賢而怒而斥之，惡其與己異也，同異之見歧於中，而附者毀者爭勝而不已，則黨日眾，而爲禍熾矣。」〔註35〕這完全是按雍正帝《朋黨論》的觀點寫出的。在顧憲成等人傳後的贊語中，《明史》作者還將朋黨的形成歸因於私人的講學活動。〔註36〕至乾隆帝時，更進一步對東林黨人予以評論，他認爲東林黨最初還算正派，後來互相標榜、糅雜混淆，已成禍緣。對於東林講學問題，乾隆帝尤爲痛惡，他在《題〈東林列傳〉》一文中，將該書作者陳鼎對東林講學的讚揚斥爲邪說，並從歷史上對學者講學予以總的批判：「漢室黨人已開標榜之漸，激而致禍。即宋之周、程、張、朱，其闡洙泗心傳，固不爲無功，……而蜀洛之門戶、朱陸之冰炭，已啓相攻之漸。蓋有講學必有標榜，有標榜必有門戶，尾大不掉，必致國破家亡。漢、宋、明，其殷鑒也。」〔註37〕眾所周知，黃宗羲在總結明代歷史教訓中提出了「學校議政」的主張，〔註38〕從而具備了某種民主思想的因素，同是對明代歷史的總結，清朝官方卻對私家講學予以徹底否定，甚至矛頭直指程、朱理學的創始者，使君主專制主義的思想更加極端化。

（三）對明朝滅亡及南明地位問題的論斷

明朝滅亡、清朝代興的過程，是一段階級矛盾、民族矛盾和明朝上層統治集團矛盾發展、激化、交織一起的複雜歷史。對於這一段歷史，不同政治立場、不同認識水平的人們各自予以不同程度的思考、總結與探討。關於明朝滅亡的原因等問題，於清朝的利益息息相關，因此官方在這個問題上的論

〔註35〕見《明史》卷二三二。
〔註36〕見《明史》卷二三一。
〔註37〕見乾隆帝《御製文二集》卷十八。
〔註38〕見《明夷待訪錄·學校》篇。

述，全依其政治需要爲轉移。

　　清軍入關之後，爲了籠絡和誘騙明朝地主、士紳和官僚爲其服務，打起了「滅流寇以安天下」的旗號，〔註39〕自任爲替明朝報仇雪恥的角色。如多爾袞早在入關前夕致吳三桂的信中即稱：「尋聞流寇攻陷京師，明主慘亡，不勝髮指。用是率仁義之師，沉舟破釜，誓不返旌，期必滅賊，出民水火。」〔註40〕後又在傳檄明朝勳舊大臣、文武官員的文告中宣稱：「予聞不共戴天者，君父之仇；救災恤患者，鄰國之誼」，對於李自成攻陷北京、崇禎帝身死之事，「大清皇帝義切同仇，用伸弔伐。」〔註41〕但清廷也不完全掩飾其欲一統天下的意圖，聲稱：「今本朝定鼎燕京，天下罹難軍民，皆吾赤子」。〔註42〕於是，順理成章地將李自成攻陷北京之時視爲明朝滅亡之日，而清得天下係得之「流寇」之手。

　　順治元年六月，多爾袞令將明太祖神位移入歷代帝王廟，從禮制上向全國宣佈了明朝的滅亡。在移此神位的祭文中第一次明文寫道：「茲者流寇李自成顚覆明室，國祚已終。予驅除逆寇，定鼎燕都。惟明乘一代之運以有天下，歷數轉移，如四時遞禪，非獨有明爲然，乃天地之定數也。」〔註43〕這樣，就從理論上確定了明亡時間、明亡誰手和清朝代明而興之合理性。次月，多爾袞又在致南明將領史可法的信中重申：「國家之撫定燕都，乃得之於闖賊，非取之於明朝也」，〔註44〕是爲清廷的得意之論。自此之後，這個從政治需要出發炮製出來的說法，即成爲官方明史學上一個定論，乾隆初刊行的《明史》，在《莊烈帝紀》崇禎自殺事之後寫有「明亡」字樣，並稱爲其「亡國之義烈」。乾隆十一年修成的《明紀綱目》仍依《明史》之例，將明朝滅亡時間繫於崇禎十七年李自成攻入北京之時。

　　官方對明朝滅亡問題既有上述論斷，南明政權也就一一被斥爲僞政權。自順治朝起，南明各朝的年號即不得在記史述事中使用，南明史事亦禁止私人撰述，清廷對此興起了諸如「莊氏史獄」、「《南山集》案」等一樁樁駭人聽聞的文字獄，以文化專制的方式強調自順治元年四月清軍入居北京以來，即

〔註39〕《清世祖實錄》卷四，順治元年四月己卯。

〔註40〕《清世祖實錄》卷四，順治元年四月癸酉。

〔註41〕談遷《國榷》卷一〇二、彭孫貽《流寇志》卷一三。

〔註42〕《清世祖實錄》卷五，順治元年五月庚寅。

〔註43〕《清世祖實錄》卷五，順治元年六月癸未。

〔註44〕《清世祖實錄》卷五，順治元年七月壬子。

已取得了全國的正統地位，殘酷打擊政治輿論和明史學見解上的異己勢力。其影響所致，官修《明史》在《諸王列傳》中略述南明政權時仍寫明「僞號弘光」、「僞號紹武」、「僞號永曆」之類的字樣。〔註45〕

　　然而，自乾隆中期開始，官方對明朝滅亡諸問題的論斷起了較大的變化，乾隆三十一年五月，乾隆帝在審閱國史館進呈的《洪承疇傳》時指出：「《洪承疇傳》於故明唐王朱聿釗（按：應爲朱聿鍵，此爲實錄原文之誤）加以『僞』字，於義未爲允協。明至崇禎甲申，其統已亡，然福王之在江寧，尙於宋南渡相彷彿。即唐、桂諸王轉徙閩滇，苟延一線，亦於宋帝昰、帝昺之播遷無異。且唐王等皆明氏子孫，其封號亦其先世相承，非若異性僭竊及草賊擁立一朱姓以爲號召者可比，固不必概從貶斥也。」緊接著，他又指出：最近在批閱《通鑑輯覽》時，已改正明人《續資治通鑑綱目》將宋帝昰、帝昺視爲正統的書法，並批判了這種書法的不公，但是，如果將這樣的政權「竟以爲僞，則又所謂矯枉過正，弗協事理之平。及明末諸臣如黃道周、史可法等，在當時抗拒王師，固誅戮之所必及，今平情而論，諸臣各爲其主，節義終不容掩，朕方嘉予之，又豈可概以僞臣目之乎！」〔註46〕這個諭旨，第一次宣佈南明並不是僞政權，已勾畫出改變對南明歷史地位評斷的基本輪廓，而乾隆三十三年修成的《御批通鑑輯覽》則作出了更明確的論述，乾隆帝在其書崇禎十七年的批語中提出：「《通鑑輯覽》將成，司事者舉《通鑑綱目三編》之例，於甲申歲欲大書順治元年，分注崇禎十七年於下，且凡勝朝事皆別書『明』，而以李自成陷京師即繫以明亡。余曰：不可！……茲於甲申歲仍命大書崇禎十七年，分書順治元年以別之，即李自成陷京師，亦不遽書明亡，而福王弘光元年亦令分注於下，必俟次年福王於江寧被執而後書『明亡』。夫福王設於江南能自立，未嘗不可爲南北朝，如宋高宗之例也。而奈其日即惛淫以致天命去而人心失，是非開創者欲究我兵威，而實守成者自失其神器也。若夫唐王、桂王窮竄邊隅，苟延旦夕，此正與宋之帝昰、帝昺同例，不可仍以正統屬之。」〔註47〕《御批通鑑輯覽》中採取了這樣的書法：甲申年皆以崇禎十七年大書紀年，分注清順治元年，次年則以雙行小字分注的形式寫爲：「乙酉，福王由崧弘光元年」；而在行文中自甲申年五月即對福王政權事稱

〔註45〕見《明史》卷一二〇《福王常洵傳》、《桂王常瀛傳》。
〔註46〕《清高宗實錄》卷七六一，乾隆三十一年五月甲午。
〔註47〕見《御批通鑑輯覽》卷一一六。

「明」，如明朝開國期間未取得全國正統之時的書法。乙酉年五月福王被清軍俘獲，六月起在紀年中方大書「大清世祖章皇帝順治二年」。所有這些意味著明朝的正統地位可以延續至乙酉年（1645）五月，清朝到是年六月才取得全國的正統地位。但福王政權一開始「即惛淫以致天命去而人心失」，則「甲申五月以後、乙酉五月以前，明之正統雖未亡，而明之偏安已不保」，〔註48〕所以不大書其年號，記事中亦稱「明」以存貶意。這裡，對書法的講究已到了十分精細的程度。但是，我們發現在《四庫全書》本的《明史》的崇禎帝紀中，於明崇禎帝之死的敘述後仍然書以「明亡」，並未按照乾隆帝的新主張更改，可見清朝只是在《御批通鑑輯覽》表現一下公正無私的姿態，為了明朝的這個史事，並不想在史籍上花費認真核定的工夫。

　　乾隆四十年後，因編輯《四庫全書》時對《御批通鑑輯覽》重作修訂，乾隆帝下令增錄明唐王、桂王等史事附記於書後，再次強調唐王、桂王政權已不復成其為國，但因其是明室宗支，亦不謂之為「偽」政權，故附記其事以存其本末。但書法上並不用其年號，這與記述南京弘光政權亦有很大區別，表現出對南明政權的等次劃分極其細緻。乾隆帝頗為得意地宣稱在明史學上，「朕大公至正，未嘗有一毫私意偏倚其間。」〔註49〕這是清朝官方在明亡時間、明朝正統、南明地位等問題上的最後定論，成為此後官方評論明代史事和甄別私家明史著述的思想準則。

　　上述官方歷史觀點的改變，也有著政治上和思想上的原因，第一，時過境遷，清廷已沒有了將南明政權斥之為「偽」的政治必要性，正如乾隆帝所說：「當國家戡定之初，於不順命者自當斥之曰『偽』，以一耳目而齊心志。」〔註50〕而至乾隆中期，清朝建立已有一百餘年，明遺民已全部謝世。改變對南明歷史地位的評斷，既不會渙散臣民擁戴本朝的心志，相反會顯示清廷在歷史論斷中公正無私，因而收到籠絡人心，將私家明史學的觀點引導到與官方認同的效果。第二，乾隆中期之後，清廷的統治雖正處「盛世」，然而日中則昃，社會危機已露端倪，八旗子弟、官僚隊伍日益腐敗，農民起義時起時伏，成為乾隆帝十分憂慮的問題。於此之時，準確地總結歷代興亡的歷史

〔註48〕《御批通鑑輯覽》卷一一六，「明兵部尚書史可法等奉福王由崧監國於南京」批語。
〔註49〕《清高宗實錄》卷九九五，乾隆四十年閏十月己巳。
〔註50〕《清高宗實錄》卷七六一，乾隆三十一年五月甲午。

教訓，倡導忠君精神已成為思想統治之急務。南明諸多大臣奮不顧身、忠君死節的事跡是極好的歷史教材，去除南明的「僞」政權名號，是大肆表彰其忠臣的必要條件，乾隆帝在諭令《通鑒輯覽》附記唐王、桂王史事時即強調「凡彼時仗節死義之人，考訂事跡，悉與備書」，表明了「崇獎忠貞，亦足以爲世道人心之勸」〔註 51〕的目的。第三，官方編纂《通鑒輯覽》一書，乾隆帝親撰批語，對傳統歷史思想體系予以全面總結和清理，是改變對明亡問題歷史評斷的直接導因。對明清嬗代之際歷史的評斷，必須與整個儒學歷史思想體系相吻合，於是在批閱宋末歷史時想到不應將南明視爲僞政權，批閱元末、明末史事時，遂推遲了原先對明亡時間的論斷。此後，在纂修《四庫全書》時更加深入地總結和清理歷代史學，因而對明末歷史的評斷又有進一步論述，並結合政治思想的需要大力表彰明季盡忠死節之臣。這是清朝官方在傳統儒學思想體系之下，將史學的學術性與政治功利性相結合的表現。

　　清朝官方對明朝滅亡的原因等歷史問題也有論述，注意到明朝由盛而衰有一個長期發展的過程，也指出了明朝典制、法度上的失當之處及其惡果，強調朋黨誤國、宦官禍國、「流寇」亡國等多種政治因素的作用。但是，官方對明亡原因的論述不出各個私家的論述範圍，亦低於私家論述的整體水平，在思想史上無足稱讚，所值得提出的則有以下兩點：

　　1、清官方對明朝滅亡原因持天命與人事相參的歷史觀。清官方對明朝黨爭、宦官專政和明季法度大壞、吏治腐敗和統治者橫征暴斂的批評，都體現了重人事的歷史觀，但同時也不否認天命的作用。如雍正帝認爲：「夫天地以仁愛爲心，以覆載無私爲量……上天厭棄內地無有德者，方眷命我外夷爲內地主。」〔註 52〕這就是說，明朝的滅亡和清朝的興起，都是天意。《明史》在《莊烈帝紀》之末贊語稱明朝「祚訖運移，身罹禍變，豈非氣數使然哉！」〔註 53〕包含著天命論的思想。應當承認，《明史》中的天命論歷史觀是十分淡薄的，重人事的見解則相對突出。但至於乾隆朝，在明滅清興問題上的天命論思想卻又被官方進一步渲染。乾隆帝在評論明代史事中不止一次大談天命，如評論明世宗「議大禮」時稱：「國家將亡，必有妖孽，此亦明社將屋之

〔註51〕《清高宗實錄》卷九九五，乾隆四十年閏十月己巳。
〔註52〕《大義覺迷錄》卷一，《上諭》。
〔註53〕《明史》卷二四，《莊烈帝紀贊》。

一兆耳」；又認爲明宮廷「梃擊」、「紅丸」、「移宮」三案的爭議是「口舌之鬩，殆亡徵之先見爾」。〔註54〕他在《己未歲薩爾滸之戰書事》〔註55〕一文中將此次戰役視爲明朝國勢益削，清朝開王基、定帝業的轉折點，並聲稱：「蓋聞國之將興，必有禎祥，然禎祥之賜由乎天，而致天之賜則由乎人。予小子於己未歲我太祖大破明師於薩爾滸之戰，益信此理之不爽也。」這裡將天命論與人事觀揉合在一起，形成天命與人事相參的歷史觀，其天命論部分可宣揚清廷受命於天，臣下必須忠誠不貳，而同時也注重人事，不放鬆從政治、思想和專制制度上採取措施，鞏固其統治地位。

　　2、清官方對明崇禎皇帝的評價亦有較大變化。清軍入關佔據北京之後，出於籠絡漢族官僚士人的政治目的，以帝禮厚葬崇禎帝，後又追加諡號，認爲「考其生平，無甚失德」。順治十四年，順治帝又親撰碑文立於崇禎陵前，稱「故明崇禎帝爲孜孜求治之主，祗以任用非人，卒致寇亂，身殉社稷。若不亟爲闡揚，恐千載之下竟與失德亡國者同類並觀。」〔註56〕這代表了清官方在乾隆朝以前對崇禎帝的基本評價，康熙帝還進一步認爲明太祖爲漢、唐、宋諸君所未及，「其後嗣亦未有如前代荒淫暴虐亡國之跡」，這個見解也得到其子雍正帝的讚許。〔註57〕《明史・莊烈帝紀贊》對崇禎帝的評論大體上也因襲了順治朝以來的說法，不令其承擔明朝滅亡的主要責任。這種情況，於乾隆朝開始有所變化，乾隆帝對崇禎朝政事予以激烈地批評，嘲笑崇禎帝繼位之初採取禱告神明、以抓鬮摸名的方式任用人才，乃是「思欲得眞才於摸索暗中之間，其爲可笑更何待言！」他還尖銳批判崇禎帝任用溫體仁掌政，「終致傾危莫挽，亡國之君各賢其臣，於體仁又何責焉！」〔註58〕這已將崇禎置於與各代亡國之君相類比的地位。乾隆四十三年二月，乾隆帝在諭令國史中《貳臣傳》分甲、乙二編時指出：「故有善守之主，必無二姓之臣，所以致有二姓之臣者，非其臣之過，皆其君之過也。崇禎臨終之言，不亦舛乎！」〔註59〕史載崇禎帝自盡前在衣襟上寫有「皆諸臣誤朕」等字樣，將亡國之責歸於大臣，而乾隆帝則明文批評其言謬誤，將亡國之責又推還給了崇禎帝。

〔註54〕　《評鑑闡要》卷十二。

〔註55〕　載《清高宗實錄》卷九九六，乾隆四十年十一月癸未。

〔註56〕　《清世祖聖訓》卷四，《禮前代》。

〔註57〕　《清世宗實錄》卷十一，雍正元年九月乙未。

〔註58〕　《評鑑闡要》卷十二。

〔註59〕　《清高宗實錄》卷一〇五一，乾隆四十三年二月乙卯。

從雍正帝到乾隆帝，都曾在評論明代歷史時對明朝政治予以貶斥，藉以突出清朝的興盛祥和。雍正帝說：「明代自嘉靖以來，君臣失德，盜賊四起，生民塗炭，疆圉靡寧。其時之天地，可不謂之閉塞乎！本朝定鼎以來，掃除群寇，寰宇乂安，政教興修，文明日盛，萬民樂業，中外恬熙。黃童白叟一生不見兵革，今日之天地清寧、萬姓沾恩，超越明代者，三尺之童亦皆洞曉。」〔註60〕《御批通鑑輯覽》也在對明代歷史的敘述中，重於揭示明歷朝弊政，例如明太祖的分封諸王而導致內亂和骨肉相殘，明永樂帝奪取地位的違反綱常以及殺戮行為的慘毒，明建文帝的柔軟無能及其謀臣的迂腐害事，明英宗的多種失德行為、明朝皇帝信用宦官的禍國殃民，明武宗的胡作非為，明神宗更是亂政聯翩，不一而足。

在乾隆帝看來，明朝的統治早就應當滅亡，他說：「明之事則近可徵也，如永樂之篡位、大行誅戮，應其亡也，而天弗亡之；正統之北狩，應其亡也，而天亦弗亡之；正德之荒淫失德，應其亡也，而天尚弗亡之；此非慈父之道其罪而仍有所顧惜乎？必至萬曆怠政、天啓童騃，崇禎有猜忌之失，無恢復之能，而後亡之。讀史而有受命、保命之責者，可不知懼知敬乎！」〔註61〕這裡宣揚的天命論，自然有著維護清朝統治的意圖，因為清朝也是「得天命」的政權，而其中要從明代歷史汲取鑒戒的宗旨，也是十分明顯的。

三、文字獄的勃興與查繳禁書

（一）纂修《四庫全書》之前的文字獄興起

清代的文字獄在順治、康熙時期，屢有發生，雍正朝的文字獄，首開在全國主動出擊，由官府查尋、廣泛發動的方式，造成十分不良的後果。乾隆元年二月，山東道監察御史曹一士上奏：

> ……往者造作語言，顯有背逆之跡，如罪人戴名世、汪景祺等，聖祖、世宗因其自蹈大逆而誅之，非得已也……比年以來，小人不識兩朝所以誅殛大憝之故，往往挾睚眥之怨，借影響之詞，攻訐詩文，指讁字句。有司見事風生，多方窮鞫，或致波累師生，株連親故，破家亡命，甚可憫也。臣愚以為井田封建，不過迂儒之常談，不可以為生今反古。述懷詠史，不過詞人之習態，不可以為援古刺

〔註60〕《清世宗實錄》卷八六，雍正七年九月癸未。
〔註61〕乾隆帝：《御製文集》第二集卷三六，《讀召誥》。

－306－

今。即有序跋偶遺紀年，亦或草茅一時失檢，非必果懷悖逆，敢於明布篇章。使以此類悉皆比附妖言，罪當不赦，將使天下告訐不休，士子以文爲戒，殊非國家義以正法、仁以包蒙之意……嗣後凡有舉首文字者，苟無的確蹤跡，以所告之罪依律反坐，以爲挾仇誣告者戒。庶文字之累可蠲，告訐之風可息矣。

這實際是尖銳批評和否定雍正朝大興文字獄的做法，卻得到乾隆帝的旨准，一時期煞住文字獄的蔓延狀態，文化上呈現平靜祥和的局面。然而，清朝產生文字獄的根基仍在，並未因一時的緩解就此銷聲匿跡。在乾隆朝，文字獄的復興應當說具有必然性，因爲第一，清廷是以滿族上層爲統治核心，他們在全國，面對著人數遠遠超於本族的漢族人士，面對著源遠流長的「華夷之辨」輿論，政治文化上的戒備心理十分嚴重，敏感度甚高。第二，社會上確有「賤夷狄」和視滿人爲夷狄的思想影響，甚至有「反清復明」情緒的不時流露，每每刺激清廷使之增強警戒。第三，乾隆朝國力強盛，版圖擴大，政治上統一，從而謀求全國上下的思想統一。在君主專制的社會，謀求思想統一就必然會實行文化上的專制主義。

清朝官方在文化建設上十分致力，從康熙朝以來編纂群書，頗有成效，官方史學尤其發達。闡發經史之學的理論，弘揚儒學的思想體系，也達到了相當的精度和廣度。那麼，以原有的經史著述和清代新編的正宗書史、文籍傳佈於世，教習士子，豈不可以起到思想統一作用？但清廷認爲這還遠遠不夠，傳佈正派書籍是爲「崇正」，還須加以「斥邪」，「崇正斥邪」是清朝官方思想文化的基本原則。康熙帝所發布的訓諭十六條，即有「黜異端以崇正學」的規定，雍正帝對這條訓諭的解釋是：「欲厚風俗，先正人心；欲正人心，先端學術。」〔註62〕康熙五十三年（1714）四月，康熙帝諭令全國「嚴絕非聖之書」，指示要嚴查和禁絕小說淫詞。〔註63〕雍正帝主張「辟邪說以正風俗，懲奸匪以警人心」〔註64〕，這裡的「奸匪」乃指造作邪說者。乾隆帝對於僅以正論進行勸導的效用並不看好，他有獨到的認識，乾隆四十四年在談到自己之所以不願刻印諭旨時說：「蓋因習見皇考時，每召九卿等進見，冀人領悟，乃訓誨開導，反覆數千言。諸臣退出，惟竊語跪聆逾晷，形體疲勞，從

〔註62〕雍正帝：《聖諭廣訓・黜異端以崇正學》，載《四庫全書》子部儒家類。

〔註63〕《清聖祖實錄》卷二五八，康熙五十三年四月乙亥。

〔註64〕雍正帝：《朱批諭旨》（影印文淵閣《四庫全書》本），雍正十一年十一月程元章奏摺批語。

無言及聖訓之當深體者。足見眾情非可口舌化導，朕故不欲以批答之詞、宣佈之旨付之剞劂耳。」〔註65〕這雖然是乾隆帝後期的所言，但「眾情非可口舌化導」的認識卻早就形成於繼位之前，四十多年內念念不忘，可謂根深蒂固。對於朝中眾臣，乾隆帝也不輕易信任，乾隆十六年他的一首詩道出這種心態：

> 盡道吾君不敢欺，不欺君者果伊誰？
> 禹皋稷契應無此，猶慮面從申戒之。〔註66〕

　　在眾情難以化導、大臣不盡可靠的條件下崇正斥邪、統一思想，由皇帝乾綱獨斷地施加強制手段，總會成為不可避免的選擇。乾隆元年正月，御使謝濟世奏上自撰《學庸注疏》一書，認為明朝推重朱熹之學，乃因其與明朝皇帝同姓，主張「世道方隆之時，即聖學大明之日，但當發揮孔曾思孟，何必拘泥周程張朱」〔註67〕，這是反對程朱理學的舉動。當時被斥以「尤屬謬妄無稽，甚為學術人心之害」，但僅發還其書，未作懲處。至乾隆六年，乾隆帝忽然想起此事，下令：「朕聞謝濟世將伊所注經書刊刻傳播，多係自逞臆見，肆詆程朱，甚屬狂妄……而謝濟世輩倡為異說，互相標榜，恐無知之人，為其所惑，殊非一道同風之義，且足為人心學術之害。朕從不以語言文字罪人，但此事甚有關係，亦不可置之不問也。爾等可寄信與湖廣總督孫嘉淦，伊到任後，將謝濟世所注經書中有顯與程朱違悖牴牾，或標榜他人之處，令其查明具奏，即行銷毀，毋得存留。」〔註68〕結果謝濟世之書 154 本、刊板 137 塊完全焚毀，謝濟世本人則表示「深自愧悔，不敢復蹈前失」〔註69〕，故免於懲處。此事明白地宣示：乾隆帝為了「一道同風之義」，隨時可能干預文字著述之事。但大小臣僚，似乎尚未體會聖意。

　　樹欲靜而風不止，社會上偏偏有不少利欲薰心而稍識文字之人，編寫無聊書冊向官方獻媚，結果自投羅網。乾隆十八年（1753）六月，發生浙江人丁文彬向衍聖公孔府投書，自稱親戚，攜帶自撰的《洪範春秋》、《大夏書》、《大明書》等多種，滿紙胡言，提出要娶孔家二女，如同舜帝，自定年號等

〔註65〕《清高宗實錄》卷一〇七七，乾隆四十四年二月丁丑。
〔註66〕乾隆帝：《御製詩集》第二集卷三〇，《讀史偶成》。
〔註67〕謝濟世：《進〈學庸注疏〉奏》，載《皇朝經世文編續編》卷五，《學術五・文學》。
〔註68〕《清代文字獄檔》上冊第一輯，第 1 頁，上海書店，1986 年版，後同。
〔註69〕《清代文字獄檔》上冊第一輯，第 3 頁。

等，類似妄想症之患者。經孔府告發，遂被凌遲處死，牽連本家多人喪命。〔註70〕同年十月，有江西生員劉震宇向湖南地方官進獻《萬世治平新策》，結果被乾隆帝敕令處斬。更值得注意的是：經審理查實，丁文彬幾年前曾經向時任江蘇學政的莊有恭進獻其書，莊氏馬虎收下而未加查閱。尤其另一案件中的劉震宇之書，十幾年前曾被江西巡撫塞楞額批示嘉獎，刊印售賣。待到此時案發，湖南署巡撫范時綬僅擬議對劉震宇處以除去功名、杖責一百的輕罰，使乾隆帝倍感問題嚴重，於是親下諭旨：

> 調任湖南巡撫范時綬奏稱：「江西金溪縣生員劉震宇呈稱送所著《治平新策》一書，求爲進呈。訊據供稱：曾經前任江西巡撫塞楞額批示嘉獎，遂刻印售賣。其書內更易衣服制度等條，實爲狂誕。應照生員違制建白律黜革杖責，解回原籍」等語。

> 劉震宇自其祖父以來，受本朝教養恩澤，已百餘年，且身列黌序，尤非無知愚民。乃敢逞其狂誕，妄訾國家定制，居心實爲悖逆。塞楞額爲封疆大吏，乃反批示嘉獎，喪心已極。若此時尚在，必當治其黨逆之罪，即正典刑，則其身遭重譴，未必不由於此。此等逆徒，斷不可稍爲姑息，致貽風俗人心之害。劉震宇既經解回江省，著交鄂容安將該犯即行處斬，其書板查明銷毀。范時綬僅將該犯輕擬枷杖，甚屬不知大義，著交部嚴加議處。〔註71〕

眼見高層官員對「悖逆」文字也漫不經心，乾隆帝已經決心興起大規模的文字獄，他選中了開刀祭旗的對象，於是胡中藻《堅磨生詩鈔》案爆發。乾隆二十年（1755）二月，乾隆帝秘密命令廣西巡撫衛哲治：「汝將胡中藻任廣西學政時所出試題，及與人倡和詩文並一切惡跡，嚴行查出速奏。稍有姑容，與汝身家性命有關。查出即行密封，差妥人馳驛送京，慎之密之。」〔註72〕這是在向無任何證據的情況下，皇帝親自暗地裏物色一個文字獄的打擊對象。而一查果有所獲，胡中藻詩集《堅磨生詩鈔》從書名到眾多詩句內容、鄉試題目，都被羅織入罪。至三月十三日，距開始秘密嚴查胡中藻事僅僅二十天，乾隆帝就迫不及待地召集大學士、九卿、翰林、詹事、科道等官宣佈長篇諭旨，解說胡中藻的悖逆文字，十分牽強地論定其罪，並且聲稱：

〔註70〕《清代文字獄檔》上冊，第一輯，第26～40頁。
〔註71〕《清代文字獄檔》上冊，第一輯，第45～46頁。
〔註72〕《清代文字獄檔》上冊，第一輯，第49頁。

「朕見其詩已經數年，意謂必有明於大義之人，待其參奏。而在廷諸臣及言官中，並無一人參奏，足見相習成風，牢不可破。朕不得不申我國法，正爾囂風，效皇考之誅查嗣庭矣。」〔註73〕這段話，將乾隆帝故意要興起文字獄的動機暴露無遺。

胡中藻為原重臣鄂爾泰的門生，官至學政，案情連帶與之詩歌唱和的鄂爾泰之侄、甘肅巡撫鄂昌，也被賜死。這在官僚隊伍中產生強烈震懾作用，無人敢於忽視，於是清朝文網大張，文字獄勢如江河泛濫，波瀾洶湧。此後的文字獄不勝枚舉，難以臚列，而乾隆二十二年的彭家屏私藏明代野史案，將文字獄運動與查繳禁書結合一起，文網又大肆加密。彭家屏官至江蘇布政使，解職召京後被乾隆帝問出家中藏有《日本乞師》、《酌中志》、《豫變紀略》、《南遷錄》等多種明季野史，但因其子已經聞風燒毀，查抄時並未所獲，但仍將彭家屏賜死〔註74〕。雖然慘烈的文字獄案情之中，許多個案還另有其它背景，但以家藏明代野史發案而至於死罪，是大興文字獄的恐怖政治已至極點。

在古代，私家史學與官方政治、官方史學的矛盾，主體上並非對抗性矛盾，其運行方式應當是互動、互補和有時相互排抑，從而促進史學的發展與繁榮。因為無論官方還是私家，從事史學活動者皆為飽受傳統文化教育的士人或官紳，其中不存在根本性利益的衝突。但是，如果文化專制主義極度強化和膨脹，在蓄意誇大矛盾和普遍製造文字獄的條件下，史學內原本非對抗性官與私的矛盾也可轉化為嚴重的對抗。清代康熙、雍正、乾隆各朝的史獄，多數乃統治者人為地發動與製造。

（二）纂修《四庫全書》期間的查繳禁書與文網

乾隆三十八年（1773）開始的纂修《四庫全書》活動，首先從圖書輯佚與徵集天下圖書開端，而清廷的徵集圖書乃是與查繳禁書結合在一起，二者兼顧對民間藏書既為時會、又是災厄。乾隆三十九年，在開始纂修《四庫全書》之際，乾隆帝即下諭令：「各省進到書籍，不下萬餘種，並不見奏及稍有忌諱之書。豈有裒集如許遺書，竟無一違礙字跡之理？況明季末造野史甚多，其間毀譽任意，傳聞異詞，必有觝觸本朝之語，正當及此一番查辦，盡行銷

〔註73〕《清代文字獄檔》上冊，第一輯，第55～56頁。
〔註74〕《清高宗實錄》卷五四二，乾隆二十二年七月癸卯。

－310－

毀，杜遏邪言，以正人心而厚風俗。」〔註75〕此前的文字獄已使士人擔驚受怕，為了徵集圖書和查繳禁書的順利進行，清廷必須改變政策，給藏書人以不予追究的承諾，於是向各省和軍機處發布諭旨：「前以各省購訪遺書，進到者不下萬餘種，並未見有稍涉違礙字跡。恐收藏之家，懼干罪戾，隱匿不呈。因傳諭各督撫，令其明白宣示，如有不應留存之書，即速交出，與收藏之人並無干礙……朕辦事光明正大，斷不肯因訪求遺籍，罪及收藏之人。所有粵東查出屈大均悖逆詩文，止須銷毀，毋庸查辦。其收藏之屈稔滇、屈昭泗，亦俱不必治罪。並著各督撫再行明切曉諭，現在各省如有收藏明末國初悖謬之書，急宜及早交出，概置不究，並不追問其前此存留隱匿之罪。今屈稔滇、屈昭泗係經官查出之人，尚且不治其罪，況自行呈獻者乎。若經此番誠諭，仍不呈繳，則是有心藏匿僞妄之書，日後別經發覺，即不能復為輕宥矣。朕開載布公，海內人民咸所深喻，各宜仰體朕意，早知猛省，毋自貽悔。將此通諭中外知之。」〔註76〕既放寬處置，又施加恫嚇。

　　乾隆四十年正月，再次發布諭令：「今日海成奏到搜羅遺書一摺，據稱紳士明理之人，現在宣揚恩旨。伊等天良難泯，自當呈獻無遺。但恐村僻愚民本不知書，而家藏斷簡遺編，或涉不經。更有讀書舊家，子孫零替，其敗笥殘篋中，不無違礙書籍。而目不識丁，雖出示收繳，亦難必其盡獻。現在復飭各屬，傳集地保逐戶宣諭：無論全書廢卷，俱令呈繳，按書償以倍價，俾盡行繳出，以便分別辦理等語。所辦頗好！各省查辦遺書，其中狂悖字句，節經降旨各督撫實力查繳，並准其自行首出，仍不加之罪愆。雖現在各省已有繳到者，而所繳尚覺寥寥，其勢似未能遍及。今海成所辦，較為周到，且又不致煩擾，各省自可仿而行之。著傳諭各督撫，照式一體妥辦，海成原摺。並著鈔寄閱看。」〔註77〕至乾隆四十三年，再次強調追繳禁書「與收藏之人並無關礙」，但提出了限期：「著通諭各督撫，以接奉此旨之日為始，予限二年，實力查繳。並再明白宣諭：凡收藏違礙悖逆之書，俱各及早呈繳，仍免治罪。至二年限滿，即毋庸再查，如限滿後，仍有隱匿存留違礙悖逆之書，一經發覺，必將收藏者從重治罪，不能復邀寬典。」〔註78〕經過這樣反覆、深入地宣傳，逐漸收到相當可觀的效果，據統計，纂修《四庫全書》期

〔註75〕　《清高宗實錄》卷九六四，乾隆三十九年八月丙戌。
〔註76〕　《清高宗實錄》卷九七〇，乾隆三十九年十一月戊午。
〔註77〕　《清高宗實錄》卷九七四，乾隆四十年正月丁巳。
〔註78〕　《清高宗實錄》卷一〇七〇，乾隆四十三年十一月丁亥。

間查繳禁燬的書籍達三千多種，數量竟與錄入《四庫全書》的書籍在數量上大體相當。

學界曾有人認爲禁燬之書種類之多，與四庫收錄之書數量相當，則《四庫全書》的編纂是功罪參半，甚至罪大於功。這種評論是不確切的，第一，據今人雷夢辰《清代各省禁書彙考》〔註79〕所列書目，乾隆時禁燬之書在學術文化地位和價值上，無法與錄入之書相比，而且大多部帙很小。清朝禁燬其書的標準，主要是内容和作者涉及於「違礙」，但其實大多被禁之書的水平也很低劣，禁燬書中明代野史數量占其大宗，許多在今日仍可尋到，並非全部湮滅，而以今日的眼光檢閱其書，其荒誕無稽、水平低劣者也不在少數。第二，《四庫全書》錄寫之書爲三千五百多種，但還有六千多種存目，雖然不寫入四庫，但也並不禁燬，任憑藏書家留存。查繳、禁燬圖書是文化專制主義的極端化體現，應當予以批判，而總的看來，《四庫全書》的編纂，在文化上的功績遠大於查繳禁書的危害。乾隆時期的查繳禁書，只是搭上了徵集圖書的便車，不必與纂修《四庫全書》整體工程混爲一談。

乾隆時期查繳禁書的範圍很廣，明代與明清之際的野史是主要目標，其次是檢核内容有無所謂的「違礙」内容。對一些特定的作者，則凡有涉及都在禁燬之列，例如明代普及性史籍，很多在卷首收入了元初宋遺民潘榮《通鑒總論》，對此不必再作詳查，一見卷首帶有潘榮《通鑒總論》，概從禁燬。〔註80〕清初李清的幾種著述原本收入《四庫全書》，乾隆五十二年（1787）得到乾隆帝的指令而撤毀，並且追查各地是否存有其人撰述，一律查繳。凡應禁燬之書，乾隆帝明令連同刊刻板片解送到京城，不許各地自行銷毀。此外，各地方志也是查閱的重點，唯恐其中收錄違禁詩文，而戲劇曲本，也多列爲應禁之書。

到乾隆四十七年年底，重點開展了對《通鑒綱目續編》刊本與板片的全國性追查，根究不捨，反覆強調，並且將帶有康熙帝批語的版本也包括其中，原因是其中附帶的明朝人周禮《發明》、張時泰《廣義》，在發揮歷史評議上觸犯了「違礙」。乾隆帝的諭旨說：

> 朕披閱《御批通鑒綱目續編》内周禮《發明》、張時泰《廣義》，

〔註79〕雷夢辰：《清代各省禁書彙考》北京，書目文獻出版社，1989年版，後同。

〔註80〕見雷夢辰：《清代各省禁書彙考》，内被禁之書，多有清朝官府注明禁燬理由，如第40頁《通鑒約義》注明「查有潘氏總論，應銷毀」。此類事例甚多。

於遼金元事，多有議論偏謬及肆行詆毀者。《通鑑》一書，關係前代治亂興衰之跡，至《綱目》祖述麟經，筆削惟嚴，爲萬世公道所在，不可稍涉偏私。試問孔子《春秋》內，有一語如《發明》、《廣義》之肆口嫚罵所云乎？向命儒臣編纂《通鑑輯覽》，其中書法、體例，有關大一統之義者，均經朕親加訂正，頒示天下。如內中國而外夷狄，此作史之常例，顧以中國之人載中國之事，若司馬光、朱子，義例森嚴，亦不過欲辨明正統，未有肆行嫚罵者。朕於《通鑑輯覽》內，存弘光年號，且將唐王、桂王事跡附錄於後，又諭存楊維楨《正統辨》，使天下後世，曉然於《春秋》之義，實爲大公至正，無一毫偏倚之見。至於東夷、西戎，南蠻、北狄，因地而名，與江南、河北，山左、關右何異？孟子云：舜爲東夷之人，文王爲西夷之人。此無可諱，亦不必諱。但以中外過爲軒輊，逞其一偏之見，妄肆譏訕，毋論桀犬之吠，固屬無當，即區別統系，昭示來許，亦並不在乎此也。況前史載南北朝相稱，互行詆毀，此皆當日各爲其主，或故爲此訕笑之詞。至史筆係千秋論定，豈可騁私臆而廢正道乎！……所有《通鑑綱目續編》一書，其遼金元三朝人名、地名，本應按照新定正史，一體更正。至《發明》《廣義》內三朝時事，不可更易外，其議論詆毀之處，著交諸皇子及軍機大臣，量爲刪潤，以符孔子《春秋》體例。仍令黏籤進呈，候朕閱定。並將此諭冠之編首，交武英殿，照改本更正後，發交直省督撫各一部，令各照本抽改。將此通諭中外知之。〔註81〕

　　因本書各地的雕版板片太多，後來採取由各省挖改文字的方式解決，對每一私家書坊，均由官方將挖改後的板片置換原板，對每一私家藏有此書，均經官方印刷新頁抽換原有違礙之頁。這個舉措，持續進行到乾隆五十年之後，中間諭令、督查，連綿不斷。圖書版本挖改的辦法，是禁燬的一種緩和性變通，在《四庫全書》收錄的圖書中，也往往採取「抽燬」、「抽改」的方式處理，剔除被認爲「違礙」的內容，留存其書，但實際已經失其原貌。

　　在查繳禁書的同時，大量文字獄與之並行，私家撰述稍涉忌諱，就難免人頭落地，如乾隆四十五年（1780）發現山東人魏塾抄錄晉代江統的《徙戎論》，並且寫有批語，將當下征服了的回部比擬爲西晉時期的「五胡」，被認

〔註81〕《清高宗實錄》卷一一六八，乾隆四十七年十一月庚子。

爲「實屬悖逆」，而處以斬立決。〔註82〕而影響最大的是休致官員尹嘉銓的文字獄，尹嘉銓官至布政使、大理寺卿，其父爲清初有名儒臣尹繼善。尹嘉銓年老退休後閒來無事，上疏爲其父求賜諡號，被乾隆帝婉言回絕，隨後更不識相地爲其父請求從祀文廟，引起乾隆帝震怒，將之拿辦。而案發後從其家搜出多種著述，被認爲其中頗有狂妄悖謬、疑爲不敬君主之處，案情遂轉爲文字獄。其中《國朝名臣言行錄》一書，引起乾隆帝注意，發長篇諭旨予以批駁：

> 尹嘉銓所著各書内，稱大學士、協辦大學士爲相國。夫宰相之
> 名，自明洪武時已廢而不設，其後置大學士，我朝亦相沿不改，然
> 其職僅票擬、承旨，非如古所謂秉鈞執政之宰相也。況我朝列聖相
> 承，乾綱獨攬，百數十年以來，大學士中豈無一二行私者，然總未
> 至擅權舞法，能移主柄也……乃尹嘉銓概稱爲相國，意在諛媚，而
> 陰邀稱譽，其心實不可問。至名臣之稱，必其勳業能安社稷，方爲
> 無愧。然社稷待名臣而安之，已非國家之福，況歷觀前代忠良，屈
> 指可數，而姦佞則接踵不絕，可見名臣之不易得矣。朕以爲本朝紀
> 綱整肅，無名臣、亦無姦臣，何則？乾綱在上，不致朝廷有名臣、
> 姦臣，亦社稷之福耳。乃尹嘉銓竟敢標列《本朝名臣言行錄》，妄爲
> 臚列，謬著品評，若不明闢其非，則將來流而爲標榜，甚而爲門戶、
> 爲朋黨，豈不爲國家之害、清流之禍乎！總之人君果能敬天、愛民、
> 勤政，自能庶事惟和，百工熙載，否則雖有賢相，亦何補政事！我
> 國家世世子孫，能以朕心爲心，整綱維而勤宵旰，庶幾永凝麻命，
> 垂裕萬年，所謂無疆惟休，亦無疆惟恤，可弗凜歟！將此申諭中外
> 知之。〔註83〕

這裡關於無名臣亦無姦臣即社稷之福、要求人君親自勤政視事的觀點，已在君臣關係方面將君主一人專政的理論推拓到頂峰。「選賢」、「任能」之論都被排斥爲妄見，唯有君主總攬權柄，扼住群臣使之既無名臣也無姦臣，一個個皆成爲庸庸碌碌的差役和奴才，這才是治國根本、社稷之福，這是乾隆帝政治思想的突出特點。尹嘉銓之撰述不自知地成了乾隆帝理論的對立面，

〔註82〕《清代文字獄檔》下冊第五輯，《魏塾妄批江統〈徙戎論〉案》，上海書店，
　　　　1986年版，第451頁。
〔註83〕《清高宗實錄》卷一一二九，乾隆四十六年四月辛酉。

結局是定為死罪和將其所有著述禁燬。

　　清代文字獄與查繳禁書，均屬於極端的文化專制主義，是君主專制政治的擴張，文字獄處置罹案之人，往往異常殘忍，查繳禁書則不一定追究人犯，是二者微有區別，但基本目的皆為鉗制思想。如果每個人都說君主說過的話，做君主所指示的事，不能越雷池一步，這才是皇權統治最覺安穩的境況。但是，這樣的局面不僅很難出現，即便有之，整個社會若一潭死水，人人庸庸碌碌，國勢國力，豈能強盛？一旦內憂外患，將何以堪？乾隆帝明晰於此，不得不在屬行文化統治的同時，放開文網一隅，將某些文字獄主動緩解。乾隆四十年（1775），就曾指示解除對朱璘《明紀輯略》的查禁，認為其書「非不尊崇本朝，且無犯諱字跡，徒以附紀明末三王，自不宜在概禁之列」。〔註84〕乾隆四十三年四月，大臣三寶奏請凡刻印書籍，都要把樣稿呈送教官，由各省學政核定，否則一概禁燬。乾隆帝予以反駁，指出「若如三寶所奏，必呈送教官轉呈學政核定，始准刊行，竟似欲杜天下人刊書傳世之路，無此政體。且以其事責成教官，若輩未必果能勝任，兼恐不肖者藉端需索，轉滋紛擾，弊更無所底止。三寶此奏，斷不可行。將此通諭知之」〔註85〕。在這個問題上，乾隆帝還算是比較清醒的。後來他開釋了多項官員奏報的文字獄，指責了各省查辦禁書的吹毛求疵傾向，這大概就是他早就確定的「寬嚴相濟」的政治權術吧。乾隆朝在文化專制上的時緊時鬆、起伏跌宕，配合傳統文化和思想原則的清理、總結，軟硬兼施地給私家史學指出一個明確的導向，使私家歷史觀點與官方歷史觀念逐漸靠攏，改變了官、私史學之間的關係，對清朝後期的史學發展產生很大的影響。

四、對歷代史事的嚴密審斷

　　乾隆帝自幼讀史，精思熟慮，得出不少新的見解，繼皇帝位後，將其歷史觀點推行為清朝官方的歷史觀念。通過編纂和批點《御批通鑒輯覽》，他又嚴密地審視歷代的史事記載，與史館修史官員共同斟酌，對重要的歷史人物及歷史事件重新思考，系統地予以評析，形成一系列新的歷史論斷，代表了清朝官方歷史思想的最高水平。這些論斷，涉及面十分寬廣，具體見解不勝枚舉，這裡僅以幾項重要問題略舉事例，以收管中窺豹、略見一斑之效。

〔註84〕　《清高宗實錄》卷九九五，乾隆四十年閏十月己巳。
〔註85〕　《清高宗實錄》卷一〇五四，乾隆四十三年四月庚子。

（一）關於臣節與君道的歷史評論

乾隆帝在歷史評論之中，極其重視歷史人物忠於君主、保持氣節的問題，這是以其帝王立場貫徹綱常倫理準則的體現。對於漢代的陳平、周勃、唐代的狄仁傑、宋初的徐鉉等等在歷史上備受稱譽的人物，皆以忠節原則指謫、批斥，而表彰明末抵抗清軍的史可法等人，爲之加諡、立傳，更於國史中設《貳臣傳》，彰顯在明朝已經爲官、而又歸附本朝者之「大節有虧」，將弘揚忠節的理念發揮到極致。這些，上文已經有所論述。應當說明的是，乾隆帝以及清朝史館，把臣節的標準在整個歷史中運用，逐一審視了歷代人物，幾乎不留罅隙。例如魏晉時的王祥，乃是被歷來渲染、誇讚的大孝子典型，但他身在魏、晉兩代爲官，乾隆帝提出疑問：「王祥以孝行稱，乃爲魏太尉，而復仕典午。求忠臣於孝子之門之謂何？」〔註86〕唐代發生「安史之亂」，唐玄宗逃離長安途中，武將陳元禮策動兵變，迫使唐玄宗殺楊國忠，並且賜楊貴妃自殺而死。歷來論者對陳元禮行爲多有肯定，而乾隆帝則認爲陳元禮乘危起事，違背唐玄宗意志，「直亂臣賊子，其去祿山蓋一間耳」〔註87〕，並且指謫《資治通鑑綱目》將楊國忠之死書爲「伏誅」，不合正理，《御批通鑑輯覽》改寫成「楊國忠爲禁軍所殺」。諸如此類，關乎臣節的審定十分細密考究。乾隆帝在《四得續論》一文中說：「孟子所云：『故益、伊尹、周公不有天下，其心未嘗不羨天子之位。』雖欲行其道之意耶，然非至言也。蓋益得益之位，伊尹得伊尹之位，周公得周公之位，非不得也，若孔子必無是語。而朱子注子思此章，直以爲必受命爲天子，是亦孟子之遺意耳。予以爲後世之亂臣賊子，未必非此言有以啓之，然此言非予言之，他人不敢言也。」〔註88〕這裡批評孟子的言論可能會開啓亂臣賊子之心，可謂十分尖銳，表明在臣下必須絕對忠於君主的問題上，沒有絲毫姑容的餘地。

歷史上的君主也成爲乾隆帝和清朝官方史學所審視的對象，評論的標準屬於「君道」的原則。清康熙帝、雍正帝都討厭歷代文人、學者評論帝王，康熙帝說：「朕披覽史冊，於前代帝王每加留意。書生輩但知譏評往事，前代帝王雖無過失，亦必刻意指謫，論列短長，全無公是公非。」〔註89〕史載西漢文帝召見賈誼，「不問蒼生問鬼神」。長期以來，論者皆因賈誼未能獲得重

〔註86〕 《評鑑闡要》卷三，晉太保王祥卒事批語。
〔註87〕 《評鑑闡要》卷五，次於馬嵬楊國忠爲禁軍所殺事批語。
〔註88〕 乾隆帝：《御製文集》第三集卷二，《四得續論》。
〔註89〕 《清聖祖實錄》卷二九二，康熙六十年四月丙申。

用而惋惜，雍正皇帝卻認爲：漢文帝決不是棄才之主，他看出賈誼是個疏狂
少年，不足任用，才聊問鬼神之事以敷衍。「設有一夫私議，妄自記載，非惟
庸主無由剖析，雖明哲之君亦何從聞見而正其是非！其流傳失實受誣於後世
者，不知凡幾矣。」〔註90〕乾隆帝同樣肺腑，纂輯《四庫全書》時，當他發
現宋朝李廌《濟南集》詩中直稱漢武帝之名時，竟當成爲一件大事，提出「伊
祖未嘗不爲其臣」，「此等背理稱名之謬，豈可不爲改正以昭示方來！」於是
指令《四庫全書》館臣「於校刊書籍內，遇有似此者俱加簽擬改，聲明進呈，
毋稍忽略」。〔註91〕乾隆四十四年興起的祝廷諍《續三字經》文字獄，竟以「素
性乖妄，心懷悖逆，膽敢品評列代帝王，任意褒貶，編成《續三字》一書，
隱寓譏刺」〔註92〕成讞，定爲逆案。但清朝皇帝自己是要評論以往歷代統治
者的，不過康熙帝對歷代帝王多所辯解和褒揚，乾隆帝則高屋建瓴，以超越
千古的姿態予以褒貶，以指謫爲多。

　　歷史上有漢代「文景之治」的說法，但乾隆帝對漢景帝批評相當激烈，
如對於殺晁錯事件的評論，就認爲漢景帝「其識見卑鄙」，在明朝建文帝之下。
他還指出漢朝「景帝之治遠不逮文，而失德之事屢矣，獨其休息愛民，尙不
失蒙業而安耳。史臣以之並擬成康，未免失實」〔註93〕。對於歷史中評價尙
好、尤稱孝敬的南宋孝宗，乾隆帝幾乎沒有好評，認爲他繼位後的作爲是「博
取恢復美名，藉以虛張聲勢」，而很早就傳位於太子，「名雖託於孝，實則怠
於政」〔註94〕，指出其「蓋知恢復之難，故爲引避之計，不顧祖宗之業，惟
圖一己之便安，豈足語於爲君之大體乎！」〔註95〕乾隆帝撰有《全韻詩》106
首吟詠古今歷史，其中仄韻用來吟誦前代史事，實際是評論了歷代帝王，並
且加有不少自注詳細說明之。基本認可的帝王除上古、三代君主外，有漢高
祖、漢文帝、唐太宗等等，但也均有批評和指謫，如批評漢高祖容忍呂后擅
殺韓信，是後來呂氏逞兇的先兆。批評漢文帝節儉之記載不可信，指出其賜
鄧通銅山、鑄錢等等，行爲荒謬，與節儉作爲格格不入。〔註96〕批評唐太宗

〔註90〕《清世宗實錄》卷八七，雍正七年十月乙丑。《清實錄》第八冊，第171頁。
〔註91〕《清高宗實錄》卷一○四二，乾隆四十二年十月己亥。
〔註92〕《清代文字獄檔》上冊，第四輯，第425頁。
〔註93〕《評鑒闡要》卷二，史臣以周成康漢文景並稱事批語。
〔註94〕《評鑒闡要》卷九，「以張浚爲樞密使」、「傳位於太子」等事批語。
〔註95〕乾隆帝：《全韻詩・宋孝宗》自注，載《御製詩集》第四集卷四九。
〔註96〕見乾隆帝《全韻詩》及自注，載《御製詩集》第四集卷四九。

「要父以叛君，殺兄以逼父，忠孝之道泯矣。自知無以取譽於後世，故即位之後，於凡好名之事無所不爲」〔註97〕。對照他在《全韻詩》平聲韻各詩中對清朝先帝和清朝政治的歌頌，自然是本朝遠遠勝過歷代，其歷史理論的政治宗旨，於此也就十分清晰了。

（二）乾隆帝歷史論斷的幾個要點

　　乾隆帝及其主持纂修的《御批通鑑輯覽》，對大小史事多有評析，體現出很爲豐富的思想見識，無論其說法是正確還是謬誤，都具有歷史研究的參考價值。特別是對一些重要問題的論斷，更具清朝官方史學的獨有特色，尤須引爲注意。

　　第一，作爲少數民族政權入主中原的清朝，對漢人反清意識具有深深的戒備心理，於是歷屆清帝都反覆申明必須「敬天法祖」。「敬天」理念，建立在相信君權天授，政權一統得自天命的基礎之上，在乾隆朝，乾隆帝不斷向滿洲上層進行「敬天命、守祖基，兢兢業業，懼循環治亂之幾」〔註98〕，「思所以永天命、綿帝圖，兢兢業業、治國安民，凜惟休惟恤之誠，存監夏監殷之心」〔註99〕的告誡。政權得自天命，敬天成爲清朝統治階層的一項凝聚力，懼天命的喪失，就需要兢兢業業做好一切政務，於是敬天又成爲一種激勵和鞭策。因此，乾隆帝雖然批判和否定「五德終始」論，反對災祥徵驗的天人感應之說，痛恨和打擊「左道」妖言，但絕不放棄對「天道」的相信。以這種觀念評論歷史，常與其批評祥瑞現象的說法相互矛盾，例如他對東漢光武帝倡導讖緯學說也曲爲辯護，認爲不過是「神道設教」的權變之舉而已。對於武則天時酷吏周興、來俊臣之被殺，乾隆帝評論爲「天道報施不爽」，而認爲唐、宋之國祚綿長，則是因爲優待前朝君主，「自得厚報，天道灼然可見矣！」〔註100〕在追述太祖努爾哈赤開國戰績時，他總結說：「蓋國之將興，必有禎祥，然禎祥之賜由乎天，而致天之賜則由乎人」〔註101〕，從而得出「人君代天理民，未有不敬天而克享天位者」〔註102〕的結論。這是其歷

〔註97〕乾隆帝：《讀歐陽修縱囚論》，載《御製文集》第二集卷三四。

〔註98〕《皇清開國方略》（影印文淵閣《四庫全書》本）卷首，《御製序》。

〔註99〕《清高宗實錄》卷九九六，乾隆四十年十一月壬午。

〔註100〕見《御批歷代通鑑輯覽》卷五三「來俊臣伏誅」事批語、卷三六「劉裕弒零陵王」事批語。

〔註101〕清高宗《己未歲薩爾滸之戰書事》，載《清高宗實錄》卷九六六，乾隆四十年十一月癸未。

〔註102〕《御批歷代通鑑輯覽》卷四十六，「周主自稱天元皇帝」批語。

史評論雖以政治實務爲主，但仍存天命觀念的特點。

第二，清政權是以滿洲宗室、貴族爲統治核心的政權，滿族人數既少，又起源於非發達地區，處於漢民族、漢文化的包圍之中。爲了統治漢人居住的廣大地區，不能不主動地學習漢族傳統文化，進行仿從漢制的改革。但清統治者唯恐在文化落後、人數對比甚少的條件下，因「漢化」而失去本民族的凝聚力，失去原先賴以奪取政權的優勢，於是提出「法祖」的理念，將之凸現爲基本的政治準則，這是以往朝代所沒有過的。因此，正是大力仿從漢制、推重儒學的清太宗、康熙帝、乾隆帝，最重視「法祖」問題，「法祖」理念實際上表達了清廷的一種民族的戒備與憂懼心理。從這種觀念反觀歷史而作出的評論，對歷代變法改制大多採取否定的態度，特別是對少數民族政權仿從漢制的改革，更加敏感。

北魏孝文帝的改革，是歷史上最有名的少數民族政權改從漢制的變法運動，規模大而範圍廣，有力地促進了當時的民族大融合。但在乾隆帝看來，卻是最爲糟糕的行爲，他以批語連續抨擊北魏孝文帝說：「魏孝文斷北語而改姓元，是亡其祖也，不惟失德，實非吉兆」，「孝文變其祖宗之法，而循南朝尚名門族之覆轍，不德孰甚焉！」〔註103〕對於魏孝文帝的所有作爲，幾乎無一褒詞。在《全韻詩·魏孝文帝》及注釋中，他又指責魏孝文帝「改易衣冠，親服衰冕朝饗，四傳而國社遂墟，足爲忘祖背本之鑒，而遼金及元之末季，皆踵其失。凡改漢衣冠者，不再世而輒亡，益足深警矣。」

乾隆帝又斥責金章宗「盡變金源舊風，國勢日就孱弱，大定之業衰矣。說者咸以章宗爲守成令主，然子孫不能承祖父基緒，致家法因之而墮，雖有善政，亦奚足道哉！」〔註104〕意思是說：後世皇帝如果不能承祖制、存舊風，改革中即使有所成就，也是不足道的。乾隆三十一年，乾隆帝在一次關於教育皇子問題的諭旨中說：「邇來批閱《通鑒輯覽》，於北魏、金、元諸朝，凡政事之守舊可法、變更宜戒者，無不諄切辯論，以資考鑒。」〔註105〕乾隆三十七年，「三通」館進呈《續文獻通考·嘉禮考》書稿，乾隆帝指示：「遼、金、元衣冠，初未嘗不循其國俗，後乃改用漢唐儀式，其因革次第，非出於一時……自應詳考詮次，以徵蔑棄舊典之由，並酌加案語，俾後人

〔註103〕《評鑒闡要》卷四，魏改姓元氏、魏主重門族等事批語。
〔註104〕《評鑒闡要》卷九，金主詔行宮外地及圍獵之處悉與民耕事批語。
〔註105〕《清高宗聖訓》卷三十一《法祖二》，乾隆三十一年五月辛巳。

知所鑒戒……蓋變本忘先，而隱患中之覆轍具在，甚可畏也。」〔註106〕總之是要重視歷史上的教訓，在「法祖」問題上防微杜漸。他還認爲「王安石、蔡京變法流毒，固宋室致病之由」，斥責北宋「神宗專事更張而不計可否」。〔註107〕後來又閱讀宋代《曲洧舊聞》一書而題詩四首，其中有曰：「二帝播遷雖自取，禍緣新法變更紛」，「設使子孫守祖制，何愁萬事不繩承！」〔註108〕徑將北宋的滅亡歸咎於王安石變法。由此可見，「守舊可法、變更宜戒」，已經成爲清廷既定的政治價值觀，反映出乾隆帝雖口口聲聲放言四海一家、不分滿漢畛域，而實際上內心的民族敏感度甚高，相關的歷史觀念也就趨於保守。

第三，以分析宋代黨爭爲例，批判大臣結黨互援的門戶習氣，將雍正帝反對朋黨的論斷進一步理論化，是乾隆帝的又一史論要點。他指出：北宋出現洛黨、蜀黨之類，是可驚異之事，因爲「從來黨援門戶之習，率由君子、小人互相攻訐」，而北宋居然是「正人同處，亦彼此分標樹幟」〔註109〕，由小有爭執的積累乃至於互不能平，實須警戒。對於自宋哲宗時形成的新黨與舊黨鬥爭，乾隆帝也有自己的判斷，認爲其中雖有君子、小人之分，但「小人固不足論，而所謂君子者，毋亦恩怨太分明，其致禍不亦宜哉」〔註110〕。對此，他還撰有《君子小人論》作出專門論斷：

> 爲臣者乃於其間自分之曰孰爲君子、孰爲小人，或又曰我爲君子、彼爲小人，於是彼我之見橫於中，公私之舉紛乎外。爲小人者固不甘其爲小人，而爲君子者亦未必其實君子，門戶朋黨，糾若棼絲。小人之害君子，固不必言，而君子且有操室中之戈者，漢唐宋明之禍延及國家，淪胥以亡，此皆爲上者之過，而非爲下者之過也，吁！可畏哉！是蓋其界太明，而大不慎其跡之所致耳。〔註111〕

乾隆帝的基本主張就是應當從君主角度、國家安定的立場出發，臣下不能糾纏於君子、小人的爭執，所有黨爭，作爲「君子」、「正人」一方都有不可推卸的責任。因此，他評論東漢「黨錮之禍」認爲：「獨惜陳蕃、李膺等號

〔註106〕《清高宗聖訓》卷三十一《法祖二》，乾隆三十七年十月癸未。
〔註107〕《評鑒闡要》卷八，議者以更戍法兵將不相識事批語。
〔註108〕載《國朝宮史續編》卷七八，《書籍四·御題》。
〔註109〕《評鑒闡要》卷八，呂公著當國群賢在朝以類相從事批語。
〔註110〕《評鑒闡要》卷八，置看詳訴理局事批語。
〔註111〕乾隆帝：《君子小人論》，載《御製文集》第二集卷四。

為賢者……乃囿於清流虛聲，率以拘牽坐失事機，難辭責賢之備」〔註112〕，對唐代牛、李黨爭，更一律予以斥責。

這是承襲雍正帝杜絕朋黨的思想，對歷代相關史事作出重新評斷，體現了堅定、獨特的帝王立場，與此前所有私家學者的議論大不相同。

第四，在古代，冊立太子為皇朝要典，而因此引起宮廷鬥爭、骨肉相殘的事例亦不少見，《御批通鑑輯覽》對此已有所關注，乾隆帝批評了唐高祖立李建成為太子的處置無方，更以數條批語指出明太祖立皇太孫為儲貳的失策，〔註113〕隨後，他對王朝「儲貳」問題進行深入思索，認為雍正帝創行的「秘密建儲」方式具有重大的政治意義，於是將之予以理論化、系統化的論定，作為清朝的一項制度。

清朝在王位繼承問題上，最初並無定制。康熙帝第一次按照傳統儒家政治學說提倡的方式，公開冊立嫡子允礽為皇太子，並加意培養，但及至允礽長大成人，卻發生了儲君與皇權之間的嚴重矛盾，康熙帝不得不廢除太子。結果眾皇子人人心懷覬覦，紛紛結黨營私、謀取儲位，展開了錯綜複雜的宮廷鬥爭。雍正帝即位後，基於對冊立太子之弊端深有體會，遂創立了秘密建儲方法。具體做法是：皇帝將繼承人的名字秘密寫好，藏於乾清宮「正大光明」匾之後，另寫一份密封裝匣，隨身保存或秘藏內府，皇帝逝世後，由大臣取出兩相核對，帝位繼承大事即定。乾隆帝就是通過這樣的秘密建儲而登上帝位的。但是，中國古代關於冊立儲君的政治觀念根深蒂固，按照儒學經傳，對儲君的選擇又有立嫡、立長的原則，其影響遍於朝野。事實上，乾隆帝於繼位之初，曾一度認為秘密建儲「此乃酌權劑經之道，非謂後世子孫皆當奉此以為法則也」。〔註114〕隨著乾隆帝政治經驗、歷史知識的進一步增長，尤其是對宮廷現實和皇子表現的觀察體會，不僅下決心實行秘密建儲的方法，而且要從政治理論上予以闡發，定為清朝特有的不二法門。

乾隆四十三年（1778），乾隆帝以長篇諭旨，列舉上古、漢、唐、明代以及康熙年間冊立太子引發變亂的事例，對古來冊立儲君、特別是「立嫡立長」之說予以尖銳批評，指出「紂以嫡立而喪商，若立微子之庶，商未必亡也」；

〔註112〕《評鑑闡要》卷三，黨錮之禍惟申屠蟠獨免事批語。
〔註113〕見《評鑑闡要》卷十，「太子標卒」等事批語。
〔註114〕《清高宗實錄》卷二二，乾隆元年七月甲午。

漢高祖如果將帝位直接傳給庶子劉恒（漢文帝），就不會招致呂后專權之禍；唐高祖如果徑直把最高權力交給最有才幹的次子李世民（唐太宗），明太祖如果傳位於第四子朱棣（明成祖），「何至骨肉傷殘、忠良慘戮！此立嫡立長之貽害，不大彰明較著乎！」〔註115〕而本朝秘密建儲制度，在諸皇子內擇賢秘立，不拘一格，惟據才德，且持續查驗，超越往古，最爲美善。乾隆四十八年（1783）十月，乾隆帝下令編輯《古今儲貳金鑒》一書，專門收錄歷代冊立太子所造成的動亂史實，加以按語評論，並將清帝有關論旨錄於卷首。至此，清朝秘密建儲的理論基本成熟，成爲乾隆朝後期理論建樹的一項大事。《古今儲貳金鑒》之中，對歷代冊立太子的批判是十分有力的，因冊立太子引起動亂的史實，引證得相當豐富。此書的編纂，是以傳統史學的方法，徹底否定了一項傳統的政治制度。

在《御批通鑒輯覽》以及乾隆帝御定的其它撰述中，具體的歷史評論尚多，如對唐太宗「縱囚」的批評、對唐玄宗焚毀珠玉、錦繡的譏刺、對宋太祖「杯酒釋兵權」的分析等等，皆是針對膾炙人口的歷史事件，而提出頗爲新穎的見解，在此不一一敘述。

五、私家史學的迂迴應對

清朝大量纂辦官修史書、大興文字獄、查繳禁書以及論定歷代的史事，佔領史學的統治地位，這對私家的史學活動和史學思想，具有很大的導向作用和制約作用。乾嘉時期，多數學者以主要精力投入到考據之學，官方的制約與引導是原因之一。但私家在史學上也有作爲，除施展考據功力之外，纂修系統性史書、甚至試圖編纂與官方競爭性的《史籍考》，皆見之實際行動。這些，我們在第六章即已論述。這裡需要特別提出的是：儘管清廷對明代史、當代史最爲敏感，是查繳禁書和實施文字獄的重點區域，私家學者還是有人敢於措手觸及。如李天根《爝火錄》32 卷，專記述南明史事，此書撰成於乾隆十三年（1748），當時文字獄尚未大興，而後來也未引起清廷注意。該書是依從清廷的歷史觀念編纂史事，其中沒有明顯觸犯忌諱之處，且傳佈不廣，漏過文網。嘉慶初年，文字獄緩解，法式善連續撰成《清秘述聞》、《槐廳載筆》，前者以自身任職翰林院之便，列述科舉考官及中式人員姓名、籍貫、名次以及軼事，後者因任職國子監而記述其典故、事實，這是私家有意識記錄

〔註115〕《清高宗實錄》卷一〇六七，乾隆四十三年九月丁未。

當代史事的範例。因此，清朝的文字獄雖然熾烈，但終不能明令禁絕私家撰史，當人們熟知清廷所忌諱的語詞、內容，自然可在撰述中迂迴躲避，當然這仍然也需要作者具有一定的條件和膽識。

　　在朝廷對歷史多所論定和多年施行文字獄的氣氛下，敢於撰史、善於撰史者莫過於趙翼（1727～1814），趙翼其人及其著述，上文業已幾次說到，他自少文才出眾，乾隆二十六年中一甲第三名進士，授翰林院編修，參與《通鑒輯覽》的纂修。後出任鄉試同考官，在廣西、廣東任知府，在貴州任道員，曾隨軍征緬甸，又在平定臺灣林爽文之役中充軍事贊劃。其閱歷頗多，博學多識，晚歲家居著述，撰有《廿二史箚記》、《陔餘叢考》、《甌北詩集》、《唐宋十家詩話》、《皇朝武功紀盛》、《簷曝雜記》等。

　　《廿二史箚記》一書 36 卷，成書於乾隆六十年，嘉慶五年即已刊布。〔註116〕前已論述其中對史書及史學的評論，而歷史評論更在內容中占絕大部分。趙翼曾經參修《通鑒輯覽》，雖後來調任他職，但對清廷論定歷代史事的觀點應是十分瞭解的。《廿二史箚記》將《史記》至《明史》的二十四史所載史事，選擇歸納，敘述中有評論，但基本迂迴了《御批通鑒輯覽》論斷過的內容，雖對歷代帝王之事也間有敘述，如「（唐）德宗好爲詩」、「（金）海陵荒淫」、「元世祖嗜利黷武」、「明祖行事多仿漢高」等少數條目，乃以彙集史事爲主，褒貶議論甚少。這裡眞正有明晰論斷者，惟「元世祖嗜利黷武」而已。而全書各個條目，對明太祖的分散性地評述較多，卻不言及其冊立皇太孫之事，避開朝廷已有的論斷。其它歷代有名的皇帝若漢高祖、漢文帝、漢景帝、唐太宗、唐玄宗、宋太祖、明永樂帝等等，皆不涉及，乾隆帝最爲關注的正統、偏安問題，也幾乎不置一詞。這是一種對官方史學迂迴性的對應方式，即盡量閃開官方論定的內容，而仍然完成自己的撰述。

　　《廿二史箚記》中也有與官方和乾隆帝論斷相關的內容，例如卷十四「魏孝文帝遷洛」條，敘述了北魏漢化改革的史實，而將此評論爲「然國勢至衰實始於此，一傳而宣武，再傳而孝明，而鼎祚移矣」，還聯繫金世宗保持舊俗的主張，貶低魏孝文帝。這完全是清廷宣揚的歷史觀點，而別無新意。卷二十五「宋遼金夏交際儀」條鉤稽史料，說明南宋與金國交往時的禮儀完全對等，雖無評論，實際是給乾隆帝論定宋、金關係，改變宋、金之間史事的「書

〔註116〕趙翼自撰本書《小引》，題署爲乾隆六十年，可以視爲書成。錢大昕等爲之撰序，題署嘉慶五年，乃刊印之年。

法」提供了新的證據和注腳。卷三十五「明末書生誤國」條敘述了一些史實，但評論之中將「朝論紛啜，是非紛起」歸結為「書生誤國」而導致明朝淪亡，亦附合於乾隆帝的論調，並且還有所發揮。卷三十六「明末僭號多疎屬」條，解說南明各個政權君主，多為明帝宗室遠支，頗有為清廷貶抑南明地位張目之嫌。諸如此類，不能排除趙翼之著述，本就具有討好清廷的的用意。《廿二史箚記》流傳甚廣，世人稱讚，後世推重，其成功之道是議論柔謙，不觸時忌，又能為人提供豐富的歷史知識和聯想力。

趙翼的《簷曝雜記》6卷，記載許多他親身宦遊各地的社會見聞，具有當代史的內容。《皇朝武功紀盛》4卷，記述清朝自康熙朝以來各次戰爭克敵制勝的狀況，主要資料來自《四庫全書》所在官修方略，自序稱：「夫鋪張鴻麻，揚厲偉績，臣子職也。臣舊史官也，推皇上宣示天下之意而演述之，庶不蹈僭妄之罪，所愧文筆弇陋，無以發揚萬一，實不勝愧汗云。」〔註117〕以舊史官名義撰著歌功頌德的史籍，而預先辯解為「庶不蹈僭妄之罪」，是他善於利用可能的政治空間來載筆述史的又一表現。

值得注意的是：在乾隆三十年重開國史館之際，一名叫蔣良騏的史官，在國史館內得見官方史料，抄錄而成《東華錄》32卷左右。蔣良騏（1723～1789）字千之，廣西全州人。乾隆十六年進士，後轉翰林院編修，乾隆三十年入國史館。曾任奉天府丞、太僕寺卿、通政使等官。他在《東華錄自序》中說：

> 乾隆三十年十月，重開國史館於東華門內稍北。騏以譾陋，濫竽纂修。天擬管窺，事憑珠記。謹按館例，凡私家著述但考爵里，不採事實，惟以實錄、紅本及各種官修之書為主，遇闓分列傳事跡及朝章國典兵禮大政，與列傳有關合者則以片紙錄之，以備遺忘。信筆摘鈔，逐年編載，祗期鱗次櫛比，遂覺縷析條分。積之既久，竟成卷軸，得若干卷云。〔註118〕

《東華錄》是按編年體形式，記述了清朝開國至雍正朝的歷史，有寶貴的史料價值。我們知道：清朝實錄是不許一般大臣閱讀之書，史官修史時得以參考，但抄錄編輯，自成一書，亦為非法，其它如紅本之類的檔案資料，也是不需私下抄錄攜出的。但蔣氏居然暗渡陳倉，編此私著，而未被查覺。

〔註117〕趙翼：《皇朝武功紀盛》（乾隆刻本）卷首，《自序》。
〔註118〕蔣良騏：《東華錄》（齊魯書社，2005年版）卷首，《自序》。

隨後傳抄於世間，無人檢舉，可見私家史學具備的頑強存在的根基，以及擁有滲入官方史學體系的能量。

清代私家學者即使在乾嘉時期，也不是人人絕對曲從於官方的歷史觀念，有個性的論述時或出現。袁枚是當時極有名聲的詩人、學者，在歷史思想、學術觀念上多有獨到見解，他對正統與道統問題曾有論述，認爲：「夫所謂正統者，不過曰有天下云爾。其有天下，天與之，其正與否，則人加之也……夫人心不同，各如其面，或曰正，或曰不正，或曰統，或曰非統，果有定歟、無定歟？……毋亦廢正統之說，而後作史之義明；廢道統之說，而後聖人之教大歟！」〔註119〕這顯然是不合於雍正帝以來官方的觀念。袁枚此論或發於乾隆朝前期，乾隆帝尚未作出系統性的正統論，而另一學者崔邁在乾隆後期，竟也不管當今皇上的理論，自申其說云：「蓋天下有勢有義，『正』者，義也，『統』者，勢也。言正不可言統，言統不可言正……然則歷代雖多，安見其統爲正、爲偏、爲僭竊也哉！」〔註120〕無論這種說法是否正確，但與清廷的歷史觀念相左，是顯而易見的。崔邁的兄長崔述，是傑出的疑古考據學家，前已敘述，其學術特色是獨立思考，不苟同於官方也不苟同與其它學者，兄弟倆志趣一致，應爲乾嘉時期學界的學術佳話。崔氏兄弟雖不顯於當時，但著書教學，堅持己見，也未曾遭受文災筆禍，可見君主主導的極端文化專制主義缺乏牢固的社會基礎，無法做到嚴密不漏，私家史學的獨立探索與個性精神，是不會完全泯滅的。

錢大昕是最富盛名的歷史考據家，但載於《潛研堂文集》內的歷史議論頗多，其中提出「愚謂君誠有道，何至於弒？遇弒者皆無道之君也……秦漢以後亂賊不絕於史，由上之人無以《春秋》之義見諸行事故爾。」〔註121〕這大有將歷史上「弒君」事件歸罪於君的傾向，也與清廷提倡的臣下絕對忠於君主的觀念直接衝突。他還在詩作中寫道「厚味實臘毒，高位易觸罪。五鼎食幾時，失意便菹醢」、「文網日以密，士節日以貶」〔註122〕，透露出對清朝官場險惡的譏諷和對文字獄現象的批判。乾隆年間著名畫家鄭板橋，也談到史學問題，他認爲所謂上古三代，並非盛世，主張學者研治史學，「雖無帝王、師相之權，而進退百王，屏當千古，是亦足以豪而樂矣……總是讀書要有特

〔註119〕袁枚：《小倉山房文集》卷二十四，《策秀才文五道》。
〔註120〕崔邁：《尚友堂文集》卷上，《正統論上》，載顧頡剛編《崔東壁遺書》。
〔註121〕錢大昕《潛研堂文集》卷七，《答問四》。
〔註122〕錢大昕《潛研堂詩集》卷九，《讀漢書》。

識，依樣葫蘆，無有是處，而特識不外乎至情至理」〔註123〕。史家「進退百王」，正是清朝皇帝所極力反對的，而「要有特識」的主張，也與乾隆帝統一史學思想的要求背道而馳。但對於學者，追求「特識」乃是學術的生命力所在，根本無法將之徹底扼殺。例如考據大家戴震的《孟子字義疏證》，從考證功力提升到義理探析，尖銳地批判了理學的性理觀念。袁枚極力反對禮教對婦女的壓迫，言論行動，頗有欲圖撕開綱常倫理觀念羅網之一角的趨勢。這些為學術界所深知，亦不屬於史學，但作為一種文化狀況，不能不對史學的研治發生影響。總之，私家在歷史觀念上，仍然有著獨立的思考，官方無論採取什麼方法，也難以維持歷史觀念長久的和真正的思想統一。在學術機制存在的社會條件下，謀求按照朝廷意志達到所謂的思想統一，乃是不切實際的企圖。

從乾嘉時期的史學發展總體情況分析，史學思想與歷史認識固然無法在官方與私家以及私家各個學者之間達到完全的一致，但是在思想理論大的框架、大的準則和群體的多數人士上，還是走上以逐漸認同為主的方向。雍正帝、乾隆帝對政權大一統與歷史正統問題作了深入的論述，指出「華夷」之分是歷史性的概念，是地理和籍貫的區別，因為孟子即曾宣稱聖王舜是東夷之人。大一統政權具備絕對的正統地位，不論其民族如何、發祥於何處。乾隆帝說：「大一統而斥偏安，內中華而外夷狄，此天地之常經，古今之通義。是故夷狄而中華，則中華之；中華而夷狄，則夷狄之，此亦《春秋》之法，司馬光、朱子所為亟亟也」。〔註124〕平心而言，這種大一統政權正統論，比充滿民族歧視的「華夷之辨」更符合綱常名教思想體系，更具備學理性。在具體地判斷歷史上各個政權的正統地位時，乾隆帝其實還是照顧了漢族建立的政權，例如對於東晉、南宋，明確付與正統地位，這在傾向於漢族政權方面，是超過了唐朝編纂的多部正史，也超越了元朝編纂的宋、遼、金三史。〔註125〕除了歷史理論上的引導，乾隆朝還做出如上文所述編纂國史《貳臣傳》、重新判定明朝滅亡時間等等「大公至正」、全面貫徹儒學思想的姿態，

〔註123〕鄭燮（板橋）：《家書·范縣署中寄舍弟墨第三書》，載《鄭板橋全集》民國曬藍印本。

〔註124〕《國朝宮史續編》卷89，《聖製〈通鑒綱目續編〉內「發明」、「廣義」題詞》。

〔註125〕唐太宗時官修北齊、北周、梁、陳、隋五代正史，元朝官修宋、遼、金三史，都是承認少數民族政權同時擁有與漢族政權對等的地位。

大幅度拉近了與多數私家學者歷史觀念的距離。乾嘉之後,私家學者與官方歷史觀念的磨合,是雙向接近的過程,並非私家對於清朝官方的單方面屈從。

第九章　清季官方史學與私家史學的關係

　　清代嘉慶朝之後，官方對於私家的史學，已經大爲減少了監督、制約的緊張關係，官方的修史活動也基本退守在本朝史的範圍之內，即保持雍正朝形成的以起居注、實錄、聖訓、國史、方略、會典、一統志等項記載和編纂的基本格局。這種平穩、照例而行的官方史學活動，沒有太多的起色，也沒有廢止，一直延續到清朝滅亡。而在整體衰退的狀態下，也有較爲可觀的個別修史事例，值得予以記述。相對於官方史學的平淡，私家史學則表現得較爲活躍，修史主旨和修史內容的嬗變，表現得相當明顯。官方史學與私家史學之間，往往呈現爲個案性的聯繫和互動，就社會整體的史學發展而言，處於私家史學進展、官方修史退守和維持的局面。

一、清季官方史學的主要作爲

　　清乾隆朝官方史學發展達於頂峰，修史的種類、數量以及在史書義例的翻新變化，都前所未有。然而日中則昃，其整體的衰減已不可避免。嘉慶朝曾努力維持史學興盛的局面，也取得一定的成效，而終歸不能挽回「無可奈何花落去」的趨勢。

　　嘉慶朝接續乾隆朝官方開闢的修史項目，如承襲《詞林典故》、《國朝宮史》而修成《皇朝詞林典故》、《國朝宮史續編》，此二書將記述內容向下延續，其義例、資料、事項的取捨也皆不亞於前作，可謂善以爲繼者，而畢竟缺少重要的創舉。嘉慶朝編纂《大清會典》則有創意，即將圖冊部分獨立出來，再次刷新了體例，但也只是整部《會典》內容的部分調整而已。嘉慶朝

希望開闢出新的修史項目，改變處處因襲乾隆朝的狀況，於是開展《明鑒》的編纂。

《明鑒》的纂修由嘉慶帝提出創意，欲倣宋范祖禹《唐鑒》的義例編纂一部評論明代歷史之書，而最終不過是抄錄《御批通鑒輯覽》中對明代史事的評論，難以翻出新意，被後人視爲「在清代敕撰書中最爲下乘，於徵獻考文，尤未足言」。〔註1〕我們在上文第五章已經敘事此書的編纂過程，其間不但撤換總裁和纂修官，而最終也只修成二十四卷敷衍之作，成爲質量下乘的失敗之作，標誌清朝官方在明史撰述上的終結。此後，清廷不僅沒有信心開創新的修史項目，而且將乾隆朝已開創者也有所放棄。上述《國朝宮史續編》、《皇朝詞林典故》等，也只有嘉慶朝纂辦一次，後來未曾接續。

那麼，從道光朝以降，官方修史活動有哪些值得稱述之處呢？這裡僅著重敘述重修《大清一統志》、重修《大清會典》及其附屬之書，以及國史館內的纂修工作，這些纂修活動，可謂之爲清季官方史學的幾個亮點。

（一）嘉慶、道光兩朝重修《一統志》

道光朝承接嘉慶朝已經開始重修的《大清一統志》，將之最後完成，史實的考訂和內容的豐富超過了乾隆朝纂修的《大清一統志》。這部《大清一統志》因爲始修於嘉慶十六年（1811），載入的史事也止於嘉慶朝，故稱爲《嘉慶重修一統志》，而實際成書，乃遲至道光二十二年（1842）。乾隆朝纂修《大清一統志》以及全國各處關涉地理內容的史籍，一般均由軍機處內的方略館主辦，蓋地理與軍事聯繫密切，如《西域圖志》就是在進軍準噶爾部之時下令方略館編纂。但嘉慶十六年清廷議修《大清一統志》，方略館卻奏請由國史館承擔，得到旨准，今國史館檔案有所記載：「《一統志》全書於嘉慶十六年正月內，由方略館奏交本館纂辦。當經本館議奏：所有通體沿革、裁改各事宜，其在京各衙門令於三個月內交全，在外各直省令於半年內交全。俟各衙門、各直省交全後立限二年，將全書纂校進呈，俟欽定後咨送武英殿刊刻。」〔註2〕這裡設想的纂修日程甚短，將《一統志》編纂看成了十分容易之事。這在《清仁宗實錄》內亦可證實，嘉慶二十年皇帝諭旨有曰：「《大清一

〔註 1〕 《續修四庫全書總目提要》（臺灣商務印書館，1972 年整理印行本，後同）史部編年類，《明鑒》提要。

〔註 2〕 《國史館檔案》（藏中國第一歷史檔案館，後同）編纂類，第 1 號卷，《現在纂辦各種書籍》。

統志》於嘉慶十六年交國史館補纂，當經該館行文各直省，將建置、沿革、
職官、戶口、人物一切裁改各事宜，限半年內查明送館，以便勒限纂校。乃
已閱五載，各直省視爲不急之務，或全不登復，或遺漏舛錯，實屬疲玩。著
各該督撫分飭所屬，查照該館咨取事宜，迅速詳查，造具清冊送館，毋得仍
前延玩。」〔註3〕

　　從嘉慶十六年的清廷計劃來看，想在兩年半時間內完成重修《大清一統
志》，表明清廷最初對於這次重修的期望值不大，不過是在乾隆《大清一統志》
的基礎上將記事的時間範圍稍稍向下延伸而已。但這樣的設想是很不現實
的，清朝的各省、府、州、縣，大多並不具備朝廷那樣健全的檔案史料存備
和整理的常設機構，分類向上報送各種資料，並非易事，加之「視爲不急之
務」，一再拖延。到嘉慶二十二年，上交文冊稍全者也只有湖南、湖北、四
川、陝西、甘肅，「其餘文冊未全之省，一面先行纂辦，一面仍催各省咨送」
〔註4〕。道光五年，國史館制定了纂修《一統志》有關條例：「咨取各部院及
外省文冊，必須現纂官自行檢查應咨事宜，撰一草稿，將緊要之處，分晰指
示（現纂此書，方知此書所關者在何處。書吏撰稿，半年達意所欲言），交承
發處行文……」〔註5〕。這似乎表明一般性的徵集資料大體結束，但還缺少大
量必要資料，已經開列具體事項條目而分別行文各省，當然仍是很費時日的
工作。

　　道光元年（1821），龔自珍以內閣中書充國史館校對官，參與重修《大清
一統志》。他超越職責，不避僭越之嫌，寫長篇書信給總裁、提調、總纂等掌
權官員，提出自己對纂修《大清一統志》的見解。其中具體地指出乾隆朝《大
清一統志》的諸多遺漏和訛誤，例如關於新疆周圍歸屬於清朝的藩國烏梁海、
巴爾虎、科布多等等，「舊《一統志》於新舊藩服外，一字不及之，疑於無此
屬部者然。今開館續修志，似宜行文理藩院，徵檔冊，將三處烏梁海頭目宰
桑各部落界送館，以便增補」。類似這樣的糾誤很多，並且鼓動性地寫道：「所
貴乎重修者，謂將糾舊誤、補舊闕，亮非抄襲沿承而已。」〔註6〕在嘉慶二十

〔註3〕　《清仁宗實錄》卷三一二，嘉慶二十年十一月己亥。
〔註4〕　《國史館檔案》編纂類，第1號卷，《現在纂辦各種書籍》。
〔註5〕　《國史館檔案》編纂類，第1號卷，道光五年九月二十日總纂顧純、廖鴻藻
　　　　擬《一統志凡例》。
〔註6〕　《龔自珍全集》（上海人民出版社，1975年版）第五輯，《上國史館總裁提調
　　　　總纂書》。按：此文又有別本題爲「在一統志館上當事諸公書」，此殊爲不妥，

五年新疆剛剛發生民族分離主義分子張格爾叛亂的背景下，邊疆民族及地區的歸屬問題尤顯重要，雖然當時龔自珍職位很低，而他所指出舊《一統志》的訛漏，也不能不引起上層官員的重視，這促使重修《大清一統志》不僅要續補乾隆五十年以後的史事，而且要作整體內容的「糾舊誤、補舊闕」，緊張的國情和有識者的建議，促使清廷格外認真對待重修《一統志》，不再追求速成，而是要準確考核地理、疆域，致使其質量超過乾隆《大清一統志》，已經成為必然定局。

道光二十二年（1842）十二月，重修《一統志》560 卷告成，道光帝撰寫了簡單的序言，時值鴉片戰爭硝煙尚未盡散，他表達了對於鞏固一統山河的特別情感：「覽斯編也，即其跡而道載焉矣。朕惟乾惕震恐，冀迪前光，深知守成之難，不殊於創始。願與內外百執事，勉固封守而阜兆民，繼自今無疆惟休、亦無疆惟恤。續有編錄，視此典型，是朕之厚望也夫！」〔註7〕是書編纂工作不間斷地經歷了三十一個春秋，但卻未能及時刻印。道光二十三年八月，清宣宗又提出將這部《大清一統志》再繕寫一部，於是國史館行文吏部：「國史館為移會事。本館總裁面奉諭旨：《大清一統志》另繕一部等因，欽此。現在急需趕繕正本，相因移會撥送漢謄錄肆拾員過館當差可也。右移會吏部。道光三十年八月。」〔註8〕似乎清廷已經沒有將此書刊刻印行的打算。道光二十五年十二月，《嘉慶重修一統志》繕寫完工，〔註9〕整個編纂過程結束。

《嘉慶重修一統志》在清代政治史、史學史、地理學史上都值得大書一筆，與以前的《大清一統志》相比，此書加強了邊疆地區的記載和考訂，最準確、詳細地記述清朝實際轄區的範圍和所統屬的民族、部落。此書記述清朝與周邊國家劃界事項以及邊界的位置、走向，比以前的撰述詳細得多，提供了考察中國清代疆域的最佳史料。在書中還特設「稅課」門類，記述了清朝在邊疆地區徵稅的資料，顯示出對邊疆統治的內地化、一體化趨勢。清朝的《大清一統志》都收有地圖，而《嘉慶重修一統志》之地圖更為精確、細緻，而且增添了完整的全國地圖。這些優點，意義重大。著名出版家、文獻

不知何以致誤。此次纂修《大清一統志》並未設立專門史館，而是在國史館內僅設「一統志處」進行編纂。

〔註7〕《清宣宗實錄》卷三八七，道光二十二年十二月辛亥。

〔註8〕《國史館檔案》編纂類，第 17 號卷，國史館堂稿。

〔註9〕見《清宣宗實錄》卷四二四，道光二十五年十二月辛亥。

學家張元濟說：「居今日而治輿地之學，欲求一官本且後出而可信者，宜莫如此書。」甚至有的學者更認爲：「該志是中國有史以來最完備、質量最好的一部地理總志。自問世迄今，尚無一部能夠取代它的全國性同類書。」〔註10〕可惜的是該書至今未得到充分研究、整理與傳佈。

（二）光緒《大清會典》及其附屬之書的纂修

《會典》是按照朝廷的政府衙門體系爲線索記載典章制度的書籍，起到爲官方行政措施提供依據的作用，在纂修中列述一系列已經施行的行政事例，因而兼具歷史記載的功效。清朝前後共纂修《大清會典》五次，每次均設立專門的會典館，編纂規格很高，超越一般修書項目。五部《大清會典》的編纂，依次是康熙朝、雍正朝、乾隆朝、嘉慶朝、光緒朝，康熙朝《大清會典》始修於康熙二十三年，二十九年成書，共 162 卷，記載入關前至康熙二十五年的典制以及相關事例。雍正二年清廷又決定纂修，十年刊行，共 250 卷，汲取前一會典的內容，從頭記述，使本書獨立地具備了從入關前開始、直下延至雍正五年的內容，並非僅僅接續前書。此後的編纂，均按這種獨立成書的方式，是會典的整體性刷新，而非簡單的接續。乾隆十二年開始第三次纂修，二十六年初成，校勘訂正到二十九年成書，記載下限爲乾隆二十三年。此次纂修開創了將《會典》與《則例》分書而行的方法，即《會典》專記典制，《會典則例》記述相關事例，互相配和而不混合，共計《大清會典》百卷、《大清會典則例》180 卷。第四此纂修於嘉慶六年開始、二十三年完成。嘉慶《大清會典》又有創新，全書分《大清會典》80卷、《大清會典事例》920 卷、《大清會典圖說》46 卷，體例臻於完備，記事止於嘉慶十七年。從發展趨向來看，嘉慶朝所纂修之書，《會典》部分因分離出「圖」而有所縮減，「事例」卻大幅度增加，整體編纂是強化了記史的意識。

清廷於同治十二年（1873）本有接續纂修《大清會典》動議，但同治帝次年逝世因而擱置。光緒九年，又有廷臣提出開館纂修會典的建議，《清德宗實錄》稿記載曰：「諭內閣：都察院奏續修《會典事例》，請飭妥議開館章程一摺。續修《會典》，必須各衙門則例修輯完備，方能編纂成書。著各該堂官

〔註10〕于逢春：《論中國疆域最終奠定的時空座標》，載《中國邊疆史地研究》2006年第 1 期。所引張元濟語，出自氏撰《嘉慶一統志・跋》，亦轉引自于逢春前揭文。

等督飭司員，將所有稿件悉心編次，俟一律告竣後，再降諭旨。」〔註11〕這說明光緒九年已經開始了準備工作，即朝廷各部院衙門首先編輯本衙署的則例，而編輯則例，也是清中央機構的例行之事。

光緒十二年，清廷關於纂修《大清會典》的諭旨曰：「諭內閣：《大清會典》一書，自嘉慶二十三年修纂成書後，迄未續修。前於同治十二年，奉旨准如內閣等衙門所議，先令各該衙門檢查案件，分限編次。嗣因編纂未就，復於光緒九年，諭令各該堂官督飭司員，悉心編輯。迄今又逾數載，計應一律告竣，正宜開館彙編，俾臻完備。著將嘉慶十八年以後增定一切典禮及修改各衙門則例，編輯成書，頒行中外。所有開館事宜，著大學士、九卿酌定章程，妥議具奏。」〔註12〕此即爲開始編纂的時間，而成書則在光緒二十五年，記事下限爲光緒二十二年。分爲《大清會典》100 卷、《大清會典事例》1220 卷、《大清會典圖》（亦附有文字說明）270 卷。與嘉慶朝相比，《會典》內容增加的比例正常，「事例」增加幅度較大，表明編纂者記史的意識有增無減，而圖卷超大幅度的增加，由原先的 46 卷激增爲 270 卷，這是一個異乎尋常、引人注目的變化。

這次纂修活動組成專門的會典館，任用官員來自各個衙門，光緒《大清會典事例》卷首載李鴻章等奏摺說：

> 此次續修會典，除總裁官應遵照舊例，於大學士、尚書內簡派滿漢總裁四員，侍郎、學士、詹事等官內簡派滿漢副總裁七員，恭候命下由內閣咨取職名具奏請旨外，至各館纂修官嚮用內閣、翰詹人員，會典事備諸曹，自應兼用部屬。臣等謹仿上屆事例，滿纂修擬用內閣四員，吏、戶、禮、兵、刑、工六部、理藩院各二員。漢纂修擬用內閣三員，漢詹三員，吏、戶、禮、兵、刑、工六部各二員。共三十六員。……此次額設纂修倘不敷用，令總裁再於各衙門咨取協修數員，幫同辦理。纂修缺出，即以本衙門協修補本衙門之缺。〔註13〕

從擬議安排上看，總裁、副總裁人數多、職位高，重於權位，以便辦理事務的通暢無阻。而各個行政衙門均派官員充任纂修官，取其通曉行政事務，

〔註11〕《清德宗實錄》卷一六八，光緒九年八月庚戌。

〔註12〕《清德宗實錄》卷二三一，光緒十二年八月丙寅。

〔註13〕光緒《大清會典事例》（光緒二十五年清內府寫本，後同）卷首，《李鴻章等奏摺》。

翰林與詹事等詞臣，一共才任用 3 人，在 36 名纂修官中占很小比例，這是與其它史館大不相同的。另任提調官、收掌官、校對官、詳校官、翻譯官、謄錄官等，全館官員人數常達 130 人以上，還有供事、匠役多名。會典館人員陣容強大，纂修工作緊張而有序，館內制定考勤、考績的管理規則，承襲在嘉慶朝就形成的業績督催與檢查辦法，即「每十日將纂修各員修得若干條、若干卷，令提調、總纂登簿注明，一月具報各總裁一次，三月奏報一次，俾各纂修知有稽核，自不敢間斷因循以致曠工」〔註14〕，光緒會典館依照施行。協修、纂修人員到館編撰，必須「辰入申出，既集益於觀摩，兼易稽其勤惰。既不得急遽凌躐，致啓草率之端；更不可間斷因循，徒蹈虛糜之弊」〔註15〕。對於初稿撰成後的層層審閱制度，更是早有定例，總纂官在定稿過程中富有很大的責任。這樣，經過十幾年工夫才最後纂修完畢，全套的光緒《大清會典》、《大清會典事例》、《大清會典圖》，取材廣泛，資料豐富，正如其《大清會典凡例》所稱「此書網絡掌故，實集大成」。這種自評，洵非虛語，至今研究清代歷史，莫不以光緒《大清會典》、《大清會典事例》爲史料淵藪，此已成爲公論，無可置疑。但其中的《大清會典圖》，在清代歷史編纂學上更具新的意義，不能予以忽視。

　　光緒朝對纂修《大清會典圖》十分重視，會典館之內專門分設了「會典畫圖處」予以經理。〔註16〕修成的《大清會典圖》共 270 卷，計天文圖 32 卷、冠服圖 20 卷、禮圖 30 卷、輿衛圖 14 卷、樂圖 26 卷、武備圖 16 卷、輿地 132 卷，以往任何一部史籍皆不具有如此豐富的圖卷。其中占篇幅最多者爲輿地部分，數量接近於所有圖卷的二分之一。輿地圖共 360 多幅，其中有全國地圖 1 幅，其餘爲各省以及各府、各直隸州地圖，沒有繪製縣級地圖，否則卷帙將更會劇增。

　　在康熙、雍正、乾隆三朝纂修的《大清會典》內，都是有插圖而不單爲一書。例如乾隆朝纂修的《大清會典》，插圖中是將輿地圖作爲要點繪製於兵部，有《大清皇輿全圖》1 幅，各省、各重要地區地圖 23 幅。即除直隸、山東、山西等省之外，還有《盛京全圖》、《吉林全圖》、《黑龍江全圖》、《內札薩克諸蒙古部落全圖》、《喀爾喀四部落全圖》、《青海四部落全圖》、《西域全

〔註14〕嘉慶《大清會典事例》卷首，《王杰等奏摺》。
〔註15〕光緒《大清會典事例》卷首，《李鴻章等奏摺》。
〔註16〕見方甦生：《清內閣庫貯舊檔輯刊敍錄》第二章第三項，故宮文獻館，1935年印本，第 57 頁。

圖》、《西藏四部落全圖》等〔註17〕，重視邊疆與民族問題的用意一目瞭然。
嘉慶朝開創單出《大清會典圖說》的體式，便於查閱觀覽，但當時正在同時
重新纂修《大清一統志》，地圖附於《一統志》，因此嘉慶朝纂修《大清會典
圖說》中遂不再安排輿地之圖。

光緒朝纂修《大清會典》之際，別無再修《大清一統志》的決議，在《大
清會典圖》中設立輿圖部分是必要的，表明清歷朝皆具有重視保衛疆域、維
護國土一統的理念。光緒朝在《大清會典圖》纂修過程中，有朝廷下令向各
省索取地圖，要求各地進行認眞測繪，而且必須採用學自西方傳教士的先進
方法，而不是以舊有之輿圖敷衍塞責、囤圖編輯，這就大爲提高了此書輿圖
的準確性和現實性，於是引發一起牽動全國的地理測繪活動。

徵集各省、各地區地圖，是從光緒十五年（1889）十月展開，檔案資料
存有各個地方大員對此事的反饋，例如光緒十六年十二月盛京將軍裕祿要求
寬展限期的奏片稱：

> 光緒十五年十月間，準會典館咨具奏詳陳畫圖事宜，以備採輯
> 考訂一摺，行令奉天，將舊界、新界地方沿邊、沿海口岸，入海之
> 支河汊港，遴派留心地理之員周歷訪查，考訂測繪，列入圖中，不
> 可有誤。仍列具詳說於後。奏頒開方圖式，予限一年，照式繪具省
> 圖及所屬府直隸州廳分圖、州縣分圖，解送到館等因。當經通飭各
> 該旗民、地方官遵照辦理。
>
> 惟查奉天志乘所存地圖，原係乾隆年間舊本，迄今年分久遠，
> 不特旗民生聚村屯之增設甚多，抑且河道遷移，荒蕪日闢，山原形
> 勢亦與從前多有不同。且自光緒元年以後，東邊、北邊及海龍城等
> 處分設州縣，畫界分疆，既非舊制，更無底圖可循，自非周歷詳勘，
> 另繪新圖，難期核實。而開方計里，尤須算學深通，奉省官紳中素
> 日究心地理、精於測繪者實難其選。……若必拘泥定限，轉恐測繪
> 難詳。該委員等所稟，委屬實在情形，應請展限年餘，俾令求詳舉
> 辦。仍由奴才等隨時督令，從速從實，不准稍涉稽延。一俟全圖繪
> 成，即行送館采輯，以期妥協而昭詳慎。謹合詞附片陳明，伏乞聖
> 鑒，謹奏。〔註18〕

〔註17〕見乾隆《大清會典》卷六三，《兵部》。
〔註18〕《盛京將軍裕祿等爲請奉天測繪輿圖展限事片》，載臺北故宮博物院出版《宮

光緒十七年七月新疆巡撫魏光燾有同類的上奏：

> 頭品頂戴、護理甘肅新疆巡撫、開缺新疆布政使臣魏光燾跪
> 奏：爲創辦新疆省府廳州縣總、分各輿圖、圖說尚未蕆事，請展緩
> 期限，恭摺仰祈聖鑒事。竊光緒十五年十一月二十五日準會典館咨
> 稱：現辦《會典》輿圖，將圖式、附圖說式刊刻頒發，遵照奏定期
> 限，於一年內測繪省圖、府直隸廳州圖、廳州縣圖各一分，附以圖
> 說，解送到館等因。當經行司轉飭各屬遵辦，並派員開局總纂在案。
> 查新疆幅員遼闊，郡縣初開，畫界分疆、周勘測繪，均屬創辦，備
> 極繁難。且沿邊數千里與俄國及各外部毗連，舊界、新界卡倫、鄂
> 博等類尤關緊要，悉應載入圖中，詳著爲說，參稽考訂，動須歲時。
> 開辦以來，竭力督催，一年之限，早經屆滿。現雖大致脫稿，尚須
> 逐細詳覈，屆計數月以內，仍難一律辦齊。合無仰懇天恩俯准，自
> 本年十一月起，再行展限半年解送，以期詳晰核校，俾臻妥善。據
> 布政使饒應祺詳請具奏前來。謹恭摺具陳，伏乞皇上聖鑒訓示。謹
> 奏。〔註19〕

　　類似的延期奏請，各省均有，而且大多不止一次地請求延長期限，可見
纂修《大清會典》連帶引起的輿圖測繪活動，是各省官府面臨的艱難任務。
關於具體操作的程序和方法，光緒十七年湖廣總督張之洞的奏摺反映得尤其
詳細，其中具有實質性要點有以下幾處：1、清廷向各省頒發了測繪輿圖的樣
式、章程、表格等等，以便有所遵循。2、清廷所頒發的表格，顯示了測繪必
須得出的數據和內容，即張之洞表述的「會典館所頒表格，詳敘天度經緯，
而山之要隘、礦產，水之圩堰、津梁，均列其下，最爲得其要領。所有各府
及直隸州、廳各圖，自宜博考事實，附以圖說，簡括著明，不得空談形勢」。
3、認爲「輿圖一門關係重要，爲用宏多，史事、軍事皆所取資，而軍事尤爲
切於實用」，必須精確操作，這是需要展限延期的主要理由。他說：「至於測
量儀器有必須購備者，如經緯儀、度時表，以測天空各曜高弧，並校求時差，
定各州縣治所及山川、險隘、市鎮之經緯；測向儀記里輪，銅煉尺以測地面
鳥里及人行里、水道湖堤、山勢之遠近；奪林儀、風雨表以測山峰之高低，

　　　中檔光緒朝奏摺》，轉引自謝小華編《光緒朝各省繪呈〈會典‧輿圖〉史料》，
　　　見《歷史檔案》2003 年第 2 期。
〔註19〕《護理甘肅新疆巡撫魏光燾爲請新疆測繪輿圖展限事奏摺》，轉引，同上。

均經轉向外洋價買，漸次購齊。惟各種儀器殊鮮通曉善用之人，必須轉相教授學習，通曉之後又須精練目力、手力。若持器稍有動搖，目力稍有模糊，在天度如差一度，在地面即差二百里，事理精微，非倉猝所能嫻熟。」〔註20〕從這裡可以看出所涉及問題的廣泛性和複雜性。

從上引史料可以看出：第一，會典館奏准令各地測繪輿圖呈送，原包括縣級地圖在內，惟因過程過於浩大，最後捨棄了州縣一級地圖的測繪；第二，限期一年完成，所有各省皆不能如期蕆事，均須延期而且一延再延；第三，清廷和會典館向各地提供了測繪輿圖的標準樣本和具體要求，是要以先進的科學方式進行，例如測量地理經緯度、地形高低度等等；第四，導致購進西方儀器和培養測繪人才的全國性舉措，推動了當時先進地理學的發展和普及。因此，這次編纂《大清會典圖》，成為一個普遍地理測繪運動的樞紐，當事者明瞭其重要的實用意義，成果不止於纂修一部書史而已。20世紀30年代的故宮文獻館曾發現光緒朝之各省徵集到的墨繪本輿圖多件，如陝西省輿圖一箱，其中兩函計十二本地圖，附有陝西輿圖目錄、圖表，以及總說、體例、全省沿革詳說三摺，〔註21〕應當就是纂修《大清會典》時期的文物。這些文化遺產，至今尚未得到系統地整理與研究。

（三）國史館纂修工作的新進展

清朝自道光朝以降，官方修史事業總體上收縮，但國史館卻有所擴大，無論是纂修進程還是建置規模，皆有增無減，這是官方史學在整體衰退背景下，個別部分能夠有所進展的主要標誌。

嘉慶朝《大清會典》敘次國史館官員有：總裁，特簡，無定員。提調，滿洲二人，以內閣侍讀學士、侍讀派充；漢二人，以翰林院侍讀等官派充。提調掌章奏文移，治其吏役。總纂，滿洲四人，漢六人。纂修滿洲十二人，漢二十二人。滿洲總纂、纂修以內閣侍讀學士、侍讀、中書及部屬科道等官派充，漢總纂、纂修以翰林院侍讀學士以下等官派充，掌分司編纂之事。校對，滿洲八人，漢八人，以內閣中書派充，掌文字校勘之事。〔註22〕光緒朝《大清會典》抄錄嘉慶《大清會典》，沒有反映國史館機構變化的情況，而且

〔註20〕《湖廣總督張之洞等為請湖北測繪輿圖展限事奏摺》，轉引，同上。
〔註21〕見方甦生：《清內閣庫貯舊檔輯刊敘錄》第二章第三項，故宮文獻館，1935年印本，第37頁。
〔註22〕見嘉慶《大清會典》卷五五，「國史館」條。

敘述都過於簡單，不符合國史館複雜的官員組成和館內結構。這裡所謂「總裁，特簡，無定員」，是將正、副總裁含混一起敘述，實際國史館總裁權位遠大於副總裁，而正總裁應是很早就形成了定員定編，咸豐三年六月初一日，國史館在一份請旨簡派總裁等的奏疏中稱：「竊臣館向來滿漢總裁各一員，滿、漢副總裁各一、二員不等……」，〔註23〕這裡說國史館「向來」爲總裁滿、漢各一員的規制，乃是久已成形的編制，唯副總裁尚未定員而已。光緒二十七年國史館在同爲請旨簡派正副總裁的奏疏中則稱：「案照臣館額設滿、漢總裁各一員，滿、漢副總裁各一員。凡出缺時特旨派充，如逾三個月後，由臣館奏請簡派，歷經遵辦在案。」〔註24〕說明國史館最終形成了總裁、副總裁各二名、滿漢員缺對等的定制。乾嘉兩朝國史館提調的職任尚不重要，自道光時期則權力擴大，有了「提憲」的稱謂，〔註25〕所謂「提憲」，當爲提調中一、二名最主要的、懂修史業務的官員。在清朝後期，提憲代替了總裁所負責的部分審定史稿的工作，光緒三十四年和宣統年間《十四志公閱本檔》〔註26〕中，都記錄著史志成稿先由提憲審閱、再交總裁過目，國史館光緒年間擬定的「辦傳事宜」中也提到，近年以來，「志傳各書大都提憲躬親審定，每屆預備功課無不忙迫」。〔註27〕

　　道光朝之後國史館規模的擴大，光緒三十三年《酌擬國史館改良辦法》的奏摺提到：「總纂、纂修、協修任纂輯之事，計有一百餘員之眾，而供事之錄副、查書以供奔走者，其數尤多。」〔註28〕而纂修工作的繁重，表現於「協修」官的數量增加，協修官是動筆編寫國史初稿的人員，而不在國史館法定員額之內。乾隆時期偶見任用協修，清後期則成爲國史館不可或缺的實際纂修官員。協修的來源，可由國史館向內閣、翰林院等衙門行文咨取，也有時採用招考的方式錄取。如咸豐七年、八年、九年國史館連續進行了較大規模招考協修之舉、咸豐九年正月國史館考試協修的履歷單上，列有該屆報考者五十多人。〔註29〕這對於無望通過科舉之途入仕的讀書人來說，不失爲另

〔註23〕《國史館檔案》人事類，第736號卷。
〔註24〕《國史館檔案》人事類，第736號卷；又載於庶務類第1118號卷，光緒二十七年行移檔。
〔註25〕《國史館檔案》編纂類，第17號卷存有道光五年及其後的提憲諭示文書。
〔註26〕載《國史館檔案》編纂類，第470號卷。
〔註27〕載《國史館檔案》編纂類，第1號卷。
〔註28〕《國史館檔案》編纂類，第1號卷。
〔註29〕《國史館檔案》人事類，第948號卷。

一進身之階。報考國史館協修，要由原所屬管理衙署出具保舉證明，寫明該人姓名、身份、年齡、長相以及父、祖、曾祖三代的姓名、身份、存歿，並注明報考者及其家族有無刑罰案情、喪事丁憂等類的違礙情況。〔註30〕其餘校對、翻譯、謄錄以及嘉慶朝開始設立的清文總校，都延續至清末，爲國史館必備官職，宣統時更設立「筆削員」10 名，是一個新的體制。因爲國史館的纂修官等，均由其它衙門抽調，在原處領取薪水，國史館僅僅提供極少的「桌飯銀兩」，即午餐補貼。但筆削員則專屬國史館，每月從國史館領取津貼銀五十兩，這當然需要完成規定的任務才能獲得。校對官在宣統初也改爲發放津貼的體制，每月完成任務支銀八兩。凡有津貼者，則停其桌飯銀兩。〔註31〕

清晚期的國史館，收掌與供事之間此消彼長最爲明顯，收掌原爲國史館中較重要職官，故宮文獻館 1935 年編印的《清內閣庫貯舊檔輯刊》第五編《國史館調取史書檔》載有道光年間國史館調取六科史書檔冊的文書，皆由收掌官簽名畫押。而同治、光緒年間，國史館的《謹擬開辦儒林、文苑章程》中卻稱：「館中收錄、發送各書，應由提調專派供事經理」，〔註32〕表明原屬收掌的職責已有一部分被供事所取代，事權失落，漸漸邊緣化，其職任約在宣統初消失不存。而供事原本屬於雜役人員，在提調指揮下從事各種輔助事務，人數較多。事務繁雜而各有專責。供事中部分人員漸被重用，導致的職權加重和分化出等級差別，例如「總辦供事」地位較高，同治十三年五月國史館的一件告示中有「總辦供事爲閩館領袖，事務較繁」的說法，〔註33〕可見其職任之重要。即使國史館內部某一機構的專職供事，也分出「承值」、「幫承值」、「散班學習」等不同級別。〔註34〕光緒三十三年國史館的《酌擬國史館改良辦法》，就是兩名供事（王端觀和鄭懋祺）所撰，交提憲閱改後上奏朝廷，〔註35〕這充分說明了供事在晚清國史館中事權和地位的膨脹。

清後期國史館的纂修工作，在道光中完成《嘉慶重修一統志》後，最

〔註30〕《國史館檔案》人事類，第 981 號卷。
〔註31〕《國史館檔案》編纂類，第 1 號卷，《改良史館章程條例》。
〔註32〕《國史館檔案》編纂類，第 1 號卷。
〔註33〕見《國史館檔案》編纂類，第 525 號卷。
〔註34〕見《國史館檔案》人事類，第 971 號卷，光緒三十四年《加班考勤薄》。
〔註35〕見《國史館檔案》編纂類，第 1 號卷。

大、最長期的任務仍是國史列傳的編撰和修訂，除沿襲乾隆時期開展的撰寫
大臣列傳和忠義、循吏等類傳外，光緒年間對《儒林傳》、《文苑傳》的編纂
是一項重大的活動。清朝國史《儒林》、《文苑》兩種類傳的編纂，始於嘉慶
年間，阮元曾經主筆撰寫《國史儒林傳》，但因調離史職，國史館內無人措手
再撰，僅將阮元稿刪取若干篇上交，隨之長期中止。直到光緒七年閏七月，
國史館才將纂修《儒林》、《文苑》等傳重新提上日程，其奏摺稱：

> 奏爲纂辦儒林、文苑、循吏、孝友列傳，請飭各省確查舉報以
> 資表彰，恭摺仰祈聖鑒事。竊查已故大臣文職副都御使、巡撫，武
> 職副都統、總兵以上，例由臣館向各衙門咨取事跡，查照歷屆諭旨、
> 奏牘，編入列傳。忠義則無論官階大小，行查各省咨報纂辦。其儒
> 林、文苑、循吏、孝友四傳，自嘉慶十三年御史徐國柟奏請辦理，
> 奉旨允准在案。惟時故大學士阮元，方以編修充國史館總裁官，網
> 羅故實，成儒林、文苑、循吏列傳共十四卷，正傳一百六人，附傳
> 八十六人。迄今事閱四朝，相距七十餘年，續行編入者，僅循吏龔
> 其裕等十餘人……相應請旨特諭各省督撫、學政，確切訪查，凡有
> 可列入儒林、文苑、循吏、孝友各傳者，隨時察核咨報。務以本人
> 著述及實在事跡爲憑，不得空言溢譽，輕率濫舉……〔註36〕

　　這個上奏得到旨准後，隨即各省即搜羅本省相關資料，陸續上報國史
館。循吏、孝友容易解決，而儒林、文苑則比較複雜，上報材料除應立傳者
的「事實冊」（記述其生平事跡）外，還需條列其主要著述，有的需要呈送樣
書，以資核定及判斷取捨。可見纂修《儒林傳》《文苑傳》、是牽動全國的活
動。對於朝野知名的學者，收錄記載尚不爲難，而清國史館唯恐遺漏民間傑
出儒學文士，光緒八年的公文中特別指出：「樸學潛德，尤宜及早甄錄，免致
湮沒不彰。並仰諄切傳諭諸生，各舉所知，於本部院按試，或經過地方將履
歷事實冊及著書書籍，逕行呈送。如書系孤本，須待錄副，家有藏板，須待
印訂者，已另飭知各地方官籌給資價，就家寫印。仰諭諸生等向地方官呈
請核辦，並具領結存案可也。切切特飭。」〔註37〕這等於以國史館纂修《儒
林》、《文苑》傳記爲契機，形成了一個學術文化的廣泛調研活動，其中要求

〔註36〕《國史館移箚》（清光緒刻本，國家圖書館存，後同），《移會江蘇學院》附
　　　　錄。
〔註37〕《國史館移箚》，光緒八年十二月江蘇督學部院《箚各府州廳》。

私家學者和一般諸生的積極配合。

嘉慶十六年（1811）七月，因福建道監察御史潘恭辰奏請，國史館奉旨對積存的國史列傳進行大規模的查改畫一工作。〔註38〕這次的查改畫一是將開國直至乾隆六十年的國史列傳統一書法和體例，補入朝廷對大臣後來追加的或獎陟、或貶黜的決定，並進行分類歸卷，這就包括了對原稿一定程度的修改、增刪。〔註39〕這次畫一列傳的工作至道光三年才告完成，並擬定每十年進行一次。〔註40〕經過查改畫一的列傳稱「畫一傳」，是國史列傳的最後定稿。畫一列傳是十分繁難的工作，事實上不可能保證每十年進行一次，終有清一代，從嘉慶朝算起共進行了五次。第一次已如上述，完成了乾隆六十年以前所修列傳的查改畫一；第二次始於道光二十六年（1846），於咸豐九年（1859）結束，完成嘉慶元年至道光十五年所纂列傳的查改畫一；第三次始於光緒四年（1878），〔註41〕完成日期未詳，畫一了道光十六年至咸豐末所修的列傳；第四次始於光緒十六年（1890）十一月，到光緒三十三年（1907）完成，〔註42〕查改畫一同治元年至光緒二十年所纂的列傳，〔註43〕第五次是宣統元年開始，進行光緒二十年之後列傳的畫一，但不幾年清朝即告滅亡，有始無終。清朝國史館自嘉慶十六年之後的纂修列傳工作，一方面仍然進行各個人物列傳的起稿撰寫，一方面又要將積累的傳稿分階段地整理畫一，兩相結合，滾動推進，這也是所需史官加多，國史館規模不能不擴大的原因之一。

清朝後期的國史館進行了《皇清奏議》、國史「十四志」以及各種史表的編纂。由於「十四志」記述清朝典章制度的發展演變，十分重要，於道光四年二月即已奏准作爲國史館纂修的「常行功課」〔註44〕，即每季度皆必須有一定數量的成稿進呈御覽。總之，儘管國情國力已經江河日下，清朝國史館則進行纂修工作而從不停頓，甚至還增加編纂事項，這是唐、宋、元、

〔註38〕按：原文爲「畫一」，今乃通作「劃一」，蓋古今語言用字不同，謹從原文，以免參差。

〔註39〕《續辦乾隆年間畫一各傳擬添凡例》，載《國史館檔案》編纂類，第 1 號卷。

〔註40〕見《國史館檔案》編纂類，第 342 號卷，咸豐九年書成奏底；第 522 號卷，嘉慶十六年八月慶桂等奏稿。

〔註41〕《國史館檔案》編纂類，第 342 號卷，國史館的奏摺。

〔註42〕《國史館檔案》庶務類，第 1118 號卷，光緒三十四年《行移檔》。

〔註43〕《國史館檔案》庶務類，第 1068 號卷，國史館奏稿。

〔註44〕《國史館檔案》編纂類，第 445 號卷，寶鋆等奏進《河渠志》摺。

明各代都不曾做到的，清朝國史館的官方史學活動，乃一直堅持到清朝滅亡之日。

（四）清朝後期其它的官修史籍

清朝後期的官修史籍，尚有可資稱述者，一是《籌辦夷務始末》，前後共有三部，儼然又成一種纂修系列；二是《各國政藝通考》，卷帙頗大，然今已難於覓見；三是《欽定春秋左傳讀本》，編纂因由頗為特殊，既為欽定，故在上層官員內得到捧場；四是《治平寶鑑》，為慈禧太后一手促成，內中政治機制明顯，為特殊背景下的特殊撰述。以下各自簡介，因僅 4 種，故不拘其成書先後次序。

《籌辦夷務始末》（道光朝）80 卷的纂修，為咸豐朝所創始。咸豐初年纂修《清宣宗實錄》之時，面臨諸多清朝與西方交涉、戰爭的資料，遂決定將之集中起來另編一書，可作皇帝與朝廷今後處理「夷務」時參考。據方甦生《清內閣庫貯舊檔輯刊敘錄》敘述，原故宮文獻館所見《清宣宗實錄》館的奏摺檔中有附片曰：「現在纂輯《籌辦夷務始末》，將來須繕正本」〔註 45〕，說明此書乃由實錄館在編纂實錄之同時纂輯，記述一朝皇帝在位期間清朝與外國交涉的事件，咸豐六年九月書成，大學士文慶在進書表中稱：

> 竊臣館總裁官原任協辦大學士杜受田面奉諭旨，纂修《籌辦夷務始末》一書。臣等督同編校各官，慎司編輯，細心校勘。自道光十六年議禁鴉片煙始，至二十九年英夷不進粵城，通商受撫止。先後十四年間，恭奉上諭、廷寄以及中外臣工之摺奏，下至華夷往來之照會、書箚，凡有涉於夷務而未盡載入實錄者，編年紀月，按日詳載，期於無冗無遺。〔註 46〕

這裡將基本內容、時間範圍、編纂形式一一道明，其中收錄大量清實錄未載的官方文書，是其史料價值的寶貴之處。同治朝纂修《清文宗實錄》、光緒朝纂修《清穆宗實錄》，皆附帶編輯了咸豐朝、同治朝的《籌辦夷務始末》，分別為 80 卷、100 卷。在內容、形式上三部書均屬一致，皆為「面奉諭旨」即據口頭指示編纂，也都收錄了大量實錄所不載的資料，與實錄一樣也是大

〔註 45〕方甦生：《清內閣庫貯舊檔輯刊敘錄》第二章第三項，故宮文獻館，1935 年印本，第 20 頁。

〔註 46〕《籌辦夷務始末》（道光朝）卷首，文慶等進書奏摺，故宮文獻館，1929 年影印清內廷寫本。

臣不能隨便查看的書籍。

清廷對付西方入侵勢力，屢戰多敗，交涉中喪權失地，人所共知。纂輯此種專門史籍，已沒有決策制勝的「方略」可言，而爲了在對外事務中予以參考，又很有編輯的必要，故出現了這類新的資料性史籍，稱爲《籌辦夷務始末》，然而其實質乃是方略類史書的一個變種而已。不言而喻，《籌辦夷務始末》中的歷史資料，對今天的歷史研究很有參考價值，但此書的反映的思想見識，無足稱道，其行文中，仍是一幅「肉爛嘴不爛」模樣，前揭文慶等進書奏摺之中，將道光帝在鴉片戰爭前後進退失據的窘態說成「犯順則赫濯有加，乞撫則羈縻弗絕，雷霆雨露，無非愛育黎元。終至化被重洋，蒼生胥登衽席。德威之盛，周浹寰區。」語句透出清廷仍舊愚狂、虛僞，將西方諸國視爲夷狄，只有清廷居高臨下的所謂「籌辦夷務」，而從骨子裏實沒有近代的「外交」觀念，隨後而來的更大國難，焉能幸免也哉！

《各國政藝通考》始修於光緒二十八年（1902）八月，由翰林院設編書處纂輯，宣統元年告成，共 775 卷，另補目錄 3 卷。纂修進程中頗得光緒帝關注，曾審閱書稿，故題爲「欽定」。此書以國內已有譯著爲依據，將世界主要國家政治、制度、技藝等分類彙纂，如農業、化學、法律、官制、學校、財政等等，內容全面，其中有「各國歷史本末」113 卷。〔註47〕該書雖僅爲抄纂而成，但畢竟是唯一大型的以世界各國爲內容題材的官修史籍。鴉片戰爭後，爲適應國內對世界各國瞭解的需要，有關譯書和著述接踵而出，而在官方的修史活動中，長期以來卻對此無所反應，在舊史學的狹隘眼界的局囿下，世界列國的歷史內容難以進入官修史籍的範圍，《各國政藝通考》的編輯，對這種封閉狀況有了較大的突破，然而爲時已屬過於遲慢，經世作用未及發揮，且其書也不知下落，至今信息全無。

《欽定左傳讀本》30 卷，爲道光帝繼位後發出指示，由大學士英和主持在南書房編纂，道光三年即刻印成書，題爲「欽定」。成書後經進呈御覽，印製多部，道光帝將之賞賜大臣朝廷及地方高官大員，是道光初年著力進行的一件文雅之事。英和等人在進書表文中稱：「諭旨以《春秋左傳》一書，義疏繁重，杜、林注坊行本離析章句，均不便於初學，命臣等率同編修臣程恩澤、臣祁寯藻重加纂輯，務令簡明賅洽，一覽曉然。臣等恪承指示，敬謹編摩，傳各爲篇，首尾完具，注附其後，以便讀者。音訓、句讀間有異同，

酌歸一是。」〔註48〕從這段文字中大致可以看出其書的性質，乃是避開學術上聚訟紛紜的諸多問題，僅提供給初學者閱讀而已。《左傳》雖為史書，但古代歸於經部《春秋》類，自漢代以來，經學、史學界對《左傳》的研討，都存在許多糾纏不清、難以定案的問題。道光帝下令編纂此書，形成便於閱讀的普及性書籍，不能說毫無價值，但不在於學術層面。清人吳振棫讚揚說：「道光間，命南書房翰林輯《左傳讀本》，其注釋處簡明切要，洵善本也。」〔註49〕《續修四庫全書總目提要》也贊許此書「編摩之精審」〔註50〕。但將並無學術意義的此書頒賜重臣，乃另有其目的，是其想急切謀求「文韜」形象，增添一副文雅皇帝的樣態，攫取松筠、徐松之《新疆識略》而未獲成功，於是編纂《左傳讀本》其書一補救之。這一點，我們後文還將進一步論證。

《治平寶鑒》一書，是同治帝幼年繼位後政治形勢的產物。咸豐帝崩於避暑山莊，經過一番宮廷爭鬥，兩宮太后確立了「垂簾聽政」的政治格局，而外憂內困局面並未完全解決。京城被英法聯軍攻佔而火燒圓明園，其不良影響至為深遠，清廷政治衰敗的陰影留在人們心頭，遠未消退。在清朝，太后垂簾聽政未有先例，亦違反乾隆帝《御批通鑒輯覽》中反對歷史上母后參政的論斷。慈禧太后雖有心計，但執掌國政，尚需歷練。於是，傳下「懿旨」，令編纂一書以輔國政，《清穆宗實錄》同治元年載其事曰：

> 諭內閣：前奉母后皇太后、聖母皇太后懿旨：命南書房、上書房翰林等，將歷代帝王政治及前史垂簾事跡，擇其可為法戒者據史直書，簡明注釋，彙冊進呈。茲據侍郎張之萬等彙纂成書，繕寫呈遞，法戒昭然，足資考鏡，著賜名《治平寶鑒》。禮部右侍郎張之萬、太常寺卿許彭壽、光祿寺卿潘祖蔭、翰林院編修鮑源深、修撰章鋆、編修楊泗孫、李鴻藻、呂朝瑞、黃鈺，著各賞給大卷緞一匹、大卷江紬一匹。〔註51〕

這就是《治平寶鑒》纂修的官方記述，書成迅速，賞賜豐厚而各級纂修官所獲均等，是一件引人注目的舉措。《治平寶鑒》20卷（今存13卷，藏北京故宮圖書館），選取漢代至明代的帝王政治，以及歷代母后臨朝執政的成功

〔註48〕　《欽定春秋左傳讀本》（清武英殿刊本）卷首，英和、黃鉞等《進書表》。
〔註49〕　吳振棫：《養吉齋叢錄》卷之二十。
〔註50〕　見《續修四庫全書總目提要》經部《春秋》類，楊鍾義撰本書提要。
〔註51〕　《清穆宗實錄》卷二三，同治元年三月丁未。

事跡，編輯爲書。其中收錄的帝與后共 108 人事跡，每人條目不等，計 314 條史事，加以注解並由纂修大臣撰寫按語。這裡，收集母后臨朝事跡爲全書重點，其用意不言自明。到同治三年，清廷又在此書的基礎上做出新的舉動，即以同治帝的名義再諭內閣：

> 朕奉慈安皇太后、慈禧皇太后懿旨：從來致治之原，端在以古爲鑒，凡用人行政之要，治亂得失之源，載在簡編，足資法戒。前於皇帝御極之初，命南書房、上書房諸臣，采擇前史事跡，纂輯成書，進呈備覽，賜名《治平寶鑒》。其中援據往事，推闡敷陳，尚稱切要，若將此書講貫發明，於治理尤有裨益。著瑞常、寶鋆、載齡、李棠階、單懋謙、徐桐，於本月二十七日起，每日輪派一人，由議政王帶領進講。瑞常等於進講之時，務當剴切敷陳，言必盡意，毋得稍有避忌，用副集思廣益至意。

於是，諸臣輪流進講《治平寶鑒》，在宮廷轟轟烈烈地進行，慈禧太后與進講官員多所討論。雖已規定進講的要員，但實際上不止上述幾人，每個大臣還可配備職位較低的飽學官員一同進講，以收實效。整個使慈禧太后獲得豐富的政治經驗、歷史知識，更能使之瞭解和籠絡了一大批朝臣。參與纂修的大臣潘祖蔭是進書奏稿的撰寫者，其詞曰：「默思聖道，上體慈懷，克基億載之承平，尤賴兩宮之訓迪……簡、嬪並治，誠亙古而爲昭，堯、舜同居，實斯民所仰望……範紀並尊帝后，而垂簾則著於宋廷」〔註52〕云云，直接道破編纂本書以襄助與美化兩宮太后垂簾執政的意旨。

從上述四種史籍而言，清季官修史不是毫無開新舉措，但或如《籌辦夷務始末》仍飽含頑固的意識，或如《各國政藝通考》遠落後於形勢需要，仍忌諱不解，秘而不宣。或如《欽定左傳讀本》、《治平寶鑒》，內容簡淺，卻充滿統治者的重重私意。當時雖多諸臣面諛，時過境遷之後，政界、學界均視若敝屣。與乾隆朝官修史的宏大氣象相比，這種所謂開新的本身，就是官方史學衰退不振的表現。

二、道光以降私家史學的嬗變

清初學術懲明代空疏學風之弊，務求實學並且推重治學經世的理念，尤其是史學，更與現實政治密切關聯。王夫之曰：「所貴乎史者，述往以爲來者

〔註52〕見吳慶坻：《蕉廊脞錄》卷一，《治平寶鑒》。

師也。爲史者，記載徒繁，而經世之大略不著，後人欲得其得失之樞機以傚法之無由也，則惡用史爲？」〔註53〕，顧炎武、黃宗羲等等皆有此類論斷。乾嘉時期，學風再變，學者多孜孜於考據，這是在治學實踐上對經世理念的淡化。但是史學的經世致用宗旨，乃是中國傳統史學思想的主流意識，官方倡導，私家遵從，官方、私家都不願聲明自己的學術流於「無用」，即使是主張治學「求於虛不如求於實」的乾嘉考據學者，也無人能夠從理論上否定經世致用。乾嘉時期同樣有不少學者力主史學應當經世，如章學誠言：「史學所以經世，固非空言著述也。」〔註54〕趙翼的《廿二史箚記》乃出於經世宗旨而撰寫，錢大昕爲其書撰序即如此褒揚，稱之爲「記誦之博，義例之精，論議之和平，識見之宏遠，洵儒者有體有用之學，可坐而言，可起而行者也」〔註55〕。孫星衍純屬考據學家，而仍稱「諸生讀書稽古，必應講求經世之學」〔註56〕，可見經世觀念之深入人心的後果，致使幾乎無一人公然反對史學經世。嘉道之際社會矛盾的激化，考據學風盛極轉衰，其末流表現出的瑣屑蕪雜，弊端顯現。於是一批學者、官員再度思考世俗、學風問題，學術經世的呼聲更加昂起，文化潮流發生新的變動，史學價值觀愈發向經世致用的方向演化。至1840年（道光二十年）鴉片戰爭爆發，中國遇到前所未有的民族危機，社會經濟結構開始變動，清朝的統治再也不能再按老樣子、老秩序來維持，傳統史學亦隨之發生較大的嬗變。

（一）史學經世宗旨的振興

早在道光六年（1826），江蘇布政使賀長齡就委託魏源主筆編成《皇清經世文編》120卷，分門別類收集清代有關社會實務的文章、奏議、評論，涉及政治、經濟、文化、軍事、法制、學術等各個層面。後有葛士濬等多人各自纂輯《續編》，有陳忠倚《三編》、何良棟《四編》，體例大體類同，但後出各書陸續添補了洋務、郵政、外洋國勢乃至於國債、銀行、公司、議院等等細目。此外，還有多種如《皇清經世文新編》、《皇清經世文統編》等等，成爲清朝後期書籍編纂的一道風景線。這些文獻彙編的起始，雖說是受到早已存在的《明經世文編》的啓示，但於道光年間發生而不是更早，則表明了當時

〔註53〕王夫之：《讀通鑑論》（中華書局，1975年版）卷六，後漢光武第十。
〔註54〕章學誠：《浙東學術》，載劉承乾嘉業堂本《章氏遺書》卷二。
〔註55〕錢大昕：《廿二史箚記序》，載《廿二史箚記》卷首。清光緒朝廣雅書局刊本。
〔註56〕孫星衍：《課題》，載《平津館文稿》卷上。《四部叢刊·孫淵如詩文集》本。

的社會問題促使了經世意識的凸顯。

龔自珍（1792～1841）較早地感受到社會危機的隱憂，從宏觀角度提出獨到的見解，他從今文經學的「《春秋》三世」說出發考察社會演變，對「衰世」狀況予以描述並且寄以深切的憂慮，認為「衰世者，文類治世，名類治世，聲音笑貌類治世」，即外表是一幅治平的世態，但「衰世」內裏的最大問題乃是排擠人才、摧殘人才，於是「才者自度將見戮，則晝夜號以求治，求治而不得，悖悍者則晝夜號以求亂。……然而起視其世，亂亦竟不遠矣」〔註57〕，這其實隱喻著對清朝當前狀況的揭示。這種深刻的現實洞察力來自於深沉的歷史學造詣，正如他所指出：「智者受三千年史氏之書，則能以良史之憂憂天下」〔註58〕。因此，龔自珍對史學極其推重，認為史學維繫國家之存亡，「滅人之國，必先去其史」〔註59〕。他期望靠史學達到經世致用，起到挽救「衰世」的效用，曾撰《尊史》短文，倡言「史之尊，非其職語言、司謗譽之謂，尊其心也。……出乎史，入乎道，欲知大道，必先為史」〔註60〕。這種見識，從思想上將清代今文經學治學宗旨導入史學。

嘉慶末期祁韻士、徐松等，先後考察西北地區邊疆史地，在新疆地方官員松筠的支持下各有編纂之書，出於研治新疆邊陲地理之學，而實際成為經世之作。祁韻士撰成《西陲總統事略》、《西陲要略》，記述清政權經營新疆地區的史實和新疆地理狀況。徐松（1781～1848）為功力深厚的史家，他依照松筠的指示訂補祁韻士之書，重新纂成《新疆識略》12卷，成為朝野稱譽的名著。徐松回京後，因嘉慶二十五年（1820）新疆發生張格爾叛亂，於是徐松周圍聚集一批關心時局的學者，如龔自珍、沈垚、魏源、張穆等等，探討邊疆問題。龔自珍、沈垚都有關於經營新疆政策的建議，提出了建立行省、實行屯田、加強駐防等極有價值的主張，張穆后來撰寫《蒙古游牧記》16卷，將蒙古民族史與地理考述結合一起，研討經營邊疆的策略，邊疆史地學從而成為史學經世致用思想的重要載體。隨後何秋濤撰《朔方備乘》80卷，於咸豐年間成書，這是又一部邊疆史地學的名著，具有歷史地理考據與經世觀念緊密結合的特點，作者在本書《凡例》中聲明：

　　是書備用之處有八：一曰宣盛德以服遠人，二曰述武功以著韜

〔註57〕《龔自珍全集》第一輯，《乙丙之際著議第九》。
〔註58〕《龔自珍全集》第一輯，《乙丙之際著議第九》。
〔註59〕《龔自珍全集》第一輯，《古史鉤沉論第二》。
〔註60〕《龔自珍全集》第一輯，《尊史》。

略，三日明曲直以示咸信，四日志險要以昭邊禁，五日列中國鎮戍
以固封圉，六日詳遐荒地理以備出奇，七日徵前事以具法戒，八日
集夷務以燭情偽。

這裡表現出強烈的經世致用意識，爲了更有利於實用，何秋濤對全書採
取靈活機動的編纂形式，有按時間順序敘事的「述略」，有重要史事的「紀事
本末」，有人物傳記，有專門問題的記述和考訂，有表、有圖，附加說明。綜
合一起雖不成體系，但作爲軍政、外交中參考之書，則極爲方便。

1840 年鴉片戰爭之後，中國與外國資本主義勢力爭端不斷、屢戰屢敗，
這對於清朝統治者與士人階層都是巨大的思想震撼，文化上的回應首先更加
講求經世致用的學術宗旨，試圖尋找解決危機的良謀。此時，古代瑣屑事物
的繁複考據已經受到輿論的譴責，治學要求切於實務，但歷史考據與史學經
世並非處於學術的對立地位，二者能夠結合起來，邊疆史地學的興旺，就實
現了考據與經世在史學領域的結合。

史學的「經世」，是個比較寬泛的概念，不必有直接的政治用意以及應用
性質，凡是具有宏觀眼光和具備思想性的撰述，都會被視爲具有經世之意。
魏源《元史新編》、洪鈞《元史譯文證補》、夏燮《明通鑑》、徐鼒《小腆紀年
附考》、《小腆紀傳》等書，是一時名作，亦在經世學風中產生。因爲關於元
代歷史的著述，是與邊疆歷史地理相互關聯，從中體現經營邊疆的意圖，即
被視爲經世之作；而清季的南明史撰述，主旨在於表彰忠義，讚頌臨危不懼、
共赴國難的精神，懲惡勸善的宗旨相當明顯，被認爲有鼓舞抗敵士氣的作用，
故也列於經世致用的範圍。

以上所述史學現象，僅爲振興經世致用精神的部分事例，由於鴉片戰爭
之後中國面對的問題，乃爲古來所無，史學既要經世，以舊有歷史資源來探
尋應對措施，已經捉衿見肘，因而史學發生新的變化已不可避免。新的變化、
新的氣象，首先呈現的是外國史地學與中外關係史的興起。

（二）外國史地學與中外關係史的興起

清朝在 1840 年之前，對於西方國家的狀況，並非一無所知，康熙到乾隆
時期，宮廷都曾任用多名西方傳教士進行天文觀測、曆法計算、地理測繪的
工作，西方的一些書籍也有譯本行世。天文、地理、數學、美術以及一些器
物如鐘錶之類的製造技術，都顯示出西方的先進，而且得到統治者和一些士
人的認可。但是在自封「天朝」的愚昧、傲慢情緒下，只有少數人員對西方

文化有片斷的瞭解，並且決不承認西方各國在總體上具備先進的水平。外國傳教士也曾通過報刊載文、翻譯書史等方法，推出不少介紹西方的漢文讀物，目的就是讓中國人瞭解西方的文明。這給中國帶來了新鮮空氣，但呼吸到這股新空氣並且眞正感到清爽者十分有限。鴉片戰爭則起到了巨大的驚醒作用，《海國圖志》與《瀛寰志略》的編纂，方成爲中國人眞正認識世界的代表之作。

《海國圖志》的作者魏源（1794～1857）字默深，湖南邵陽人。早年習《春秋公羊》學，樹立經世致用的學術思想，對煩瑣考據與空談心性的治學傾向，皆予以嚴厲的抨擊。在《皇清經世文編敍》中提出「書各有旨歸，道存乎實用」，這成爲魏源治學與撰著的根本宗旨。

鴉片戰爭爆發，正處於風口浪尖、已被革職的林則徐，囑託魏源依其所纂《四洲志》，擴充撰修一部經世之書，此爲《海國圖志》編纂的緣起。至 1842 年底，成書 50 卷，1848 年增補爲 60 卷，1852 年再次增補爲 100 卷本。本書比較全面地記述了世界各國狀況，內容涉及亞洲、歐洲、美洲、非洲各國的歷史、地理、政治、氣候、物產、交通、民情、文化、宗教、科技等，具有傳布新知識的開先作用。百卷本的《海國圖志》徵引中外圖書有一百多種，資料豐富。在資料取裁上，重視西洋人所撰的圖書，這種觀念比較先進。但由於廣取素材予以彙編，並未認眞訂正和統籌、熔煉，內容不免叢雜，訛誤亦多。全書圖文並茂，是一大優點。史地之書配有地圖，本爲中國古籍向來的優良傳統，而《海國圖志》中大量地圖，是取自國外傳來的著述，這對多數士人而言乃是新穎的知識。書中還收錄的《火輪船圖說》、《鑄炮鐵模圖說》、《地雷圖說》、《攻船水雷圖說》等等，體現了重視直接實用性能的編纂宗旨。貫徹「爲以夷攻夷而作，爲以夷款夷而作，爲師夷長技以制夷而作」的經世致用宗旨，首先撰《籌海篇》、《議戰》、《議款》、《議守》上、下諸篇，提出禦敵的戰略與戰術建議，因此《海國圖志》不是單純的外國歷史地理學著作，有些內容已經躍出史書編纂體例的學術系統。

徐繼畬（1795～1873）的《瀛寰志略》撰於 1844 年，於 1848 年刻行，與魏源《海國圖志》同一時期而稍晚，也是在鴉片戰爭刺激下產生的。這部世界歷史地理專著共 10 卷，卷一至卷三爲地球基本知識及亞洲、南洋各國，卷四至卷七記述歐洲各國，卷八記述非洲，卷九、卷十記述美洲各國，美國（米利堅）爲重點。1841 年之後，徐繼畬任福建布政使、福建巡撫期間，從

美國傳教士雅裨理提供的世界各國地圖冊中描摹 20 多幅，後又設法另購外國地圖 2 冊，精選多幅，共繪圖 42 幅，為全書綱領。「依圖立說」，是本書特點，這樣取得了體系嚴整，層次清晰的效果。其文字內容得自詢問外國人士、參閱西洋人書籍、文章以及國內的史籍、地志，經幾十次修訂才最後成書。《瀛寰志略》表達了 19 世紀前 60 年間中國人認識世界的最高水平，具有如下兩個最突出的優點：

第一，本書是當時一部精心編纂和修訂的學術性專著，其中採納近代的地理科學知識，對各大洲、各國疆域、方位、山河、歷史、物產、國情等均有比較真確的敘述，可糾正國人對於世界原有的許多訛傳與誤說。

第二，徐繼畬《瀛寰志略》中的政治歷史觀，在當時的中國具有十分超前的思想先進性。書中不僅記述西方各國車、船、兵器製造的精良及各項科技事業的發達，記述以商業立國的致富之路，而且介紹歐洲的議會制度，強調西歐各國凡政治、經濟、軍事等大政，全由議會決定，「此制歐羅巴諸國皆從同，不獨英吉利也」〔註61〕。書中特別詳細地敘述美國的民主政治，對華盛頓建立的制度歌頌為「幾於天下為公，駸駸乎三代之遺義。……公器付之公論，創古今未有之局……」〔註62〕。魏源《海國圖志》（百卷本）關於美國的記述，就是從《瀛寰志略》中抄略的，而且刪去了歌頌華盛頓等的讚美之詞。

《海國圖志》與《瀛寰志略》無論其作者的身份如何，都是私家著述。這兩部著述實際都具有影響社會、影響國策的宗旨，但風格明顯有別，魏書直抒愛國心懷，激情四射，徐著冷靜考求，重在真實，而私家著述的認識水平參差不齊，也是十分正常的情況。關鍵在於朝廷、權臣對不同著述，採取的是何種態度，是為歷史研究及史學史研究所應關注的要點。

中國社會整體的思想進步是十分緩慢的，1861 年之後，洋務運動才在重重阻力下邁開「師夷長技」的腳步，洋務派的主流理念是「中學為體，西學為用」，但一些先進的官員、學者如郭嵩燾、王韜等，顯然認識到政體改革的必須性。甲午中日戰爭之後，維新運動興起，雖然歸於失敗，而思想文化的新興力量則與日俱增，西方社會思想湧入中國，並且迅速傳播。英國斯賓塞的學術理論首先被翻譯介紹，產生一定的反響。1898 年嚴復翻譯出版赫胥黎

〔註61〕徐繼畬：《瀛寰志略》（上海書店，2001 年版，後同）卷七，「英吉利國」。
〔註62〕徐繼畬：《瀛寰志略》卷九，「北亞墨利加米利堅合眾國」。

《天演論》，在中國形成進化論思想的衝擊波，顯示西方社會科學學說的傳播已勢不可擋，處於整個社會文化變動中的史學，也隨之跟進。

傳播維新變法輿論的核心人物康有爲（1858～1927），依據今文經學的《春秋》「三世」說，結合對中外歷史知識的解說，構建了一個爲變法制造輿論的歷史觀念體系。康有爲仍然沿用「據亂」、「昇平」、「太平」的「三世」之說，但在解釋進入「太平世」的途徑時，強調必須維新變法。他的《俄彼得變政記》、《日本變政考》與《孔子改制考》一樣，都是爲變法主張立說的政治史論，其撰寫目的就是爲改良主義的政治主張服務，是純屬出於政治功用的著述，不必從史學史的學術角度加以衡量。

洋務運動開展之後，中國記述外國史地之書繼續發展，數量大增，思想傾向也分出不同層次。改良主義思想色彩的外國史撰述，有王韜（1828～1897）的《法國志略》等多種外國史撰述，以及黃遵憲《日本國志》，皆最後告成於光緒年間。《法國志略》24 卷，《日本國志》40 卷，史料來源不僅參考大量國外史籍，而且作者在國外進行了長期的遊歷考察，思想之新、學術之深，都具有代表性。而清季王樹枏的《歐洲族類源流略》、《歐洲列國戰事本末》、王先謙的《五洲地理志略》、《日本源流考》等，在擇取多種史籍資料的考訂上很有功力，編纂甚具條理，書中多蘊含保國保種、抗敵禦侮的思想內容，但卻竭力美化君主專權體制，鼓吹中國固有文化的優越。這類敘述外國史地的著述，是在總體上比較保守的觀念框架下，汲取外國歷史上興衰成敗的內容，把對史界各國歷史的探討也納入「以史爲鑒」的套路，率意解說，是值得注意另一類現象。這表明守舊的史家也不能不把眼光延伸的外國歷史，但其舊觀念則力圖在新知識和外來知識領域內尋得新的盤踞營地。自洋務運動之後，中國史學界、學術界以及政治界，一直存在著和複製著此類型的文化基因。

隨著外國勢力的侵入，敘述與研討中國與西方列強相互關係的撰述，也陸續出現。魏源《道光洋艘征撫記》及時地記載了鴉片戰爭的概況，梁廷枏稍晚撰寫成書的《夷氛聞記》，記述比魏源詳細準確。後有夏燮《中西紀事》16 卷，汲取眾多史料，記述兩次鴉片戰爭。以上各書均站在主戰派立場，謳歌抗擊外國侵略者的軍民、將領。另外，黃恩彤《道光撫夷紀略》、贅漫野叟《庚申夷氛紀略》等書，則表達了「主撫」派的立場。眾多記述當代戰爭之書的面世，說明清代私家撰史已經能夠涉及敏感的時事，而且鮮明地表達自

己的見解和立場，是鴉片戰爭後呈現的史學新現象。在對外政策上，清廷統治者往往搖擺不定，變動無常，有時愚狂盲動，有時靦顏屈服，進退失據，喪權辱國。官方記述中外關係的史書不多，只能編纂保密性質的《籌辦夷務始末》，即站在「天朝」立場而彙集中外關係史的文牘和資料。

清代對於外部列強的「主戰」與「主撫」之爭，是十分複雜、多層次的政治問題，「主撫」派內包含一些貪生避戰的腐敗官員，但也有不少清醒、冷靜、目光長遠的官紳、學者，他們認為西方英、美、法等列強諸國，並不想大肆侵佔中國的領土，清朝也並不具備戰勝西方列強的力量，因此主張採取「柔遠」策略，廣建邦交，在列強之間周旋，以獲互為牽制之效，從而維護本國的利益。徐繼畬以及後來的郭嵩燾、王之春都有類似的見解，並且均有用外交方式爭得中國利益的實際成就。郭嵩燾（1818～1891）的《使西紀程》、王之春《國朝柔遠記》，均屬體現這類思想的中外關係史著述，其中並無「投降」、「賣國」之類的內容，且不乏真知灼見。但他們不僅受到清朝政權的壓制與貶斥，更被大量私家學者甚至士人、廣眾的譴責和打擊，其書被指為媚外之作。

綜上所述，自鴉片戰爭爆發後的幾十年間，中國史學的發展比清朝前期有了很大的改觀，外國史地與中外關係史成為新的熱門內容，其中蘊含的思想與見識仍然參差有別甚至對立，但整體上表現出史學內容和觀點的嬗變，則是顯而易見的跡象。不過，史學主流在宗旨上依然以傳統的經世觀念為指歸，史學從根本上仍然依附於皇朝政治利益，史家對史學的基本理論問題仍然缺乏系統認真的思考，總之史學狀態處於近代轉型的前驅，還未能跨過近代化的門檻。

（三）私家傳統史學撰述及其新視角的呈現

清朝後期，承接乾隆朝史學大總結的餘緒，私家搜集官、私文獻，纂輯了多種帶有總結性的歷史資料彙編與文獻考證著述。例如如錢儀吉編輯《碑傳集》、繆荃孫編輯《續碑傳集》、李桓編輯《國朝耆獻類徵》（初編）、姚振宗著《隋書經籍志考證》等等，這些著述並無明確的用世宗旨，治史路徑也屬於傳統的方法，但學術價值不可隱沒，《碑傳集》、《續碑傳集》、《國朝耆獻類徵》（初編）收載清代人物生平史料十分豐富，至今對歷史研究具有很高的參考價值。姚振宗之《隋書經籍志考證》功力深厚，集歷代研究《隋書經籍志》之大成，對唐朝以前文獻書籍作出總的清理，學術價值甚高。

於此同時，沿襲乾嘉以來歷史考據和文獻校注方式的撰述仍然絡繹不絕，如丁宗洛《逸周書管箋》、汪遠孫《國語考異》、錢儀吉《補晉兵志》、汪士鐸《南北史補志》等等。輯佚和史料匯總方面，則多有值得注意之作，如徐松《宋會要輯稿》。斷代史和其它雜史的編纂也有作品問世，如梁廷柟《南漢書》、湯承烈《季漢書》、吳蘭修《漢記》、黃式三《周季編略》、唐鑒《國朝學案小識》等。這類舊式傳統歷史撰述數量頗多，但總的價值不高。其中亦有成績可稱者，如李有堂《遼史紀事本末》40 卷、《金史紀事本末》52 卷、孫詒讓《周書斠補》4 卷、曾廉《元書》102 卷、龍文彬《明會要》80 卷等等，都是清代後期史學發展中不應忽視的著述，撰寫史著在立意與編纂方面，都沒有超越傳統的思想和方法。至於年譜、族譜的撰述不可勝計，對清代人物事跡搜羅編集，保存了豐富史料，這裡不必毛舉。

也有恪守傳統史學理路的學者，因近代社會因素的促使和外國學術的影響，而在撰史中形成新的視角、新的觀念，如沈家本《歷代刑法考》78 卷這部著述，對於中國法律史作出深入的考察，在法律史研究中具有學術開新的意義。沈家本瞭解和贊同西方的某些法理與量刑規定，對中國歷代王朝的殘酷刑罰如「淩遲」、「戮屍」等等持否定態度，反對刑訊逼供，《歷代刑法考》的編纂方法是傳統史學方法，但對中國法律史的考察及其法制觀念，已經突破傳統的思想，視角開闊，理念更新，具備近代的法制思維因素。沈家本的法律史知識，被直接運用於清季刑法的改革和制定。另一學者楊守敬是傑出的輿地學家，他的《水經注疏》為極其精湛的學術著作，超越乾嘉時期學者的同類撰述，而 34 冊《歷代輿地沿革圖》的繪製，詳細精確的程度也顯著超越以往的輿地圖，其中汲取了西方的測繪技術和地理學知識，非舊式輿圖可相比擬，是當代《中國歷史地圖集》繪製時的主要參考著述之一。

時至清末，史學和其它學術一樣發生了大的演變，甲骨文初步進入歷史研究的視野，孫詒讓、羅振玉、王國維等先後以這些出土資料為依據，在考訂史事中取得顯著成就。打開先秦歷史學研究的一個令人耳目一新的視域，在史學史上具有重大的影響。清代自洋務運動開始，就進行了創辦學堂的嘗試，但零散的新式學堂主要學習西方的科技和語言等科目，移植國外現成的教材，對於傳統史學的改造則極少觸及。1902 年和 1903 年，清廷先後頒佈《欽定學堂章程》與《奏定學堂章程》，實際啟動改革教學體制的程序，中國歷史

教科書的問題才凸現出來。〔註 63〕而急切之中，現成地引用日本編纂的中國歷史教材，成爲捷徑。日本那珂通世的《支那通史》、桑原騭藏的《東洋史要》、市村瓚次郎的《支那史要》、河野通之、石村貞一的《最近支那史》等著述，蜂擁而入，受到普遍的重視與歡迎。撰寫歷史教科書和歷史普及讀物，汲取了章節體編纂方法，也帶有中國古已有之的「史略」類書籍（如元初曾先之的《十八史略》）的痕跡，故顯得新穎而同時也容易被國人所接受。羅振玉曾大力推重那珂通世的《支那通史》，使之廣泛傳播。柳詒徵則據《支那通史》修訂增補，撰成《歷代史略》，陳慶年改《東洋史要》爲《中國歷史教科書》，此二書當時得到了很多贊許。雖然屬於改編抄纂之書，並非學術著述，但其宗旨在於有益於教學。中國歷史教學工作，眼界已然延伸到國外，是史學發展的一個嶄新現象。歷史教科書體裁與內容的更新，其影響遠遠躍出歷史教學層面，此類教科書閱讀群體遍及各個社會層次，引發思想轉變的後果不可低估。至於 1902 年開始的「新史學」思潮，以及在這思潮中呈現的歷史著述，也正是首先在編纂歷史教科書上著力。「新史學」之所以能夠勢如沖決堤壩的洪流一樣不可遏制，實爲借助了清朝官方學制變革和改換教科書所引發的觀念更新，這些事件雖皆發生在清朝末年，但已經推動史學跨入了近代化的新階段。

　　王國維以清遺民的立場議論清代學術的發展，認爲：「我朝三百年間，學術三變：國初一變也，乾嘉一變也，道咸以降一變也」，各階段學術表現爲：「國初之學大，乾嘉之學精，道咸以降之學新」〔註 64〕。這個概括雖不很全面（乾嘉時期「四庫」之學豈可謂之不大），但確也窺見清代學術存在著階段性發展的不同特點，因此考察清代私家史學的發展，可以將王氏此論引爲參考。史學方面的所謂「道咸以降之學新」，即如我們上文所敘述的種種嬗變景象，最後演化到近代新史學的誕生。

三、清代後期官方與私家史學的關係

　　清代後期官方史學與私家史學，發展演變既無很大、很久的明顯衝突，也缺少整體的密切聯繫，二者之互動、互補或互有抑制，多爲零散發生，少

〔註63〕 這裡主要是指中小學初等教育的歷史教科書，因爲中小學更需要簡明扼要、線索清晰的教材。

〔註64〕 王國維：《沈乙庵先生七十壽序》，載《王國維遺書》（上海古籍書店，1983年版）第四冊。

見典型事例。但作為一個時代史學的組成部分，官方史學與私家史學也不是完全互不相干，零散的互動關係，多有相輔相成的補益而較少衝突，正體現出兩種史學主體在共同面對社會現實的難題，因而處於共同主張史學「經世」背景之下，可能取得較多的相互寬容。

（一）官方與私家歷史觀念的趨同

清代的官方史學與私家史學歷經從清初至乾嘉時期的摩擦衝突，到乾隆後期的磨合，在嘉道之間，歷史觀念已逐步傾向於一致。導致這種結果，一是民族矛盾漸次緩和，遺民學者陸續謝世；二是清廷調整了民族關係和對於明代歷史的認識和評論，拉近了官、私之間的差距；三是鴉片戰爭之後，面臨西方勢力的侵入，形成新的民族危機，朝野共同激發起新的理念。這些在上文已經有所敘述。清代後期官方與私家史學之間歷史觀念出現新的變化，擇要而言，明顯地表現與三個方面：

第一，在史學經世致用的理念上達到高度的一致取向。經世致用的理念，一向是中國傳統史學宗旨的主流思想，自先秦時期中國史學從官方產生，「殷鑒」理念根深蒂固，此後朝野之士公認歷史見識有裨益於時政，史學之富於經世效用。在這一點上，中國古代無論是官方抑或私家，均少疑義。惟清乾嘉歷史考據學盛行之際，雖不曾有人從理念上否定經世致用，但諸多考據家治學卻僅求事真義確，並不大顧及是否有補於當世，在實際上已然淡化了致用觀念。嘉道之際，學風嬗變，經世致用呼聲高漲，考據學風亦受到批評，如魏源說：「自乾隆中葉後，海內士大夫興漢學，而大江南北尤盛。蘇州惠氏、江氏，常州臧氏、孫氏，嘉定錢氏，金壇段氏，高郵王氏，徽州戴氏、程氏，爭治詁訓音聲，爪剖釽析，視國初崑山、常熟二顧及四明黃南雷、萬季野、全祖望諸公，即皆擯為史學非經學，或謂宋學非漢學，錮天下聰明知慧使盡出於無用之一途。」〔註65〕這裡對考據學的批評十分尖銳，連惠棟、錢大昕、戴震等等著名學者都不給於寬免，這是在經世學風興盛的形勢下才會出現的輿論。事實上，由於西北邊疆地區出現新的危機，嘉慶年間就在歷史地理學方面吹起了強勁的經世致用號角，因故發遣新疆的官員祁韻士，在伊犁將軍松筠的支持下撰成《西陲總統事略》、《西陲要略》等著述，他在《西陲要略自序》中稱：

〔註65〕魏源：《武進李慎耆先生傳》，《魏源集》（中華書局，1976 年版），第 358～359 頁。

　　近年士大夫于役西陲，率攜瑣談、聞見錄等書爲枕中秘，惜所
載不免附會失實，有好奇志怪之癖。山川沿革，按之歷代史乘，皆
無考據，又於開闢新疆之始末僅就傳聞耳食爲之演敍，訛誤尤多。
夫記載地理之書，體裁近史，史貴乎簡要，倘不足以信今而證古，
是無益之書，可以不作。〔註66〕

「無益之書，可以不作」的箴言，顯示了經世致用的根本精神；「信今而
證古」則帶有考證求實的學術意旨，於是考據與經世能夠結合起來，並不矛
盾。邊疆歷史地理學是歷史考據與經世宗旨密切結合的最佳領域，乾隆時期
官方纂修《皇輿西域圖志》就已經達到了這一境界，嘉慶之後的邊疆史地學
很明顯是繼承了官方已經開拓的路徑，並且在史地學的發展中包含很多的官
方與私家互動的因素，《西陲總統事略》、《西陲要略》、《新疆識略》、《朔方備
乘》、《蒙古游牧記》等等史籍的纂修和成書，均具這種特徵。私家撰著利用
官方的資源並且得到官方的支持，甚至有些書史本身即有官修與私修的錯綜
關係。總之，官方與私家學者在邊疆史地學上取得經世宗旨的一致性，也使
歷史考據與史學經世獲得了學理上的協調，廣集資料、深入考據，成爲撰著
經世史籍的輔助手段。何秋濤撰《朔方備乘》，自道其著述宗旨說：「是書備
用之處有八：一曰宣聖德以服遠人；二曰述武功以著韜略；三曰明曲直以示
威信；四曰志顯要以昭邊禁；五曰列中國鎮戍以固封圍；六曰詳述遐荒地理
以備出奇；七曰徵前事以具法戒；八曰集夷務以燭情僞。」〔註67〕此書立意
如此，編纂故不拘體裁，惟求致用實效，因而也得到官方的極大賞識。鴉片
戰爭後外國史地著述的湧現，可以看作是擴大了範圍的史地學，其經世的意
旨更爲明確。

　　在清季的各種史籍編纂中，官方與私家在追求經世致用的宗旨上都有共
同的理念，不止於歷史地理學著述範圍。記述鴉片戰爭以來中外交涉的《道
光洋艘征撫記》（魏源撰）、《夷氛聞記》（梁廷枏撰）、《中西紀事》（夏燮撰）、
《國朝柔遠記》（王之春撰）等等，都以自己的立場投入到經世史學的主流。
官方纂修《大清一統志》、《大清會典》及其附屬事例、圖冊等等，均具直接
的輔助政治作用。甚至明史、南明史和當代史著述如夏燮《明通鑑》、徐鼒
《小腆紀年附考》、《小腆紀傳》、魏源《聖武記》等，也以獎崇忠義、服務於

─────────────────

〔註66〕祁韻士《西陲要略》卷首，《西陲要略自序》。清道光十七年刻本。
〔註67〕何秋濤：《朔方備乘凡例》，載清光緒直隸官書局刊本《朔方備乘》卷首。

維護清朝的統治秩序爲特徵。在史學應當經世致用的的理念上，官方與私家很有共識，而且長期堅持，互爲促進，是爲官方史學與私家史學良性互動的主導。

第二，以史學知夷、制夷的願望，亦爲官方與私家趨同的觀念，這是面對鴉片戰爭後的危機從經世理念發揮出來的意識。魏源《海國圖志》面世之後，立即獲得普遍讚揚，反覆刊印，廣爲流傳，重要原因之一是此書明顯地表達了「制夷」的目標，如果只言「師夷長技」而沒有響亮的「以制夷」三字，恐怕不僅得不到諸多喝彩，甚至還可能遭到打壓。魏源在《海國圖志》內積極地探討「制夷」的策略、方法，這佔有全書內容的很大比例，並非單純地介紹海外史地知識。清廷也亟需瞭解西方的歷史、地理和國情，因此總體上可以允許甚或推動私家涉外書史的編纂，清季一些思想保守的學者也編纂涉外史籍，例如王樹枏的《歐洲族類源流略》、《歐洲列國戰事本末》、王先謙的《五洲地理志略》、《日本源流考》等，如前所述，這些學者在擇取多種史籍資料的考訂上很有功力，書中多蘊含保國保種、抗敵禦侮的思想內容，但卻竭力美化中國向來的君主體制，鼓吹中國固有文化的優越性，當然也主張汲取外國歷史的興衰鑒戒，把對西方歷史的探討納入傳統的「以史爲鑒」套路，片面地爲舊思想、舊觀念辯解，開啓了從拒絕外洋知識而守舊轉變爲利用外洋知識來守舊，知識思想界與學術界的新動向。官方編纂的《籌辦夷務始末》，與思想保守的王先謙諸人著述在宗旨上類似，雖欲經世致用，但不能如實、客觀地反思中外關係。迨至清末，清廷準備君主立憲，對外曾派員考察，也撰就一些涉外史籍，如《各國政藝通考》等書。

但是官方與私家之間和私家與私家之間，在介紹西方各國歷史地理知識的史籍中，思想和認識水平不一，撰述宗旨也存在差距，導致理念的某些疏離。清廷觸及中外關係，更是忌諱重重，「知夷」受先驗的保守思想的限制，雖欲知而不願眞知、深知，「制夷」也就多憑臆想和多所盲動。

比《海國圖志》面世稍晚、於道光二十八年（1848）刊印的徐繼畬《瀛寰志略》一書，對西方各國的狀況的描述遠比《海國圖志》詳明確切，其中讚揚美英的議會民主政體，謳歌美國的華盛頓總統，則引起官方與私家多數學者的不滿，受到冷落和排斥。連徐繼畬友人、著名邊疆史地學者張穆也致信告誡說：

　　……本朝輿圖，必應那〔挪〕居亞細亞圖之上，尊說不必更動，

即已吻合。《春秋》之例，最嚴內外之詞，執事以控馭華夷。大臣而
談海外異聞，不妨以彼國信史，姑作共和存疑之論。進退抑揚之際，
尤宜慎權語助，以示區別。至周孔之教，不宜重譯，正如心之精神
不淆於藏府，倘有邪氣攻心，則盧扁為之色變。前明徐、李，止緣
未洞此意，遂爾負謗至今。〔註68〕

　　張穆向徐繼畬提出應當將中國地圖移至亞洲之上的具體建議，這樣才符
合當時尊崇本朝的意識。而最切要的是指出此類著述，必須「嚴內外之詞」、
「慎權語助」，特別舉出明季介紹西方社會文化的徐光啟、李之藻「負謗至
今」的鑒戒，請徐繼畬引為注意。其中「不妨以彼國信史，姑作共和存疑之
論」一語，道出了中國傳統文化籠罩下知識界的悲哀！將外國的「信史」當
作「存疑之論」，實際是大家都不要百分之百地講實話，藉此自我麻痹、自欺
欺人，哄騙舉國上下的不知情者。但真相終究難以遮擋，只是讓其盡量緩慢
的顯露，這大概就叫做相機用事。而中國的前途，就是這樣一而再、再而三
地失去民族發展之機遇。張穆的建議對徐繼畬是善意的，他對國情的認識是
老道、深刻的，其中的憂慮也是真切的。徐繼畬及其《瀛寰志略》果然經歷
了諸多的坎坷，晚清學者李慈銘說：「閱徐松龕《瀛寰志略》……似一意為泰
西聲勢者，輕重失倫，尤傷國體。況以封疆重臣，著書宣示為域外觀，何不
檢至是耶？……其褫職也以疆事，而或言此書實先入罪案，謂其誇張外夷，
宜哉！」〔註69〕《瀛寰志略》雖在清末逐漸被輿論認可，但至今仍有批評徐
氏之書缺乏對「禦侮圖強」時代主題的理解，不如《海國圖志》表現的愛國
激情。試問對國外、國際的真實狀況懵懂少知，認識謬誤，甚至忌諱於瞭解
實情，只憑激情愛國、「禦侮」，究竟能於國事有何補益？林則徐撰有《四洲
志》，又囑託魏源著《海國圖志》，林、魏可謂鴉片戰爭前後睜眼看世界的先
行者，但可惜的是並沒有真正看準，沒有看到最該細看之處。徐繼畬觀察世
界比林、魏稍晚，但看的深、看的準，初步看到了關鍵。對事物的認識有一
個從淺到深的進程，不應以後來的明審否定早時的粗疏，但以社會進步的名
義要求人們接受更為真確的新知識，不是過分的苛求。遺憾的是徐繼畬的撰
述不僅被官方排斥，魏源在參酌修訂《海國圖志》是也多所保留，未能從善

────────

〔註68〕　張穆：《復徐松龕中丞書》，《㕇齋文集》（清咸豐八年刻本）卷三。
〔註69〕　李慈銘：《越縵堂日記》（商務印書館，1920年影印本）咸豐丙辰一月二十八
　　　　　日。

如流。尤其是林則徐的認識水平乃有退無進,道光三十年(1850),因福州神光寺事件〔註70〕,官紳群起掀動彈劾徐繼畬等人,林則徐是其中重要發動者和中堅人物。彈劾最終導致咸豐皇帝罷免徐繼畬的福建巡撫之職,是瑣屑小事而掀起軒然大波,無論其細節以及後人的評論如何,都顯示出清廷與官紳們的狹隘目光,洵不足與言開眼看世界的問題。

後來又出現中國駐英公使郭嵩燾(1818～1891)撰《使西紀程》一書,引起更大的輿論沸騰。光緒元年(1875),郭嵩燾被任命為清朝駐英國公使,次年出使,將一路見聞及初到英國的觀感以日記方式筆之為書,其中不乏讚揚西方社會制度和文化的議論,寄回國內刊印後,引起朝中官員和私家學者的參劾與斥罵,例如學者李慈銘認為《使西紀程》「記道里所見,極意誇飾,大率謂其法度修明,仁義兼全,富強未艾,寰海歸心……迨此書出,而通商衙門為之刊行,凡有血氣者無不切齒……嵩燾之為此言,誠不知是何肺肝,而刻之者又何心也!」〔註71〕有記載說官方也對此作出嚴厲處理,即隨後被清廷下令禁書毀版。〔註72〕時郭嵩燾尚在國外任職,而朝中官員趁勢攻訐,決不放過,經筵日講官張佩綸上奏,指斥郭嵩燾「其《紀程》之作,謬盭滋多,朝廷禁其書而姑用其人,原屬權宜之計。然其書雖毀,而新聞紙接續刊刻,中外播傳如故也」,要求撤銷其駐外公使的職務,〔註73〕郭嵩燾終於被免職召回。

據學者統計,自道光元年(1821)至光緒二十六年(1900)的80年間,中國人撰寫的涉外史地史籍達170多種,但其內容、觀念則發生很大的疏離甚至相互衝突,各派政治人物和學者都關注外國史地和現實狀況,都有旨趣不同的相關著述,各自按照自己的觀念解釋外國國情和中外關係。有比較求實或意欲彰明西方優長之處的撰述,如徐繼畬、郭嵩燾之書,有充滿禦敵激

〔註70〕 神光寺事件起因,是1850年兩名英國人(一名傳教士,一名醫生)在福州城內神光寺租屋居住,得到縣令准許並且簽約蓋章。巡撫徐繼畬得知後,一面申斥該縣令違反朝廷不准外夷入住福州的規定,一面勸迫英人搬出神光寺。但激進的官紳認為徐繼畬過於緩和,發起群體活動以驅逐英人,並且彈劾徐繼畬迴護外夷。很小一事掀起軒然大波,展示了清朝統治者和官紳階層的狹隘性。

〔註71〕 李慈銘:《越縵堂日記》光緒三年六月十八日。

〔註72〕 王闓運:《湘綺樓日記》(嶽麓書社,1997年版)光緒三年六月十二日。

〔註73〕 張佩綸:《請撤回駐英使臣郭嵩燾片》,《澗于集·奏議》卷一(《續修四庫全書》第1566冊,上海古籍出版社,2002年版)。

情而不遑考訂實況者，如魏源之書，也有比較保守而意欲維護中國傳統文化者，如王先謙之書，〔註74〕層次參差，處於分化狀態，其中官方與私家、私家與私家之間對西方歷史、地理和現狀的認識，充滿複雜的互動與矛盾，但總趨勢是越來越不能封鎖新的信息、新的觀念。但在不同學者之間、私家與官方之間，觀念轉變遲速相異，差距頗大，終使中國近代化歷程拖後，而遠遜色於日本。

第三，官方史學與私家史學在歷史觀念上的趨同趨勢，於明史學方面最為顯著。如前所述，自乾隆年間乾隆帝親自調整官方對明代歷史的評斷，大張旗鼓地追諡明代殉節諸臣，編纂《勝朝殉節諸臣錄》，表彰範圍包括了明末抵抗清軍的忠義之士，又在國史中特立《貳臣傳》貶抑降清明臣，對南明政權也予以一定程度的認可，大幅度拉近了官方與民間私家在明史問題上的見解，開拓出官方、私家明史學方面緩和矛盾、良性互動的可能性，待到道光年間，特別是鴉片戰爭之後，私家以表彰忠義、弘揚臣節作為主導思想來撰述明代的歷史，才呈現與官方歷史觀念趨同的方向。從溫睿臨《南疆逸史》在道光朝被李瑤改編為《南疆繹史》並且刻行於世一事，典型地顯現了這種觀念上的轉變。

溫睿臨，字鄰翼，號哂園，浙江烏程人。康熙年間舉人，有史才，與萬斯同友善。他敘述編纂《南疆逸史》之緣起說：

> 昔吾友四明萬子季野方輯《明史》，語余曰：「鼎革之際，事變繁多，金陵、閩、粵，播遷三所，歷年二十，遺事零落，子盍輯而志之，成一書乎！」余曰：「是《明史》之所賅也，余何事焉？」萬子曰：「不然。《明史》以福、唐、桂、魯附入懷宗，紀載寥寥，遺缺者多。倘專取三朝，成一外史，及今時故老猶存，遺文尚在，可網羅也。逡巡數十年，遺老盡矣，野史無刊本，日就零落，後之人舉隆、永之號而茫然者矣，吾儕可聽之乎？」余曰：「是則然矣。其間固有抗逆顏行，伏屍都市，非令甲之罪人乎！取之似涉忌諱也，刪之則曷以成是書。」萬子曰：「不然。國家興廢，何代無之。人各為其主，凡在興朝，必不怒也，不得已而遂其志爾，故封阡表容，贈通祀闕，歷代相沿，著為美談。本朝初定鼎，首褒殉國諸臣，以示激揚。其在外者，不暇及爾。褒與誅，可並行也。且方開史局時，

已奉有『各種野史悉行送部，不必以忌諱而嫌』之令矣，採而輯之，
何傷？」余因曰：「諾。」〔註75〕

《南疆逸史》具體成書日期未詳，應在萬斯同逝世之後，即康熙季年。
此書為紀傳體南明史，約40卷，後傳抄中有佚失、有添補，文本較多。而據
今所見抄本，全書使用南明弘光年號和永曆年號，亦以帝號相稱，這大觸清
廷忌諱。但書中又時稱「大清」云云，是書法並未劃一。此書一直在民間傳
抄，是與官方明史學格格不入的私家史學作品。嘉慶年間，布衣學者楊鳳苞
（字傳九，號秋室）撰《南疆逸史跋》文12篇，暢論明代興亡史事，亦對《南
疆逸史》記事有所更正，論述中迴避官方敏感的正統、書法問題，也不採納
官方的歷史觀念，乃是與官方分途而行的明史學撰述。

但是道光十年，同是民間學者的吳郡人李瑤，花費大量精力改編、勘定
和補充《南疆逸史》，擴充為56卷，定名為《南疆繹史》，使之廣泛流傳。李
瑤並不隱瞞該書為溫睿臨原作，而且搜集了溫睿臨的生平事跡、多種關乎本
書的序言、凡例等等資料，附載於書中，但徹底改變了紀年方法和著述立場，
以清帝年號紀年，將南明皇帝稱王而不稱帝，完全與清廷的歷史觀念保持一
致。不僅如此，卷首還錄入乾隆帝兩件諭旨，一是關於重新判定明朝滅亡問
題並且下令在《御批通鑑輯覽》附記南明唐王、桂王事跡，另一是下令編纂
《勝朝殉節諸臣錄》。隨後，又錄入乾隆帝表彰史可法的有關批語，李瑤聲稱：
「洪維帝德則天，至公畢照。推茲崇褒易代之典，真曠古所稀有者也。敬謹
錄冠卷端，用昭萬禩。」〔註76〕這彰顯出乾隆帝調整官方明史論斷取得的成
效，其影響下達至一般未入仕的讀書人。此後李瑤改變之書的流傳，壓倒溫
睿臨原書，這不能簡單看成是偶然的個案，應當是官方與私家在明史學上觀
念趨同的主流趨勢所使然。

隨著官方史學的總體衰退，在嘉慶朝纂成無足稱道的《明鑑》一書後，
已經停止專門書籍的編撰，但在國史中編輯《儒林傳》、《文苑傳》等篇目
中，仍涉及明遺民學者的評價，在述史論政中也間或評論相關的明代史事。
私家則在表彰忠義的旗號下，形成明史撰述的小規模復興，其中重要的著述
有陳鶴撰寫的《明紀》、夏燮編纂的《明通鑑》，二書皆為編年體斷代史；徐

〔註75〕溫睿臨：《南疆逸史凡例》，載於《續修四庫全書》收錄抄本《南疆逸史》卷
首。
〔註76〕見臺灣大通書局本《南疆繹史》卷首。

鼐也是南明史的撰著者，有編年體的《小腆紀年附考》與紀傳體的《小腆紀傳》問世。

陳鶴，字鶴齡，號稽亭，江蘇元和人。嘉慶元年進士，官工部主事。至嘉慶十六年逝世時撰《明紀》52 卷，纂至崇禎元年，全書未竟，其孫陳克家於咸豐年間續寫 8 卷，遂爲成書，同治十年間，當時正在主持纂修《江蘇府志》的名人馮桂芬，爲此書撰寫了序言，特別敍述了乾隆帝《御批通鑑輯覽》對南明的紀年方法，指出《明紀》在書法上「於福王平書，於唐、桂低一格，正合《輯覽》微旨」〔註77〕。

夏燮（1800～1875），字嗛甫，別號江上蹇叟、謝山居士，安徽當塗人。撰有《明通鑑》、《中西紀事》等著名史籍。《明通鑑》前編 4 卷、正文 90 卷，附記 6 卷，又有《目錄》達 20 卷之多。《目錄》實際是按年、分月的大事記索引，一瀏覽即可知何時有何等重要史事，這仿照司馬光的《資治通鑑目錄》而有所發展，即編輯與書前而不另成一書，可謂創例。前編 4 卷是以元朝年號紀年，記載朱元璋軍進入元朝大都之前的史事，這明顯是遵從了乾隆朝官修《明紀綱目》的方法和意旨。90 卷正文用明代年號紀事，至崇禎末。其附記 6 卷，記載南明史事，乃以清朝年號紀年。卷首列詳細《義例》，申明紀年方法附記南明事跡皆遵從《御批通鑑輯覽》成例，對明初蒙古人名、地名的翻譯，也遵照乾隆後期改訂的用字，仍下注舊字以防誤會和淆亂。《明通鑑》在歷史觀念上，立意附合官方已經明確的評論口徑。不過，本書學術水平甚佳，考訂精湛，資料豐富，是一部明史佳作。

徐鼐（1810～1862）撰《小腆紀年附考》20 卷，成書於咸豐十一年（1861），專敍南明歷史，而且包括臺灣鄭氏事跡，紀年延至清軍攻取臺灣，鄭氏敗降的康熙二十二年（1683）。全書以雙行小字考證史實，如胡三省《資治通鑑音注》之例。作者在《小腆紀年附考自敍》中，虔誠地引錄乾隆帝關於賜諡明末史可法等人的諭旨，以及《御批通鑑輯覽》附記南明唐王、桂王和編纂《貳臣傳》的指示，稱「煌煌聖諭，至再至三，蓋以前聖人公天下之心，行後聖人正人心之教，大中至正，超越千古……臣鼐仰遵純廟附書之諭，竊取《春秋》、《綱目》之義，原本正史，博采舊聞，爲《小腆紀年附考》一書」。這段表白，不僅說明徐鼐撰著南明史事的宗旨，也爲此書打起一張保護傘。徐鼐還撰寫《小腆紀傳》65 卷，與編年體《小腆紀年附考》相配

〔註77〕馮桂芬：《明紀序》，《明紀》（上海涵芬樓藏稿本）卷首。

合，但生前未能定稿和完成全書，其子徐承禮整編並且補充纂修 5 卷，於同治八年成書。徐鼒著作南明史，在紀年方法、歷史觀點上完全依從官方的輿論口徑，即其書名也是站在清朝的立場，「小腆」語出於《尚書‧大誥》：「殷小腆誕敢紀其敘」，「小腆」意為殘餘勢力，全句是西周統治者指斥殷商頑民之言，即殷商的殘渣餘孽們膽敢圖謀復辟。將南明稱為「小腆」，貶抑之意顯然。

　　清廷的一系列調整歷史評議的措施，加之明末清初以來民族矛盾的緩和，以及明遺民的謝世，致使官方與私家在明史學上發生很有成效的觀念趨同，但滿漢民族矛盾畢竟沒有完全化解，清初清軍殘酷屠殺漢人抵抗者的歷史記憶也不會完全消失。時至清末，革命黨人為推翻清政權的需要，又從明代歷史上撿起攻擊清廷、反清和排滿的文化武器，如重新改編和傳播《嘉定屠城紀略》、《揚州十日記》及編輯《痛史》叢書等等，描述與宣傳清朝在奪取全國、建立統一政權進程中的殘暴行徑。這已屬於借用明史問題運作的政治手段，但作為清代官方與私家明史學糾葛的異變，亦不可完全不知。

（二）得益於官方史學的私家撰述

　　在清季史學的主體發展之中，有些私家史學著述是得益於官方史學而更加完備，甚至是得到官方的獎拔才著稱一時，典型的事例之一是何秋濤撰寫的《朔方備乘》。何秋濤（1824～1862）字願船，福建光澤人，道光年間進士，咸豐八年撰成《北徼彙編》80 卷，由大臣代為進呈御覽，咸豐帝閱後，「諭內閣：刑部候補主事何秋濤呈進所纂書籍八十卷，著賜名《朔方備乘》。此書於制度沿革、山川形勢，考據詳明，具見學有根柢。何秋濤著加恩俟補缺後，以員外郎即行升補。」〔註78〕皇帝的賜予書名，使何秋濤名聲驟然高漲，但 1960 年英法聯軍侵入北京的戰亂，造成存於宮廷的《朔方備乘》繕寫本佚失，咸豐帝問詢此書，於是有人利用其書原稿著手繕寫，力圖恢復，然而不幸因為火災，竟全部焚毀。光緒年間，何秋濤之子搜羅殘存舊遺稿，呈於李鴻章，時李鴻章正主持編纂光緒《畿輔通志》，即由畿輔通志局內學者黃彭年等按原目錄補綴編輯，再成完整著述。黃彭年敘述此事曰：

　　　　右《朔方備乘》八十卷，故員外郎銜刑部主事何秋濤撰，文宗
　　　顯皇帝特賜書名也。是書寓意之深，遇合之奇，兵火之厄，搜訪刊

布之始末，大學士李鴻章敍詳之矣。秋濤之歿也，諸子皆幼，育於
故河東道楊寶臣家。彭年應聘預修《畿輔通志》，芳　始抱遺稿來，
朱墨參差，前後舛錯，間有缺簡。幸原目具在，可以尋檢，補綴整
齊。顧所採類多秘書，訪求久而後獲，乃與知縣吳壽坤、丁紹基、
勞乃宣、林穗、周錦心、王銘勳、成明郁、教諭劉沚炡、舉人吳潯
源、胡景桂、王樹枏、張銓、拔貢張惇德、廩生陳文煜、典史戴清，
同局諸人共相審校，歷十寒暑，刓剜始完。是書成於咸豐初元，凡
所紀述，至道光季年而止。事閱三朝，年逾一世。俄羅斯雄長歐洲，
侵陵回部，疆土日闢，事變日增，即我中華不失舊好，而分界亦少
異前規。擬爲續編，猶未遑及，命子編修國瑾，先繪成俄國全圖及
中俄分界圖，與是書相輔而行，俾覽者有所考焉。秋濤所著《北徼
彙編》六卷，即是書初稿。〔註79〕

從上引文可以看出，僅僅是最後對《朔方備乘》遺稿的搜集、整編和校
訂，官方就投入多麼大的人力，是此書之所以能夠刻行於世，實依賴於官方
的賞識和襄助。

何秋濤撰著《朔方備乘》，明言其資料來源首先「本欽定之書，以正傳訛」
〔註80〕，即不但大量取材於官修之書，而且將之作爲訂正其它資料的重要依
據。《大清一統志》、《皇輿西域圖志》等等，都是他引用的主要書史之一。他
並沒有過進行實地考察的經歷，撰著此書，離不開包括官方與私家史地著述
在內的眾多資料。因此，其著述的學術水平也得益於官方史學原已奠定的基
礎。其書的得以復原，第一是得到皇帝的嘉獎才會引起廣泛的關注，第二是
纂修《畿輔通志》的地方官府利用自身的資料人員優勢，爲之補綴。嚴格言
之，現存《朔方備乘》已然融入很大比例的官方史學業績。

劉錦藻以個人之力編纂《皇朝續文獻通考》稿本 320 卷，學術功力深
廣，治史毅力驚人，他將乾隆時期官方纂修的《皇朝文獻通考》，又改由私家
接續，體現了清季私家史學挺進的態勢。但是其書之撰著過程，也得到官
方的幫助。宣統二年（1910）初，修訂法律大臣、法部大臣沈家本，將此書
進獻朝廷時奏稱：「臣近見三品銜候補五品京堂劉錦藻，恭纂《皇朝續文獻
通考》凡三百二十卷，起乾隆五十一年，訖光緒三十年，窮源竟委，蒐探

〔註79〕黃彭年《陶樓文鈔》卷十，《朔方備乘跋》。
〔註80〕何秋濤：《朔方備乘》卷首，《凡例》。

頗宏。該員自序謂從乾隆五十一年以後，所有內政、外交，一一斟求其得失所在，擇要恭錄。詳閱原書，尚非虛語。……將該員原書三百二十卷分裝六函，恭呈乙覽。倘蒙綸音訓示，足正私家載筆之訛，得邀天語褒嘉，益勵下士潛心之業，似於激勸學者，不無裨益。」這明確表達了官方應當支持私家學術史著的理念，引起清廷極大重視，令送交南書房由官方學者審閱。當年三月，大學士、南書房翰林陸潤庠等奏上審閱後的書稿，將「校正訛舛之處，逐卷加簽呈覽」，朝廷旨意是「仍著劉錦藻按照南書房簽出之處，更正妥協，再行呈進」。劉錦藻修改後進上校訂本，被「加恩賞給內閣侍讀學士，以示嘉獎」〔註81〕。劉錦藻在本書以後的補充版本中，詳細地記載了這一過程。辛亥革命之後，劉錦藻繼續訂補此書，把內容續至宣統三年清帝遜位之後，於1915年完稿，共400卷。原清朝南書房官員陸潤庠為之撰《序》曰：

> 顧《通考》自貴與創作後，迨我朝高宗純皇帝，始命館臣採元明政典，踵事增輯。又詔自開國迄乾隆乙巳，依彙纂修成《皇朝通考》三百卷。開館修書。集群力以蕆事，制雖近古，然視貴與諸儒成於私家者，難易固自有殊也。更世嬗變，迄今又百數十年矣，禮樂崩壞，文獻無徵，學者恫焉。吳興劉澂如學士，嗜古能文章，早歲通籍，諳歷代掌故，摭拾鈔纂，於是有《續皇朝文獻通考》之輯。既成書，經進蒙今上溫詔褒嘉，而學士顧歉然以為未備，續以近年庚疏所得，從事增纂，益釐定體例，廣列部居，務蘄於至善。余故與君仍世友好，頃年偶遊青島，每過君寓齋，鉛槧填委，鈔胥三四輩，埋首几案間，恒昕夕不休。余以是服君用力之顓，為不可及……學士是書為部三十，為目百三十有六，始乾隆丙午，迄宣統辛亥，為卷四百。網羅考訂，一朝典章制度燦然大備。而於新舊蛻嬗之際，尤三致意，增立憲政諸門，詳具源委，蓋有深痛。世之讀是書者，推闡我朝立國之本，及列聖創法之意，與夫後之因革變遷，必有憬然於治亂興衰之故，深曠太息而不能自己者。撥亂世而反之正，抑將有取於茲焉。〔註82〕

從劉氏撰述進獻朝廷，經宮廷南書房審閱標出訛誤，劉錦藻訂正後得到

〔註81〕以上見劉錦藻：《皇朝續文獻通考》卷一○一，《學校八》。
〔註82〕陸潤庠《皇朝續文獻通考序》，《皇朝續文獻通考》卷一○一，《學校考八》。

官方嘉獎，又有朝廷官員認爲內容「未備」，因而利用官方資料「續以近年廑疏所得，從事增纂，益釐定體例，廣列部居，務蘄於至善」，整個過程體現了官方史學機制與私家修史的互動。朝廷的褒獎給《皇朝續文獻通考》一書一顯著的名聲與地位，有利於日後的印行與流傳。而南書房爲之校正訛誤，等於官方史學活動爲私家史學的完善作出了無償的貢獻。因此，《皇朝續文獻通考》是官方支持並且參與審定的私修史。這部私修史固然展示了私家史學挺進、官方史學衰退的總體面貌，而同時也是官、私史學協和互動的典型事例之一。

其實，官方與私家有時會在學術探求與經世實用的共識上合作，並不顧及其它次要的問題，這促成私家史學往往有獲益於官方的可能性。在清代，私家獲取官方史料、史稿以成著述的事例，不勝枚舉，至於如王先謙抄寫清歷朝實錄編成《東華錄》，王頌蔚抄錄檔案而編成《明史考證攟逸》一書，《國朝耆獻類徵》一書大量抄錄國史館所纂列傳等等，說明時至清季，清廷對官方纂修的史料、史稿已經控制鬆弛，往往流出宮廷，而成爲私家著述之素材者甚多。

（三）官方與私家界限模糊的史著

一部史書，最後屬於官修還是私修，多數容易明瞭，但在個別事例上是相當模糊的，《新疆識略》一書即存在這種情況。嘉慶十七年，曾在朝中修書各館任職的著名學者徐松，因故被參，謫戍新疆伊犁。此時掌管新疆地方事務的伊犁將軍，正好由重視邊疆區域文化的松筠擔任。松筠（1752～1835），蒙古正藍旗人，姓瑪拉特氏，字湘圃。他是清朝一個有作爲的高官，在許多軍政要務中政績顯著。但爲人耿介，不被最高統治者喜歡，因而幾經官場浮沉。松筠還尊重學者，熱心編輯史地之書以輔助行政事務，此前已經策動祁韻士撰成《西陲總統事略》、《西陲要略》，均爲記述新疆地理、歷史以及現狀的史書。徐松抵達新疆後，松筠更以全力策劃、支持和督促，委託徐松在已經成書的《西陲總統事略》基礎上，大加訂補，著手重修一部更爲全面、精確的新疆歷史地理著作。嘉慶二十五年，正值嘉慶帝已經逝世之後，徐松得到寬免，返回京師。道光元年，即將纂成的新編《西陲總統事略》之書，以松筠名義進呈御覽，道光帝瀏覽之後親撰序文置於卷首，改稱《新疆識略》，立即作爲「欽定」之書付武英殿刻印，同時獎勵徐松，任其爲內閣中書。

徐松在新疆時期，約用一年的時間跋涉於山山水水，訪詢風土，考察地理，參閱多種圖書資料，撰就此書，付出了艱苦、勤奮的努力。然而，沒有松筠的全力支持，徐松個人不可能寫出這部精湛之作。徐松考察山水，決不是徐松孤獨一人進行，在新疆各地做地理考察，要有必要的後勤保障，要有必需的測量儀器設備，徐松一人根本不具備地理測量的條件和能力，應當是松筠派令多人一起行動。而此項撰寫工作，本就在原有《西陲總統事略》基礎上進行，修成後書名仍舊稱爲《西陲總統事略》。就古代一般規範而言，此書屬於地方政權的官修史，作者署名爲松筠，絲毫不算過分，當然松筠也是地方官府的代表者而已。事實上，此書本來就以松筠的名義進呈。但是，道光帝閱覽之後，耐人尋味的事情發生了：賜名《新疆識略》且全書成了「欽定」，宮廷內著錄爲「《欽定新疆識略》十三卷，道光元年汪廷珍等奉敕撰」〔註83〕。這樣表面看來，《欽定新疆識略》已經成爲百分之百的朝廷官修書，甚至不言松筠「奉敕撰」，而標識爲「汪廷珍等奉敕撰」，實有玄機。道光帝繼位之前之所以揚名，源自嘉慶十八年九月迎戰闖入皇宮的天理教起事者，據稱槍殺二敵，被其父嘉慶帝讚揚爲「躬親捕賊，忠孝可嘉」，並且「加恩封爲智親王」〔註84〕，且因此獲得秘密建儲的首選。待繼承皇帝之位後，不能滿足僅有「武略」，還想急切謀求「文韜」形象，作爲皇帝，文雅高超，自然比一勇之夫光輝得多，於是才如此地看重《新疆識略》而急不可待地據爲己有。汪廷珍曾爲道光帝「帝師」，是被當朝皇帝十分信賴的高官，時任禮部尚書。雖然他可能代替道光帝審閱了《新疆識略》，但也不應該隱沒他人貢獻，而徑直算作「汪廷珍奉敕撰」，題爲「松筠奉敕撰」才合乎朝廷編書的一般規範。

但此書之編纂，還隱有更複雜的背景，爲道光帝所始料不及，早在嘉慶年間，松筠就有奏請纂修此種書史的公案，嘉慶帝曾經發布針對性諭令，予以斥責：

> 大學士等議駁松筠請纂「伊犁總志」一摺，所議是。伊犁等處事宜，詳載《西域圖志》一書，即有應行續增之處，亦應在京開館纂輯。如聖製詩文有應接續恭載者，館臣在京恭錄編次，可期詳備，斷無須頒發伊犁再行纂載之理。況伊犁辦理屯防等事，是其本務，該

〔註83〕《皇朝續文獻通考》卷二六六，經籍考十，史部地理類。
〔註84〕《清仁宗實錄》卷二七四，嘉慶十八年九月己卯。

處優通文義之人甚少，編纂書籍，亦非所長。松筠所奏，未免受人慫恿，事不可行。著方略館存記：俟纂辦《剿平三省邪匪方略》告成後，將《西域圖志》再行續纂，其自乾隆四十七年以後應增各事宜，即著該將軍詳查，咨送方略館，以備采輯。〔註85〕

這段諭旨中包含的信息有：1、松筠曾奏請在新疆主修「伊犂總志」一書，清廷駁回；2、嘉慶帝認為松筠職責應知其「本務」，不必試圖修書；3、修纂新疆地方志書，應在朝廷進行，前有乾隆朝纂修《西域圖志》先例，「斷無頒發伊犂再行纂載之理」；4、要軍機處方略館存記：待《剿平三省邪匪方略》告成，就準備續纂《西域圖志》。

但清廷此後並未著手續纂《西域圖志》，松筠反倒在道光初年進上了這部新編《西陲總統事略》，而且不敢用「伊犂總志」之類的新名稱，惟以舊書名加入新內容，顯然是記得嘉慶帝的訓斥。但是，急欲樹立文雅形象的道光帝，將此書賜以《新疆識略》之名，攫為「欽定」。為此，道光帝還在倉促寫成並且馬上刻印的《御製欽定新疆識略序》中編造了謊言，說是「我皇考」覺得經營新疆多年，而「初未勒有成書，昭示來許，因面命松筠司其事，蓋以其任伊犂將軍有年，於彼中情事知之有素故也。茲松筠纂輯告成，繕本呈進」。看來最初並未打算完全隱沒松筠，但後來發覺嘉慶帝有否決松筠在新疆修書的諭旨，「面命松筠司其事」的謊言完全破滅，好不尷尬！於是，不能題署遠在伊犂的松筠為奉敕撰者，而加以汪廷珍名義，像是最終在朝廷內修成，而顧不得前後說法自相矛盾。但汪廷珍也是正派大臣，並不願意攫取作者名義，加之道光帝刻印頒行此書，操之過急，沒有在朝廷將之校改一年半載，拖延成書面世的時間過程，於是最後輿論乃將作者名義還給了徐松，連「欽定」亦未得到成功的認可，只好如上文所述：道光帝趕快編纂一個《左傳讀本》（道光二年成書）來彌補，而松筠更似乎成了纂修《新疆識略》的局外之人。這一場或明或暗的周折，堪稱官方史學與私家史學相互關係中的糗事。

今天我們來為古人爭論「著作權」，顯得很無必要，但是這裡蘊含官方史學與私家史學的糾結，所以作者問題就顯得比較重要。也許當時官方和私家都更重視《新疆識略》的內容翔實、條理清晰、有益施政，至於是官修還是私修、作者是徐松還是「欽定」？最後都弄得模糊化。皇帝偷雞不成出笑話，

〔註85〕《清仁宗實錄》卷一七二，嘉慶十一年十二月丁亥。

自然諱莫如深，而作者中排斥了松筠，更是很不公平。有學者認爲：「按照方志編纂的署名通例，應該是『松筠修，徐松纂』」〔註86〕，此說大體正確。然而《新疆識略》攪入皇帝欲圖作爲「欽定」之書而據爲己有的麻煩，已經無法按照一般地方志書對待了。清理此書的編纂過程，並予以客觀分析，可以揭示清季官方史學與私家史學如何糾纏一起的景象。

《新疆識略》這樣官方與私家糾結不清、界限模糊的事例固然特殊，但史學發展中私家撰史與官方史學的聯繫或顯或隱，則廣泛存在。如張穆撰《蒙古游牧記》，大量引用官修史特別是《嘉慶重修一統志》，以至清末史家章梫不無誇大地認爲：「《蒙古游牧記》世稱博核，予爲參考，無一字不出於《嘉慶一統志》，特面目少變異耳。」〔註87〕清朝官方所修史籍甚多，清季私家治史自然必須參考和取資，只是有些官修之書不易獲得閱讀的機會而已。《清史列傳》記載學者俞正燮事跡，說他「手定官、私鉅書，如《欽定左傳讀本》、《續行水金鑒》之類，不自名者甚多」〔註88〕。這又似私家致力於纂成官書，連參修的名義也未能獲得，這在清代官修史中應當是很普遍現象。在這類官、私修史界限模糊以及細節不顯的事例內，存在很多官方史學與私家史學互動、互補的現象。

（四）官修國史問題上的官、私互動

在古代，學者的一生業績，有賴於學界傳習其著述並且予以肯定，而其地位、價值，更希望得到官方的某種承認和表彰。清季在纂修《儒林》、《文苑》兩傳問題上頗多議論，成爲官方與私家在歷史問題上溝通、互動的一個熱點。清代已故學者能否進入國史《儒林》、《文苑》兩傳，對其人業績是個歷史評價的問題，名載國史，撰著的地位自然得到肯定。因爲這兩種類傳，對於人物則不論有無官職，唯憑藉著述的水平予以取捨，這就促使在收錄標準上出現不同的主張。

翁方綱較早發表對於《儒林傳》的看法，認爲應當「寧愼取，勿濫收」，即「大抵此傳中之人，必皆深信於藝林，眾所允服者方可入此，寧愼勿濫。其有不盡知者，皆以此據之。」〔註89〕這是主張是將所有難以判斷、把握不

〔註86〕 朱玉麒：《徐松及其西域著作研究述評》，《新疆師範大學學報》2004 年第 4 期。

〔註87〕 章梫：《一山文存》（民國刻本）卷十，《題鈔本道光重修〈大清一統志〉》。

〔註88〕 《清史列傳》卷六九，《儒林傳下二‧俞正燮》。

〔註89〕 翁方綱：《復初齋文集》卷十一，《與曹中堂論儒林傳目書》。

准者一概排除，標準頗嚴。阮元曾經在國史館纂修《儒林傳》，並且自擬《儒林傳》的凡例，撰集草稿以待修訂。他主張要有「孔氏傳」，記述孔子後裔在清代的學行事跡，這沒有被官方所認可。其子阮福稱：「家大人撰《儒林》，正傳、附傳共百數十人，持漢學、宋學之平。……因館中修史，例必有據，儒林無案據，故百餘年來，人不能措手。家大人謂群書即案據也，故史館賴以進呈。」〔註90〕可見阮元收錄人員較為寬泛，而他根據經史著述來撰寫《儒林》傳，具有打開局面的效果，但官方在國史館內仍然施行較嚴的取捨標準。

咸豐年間，有已故學者鄧顯鶴後裔鄧瑤寫信給曾國藩，請求代為奏請將鄧顯鶴入國史《文苑傳》，曾氏應允並且進行了相應的活動。〔註91〕這種活動應該不為少見，不過多數是暗中活動，並不公開表露而已。光緒七年，國史館籌備纂修《儒林》、《文苑》等傳，向各省徵集著述和學者事跡，無論地方政府和學者後裔，都積極響應，將本地、本族前輩編入《儒林》、《文苑》，視為榮耀之事。但是，國史館則有其規定：「所收各書，其著述之人，不必盡皆入傳。館中存之，以備他日修《國史經籍志》及續《四庫全書提要》之用可也。」〔註92〕光緒年間，對《儒林》、《文苑》兩傳有了詳細的條例，主要由國史館總纂陳伯陶擬定。其中主張對於明、清之際學者，若為出仕兩朝的「貳臣」，雖未被收入《貳臣傳》，也不在《儒林》、《文苑》中為之立傳。〔註93〕按最早纂修《儒林傳》的阮元，於嘉慶時曾經撰有《擬儒林傳稿凡例》，提出「各儒以國初為始，若明人而貳仕於國朝，及行止有可議者，皆不得列入」〔註94〕，這是單就《儒林傳》所言，對「儒林」責以政治道德、為人氣節的標準，在強調綱常準則的古代尚可理解，但《儒林傳》不收，則完全可以列於《文苑傳》，而陳伯陶卻在擬定《儒林》、《文苑》兩傳的章程中籠統地不收「貳臣」，這就會給清朝國史《文苑傳》造成很奇怪的現象，即收載了抵制清朝、不承認清朝的遺民文士，卻淘汰了歸順於本朝的明代文官，這顯然是個悖論。民國時有清朝遺老主筆的《清史稿》，對此已經做出糾正，在《清史稿·文苑傳》內並不排除明清之際的「貳臣」。

〔註90〕阮元：《揅經室一集》卷二，《國史儒林傳序》附阮福案語。
〔註91〕見鄧瑤：《雙梧山館文鈔》卷五，《寄曾滌笙侍郎書》寄附錄回信。
〔註92〕《國史館檔案》編纂類第1號卷，《謹擬開辦儒林文苑章程》。
〔註93〕《國史館檔案》編纂類第1號卷，《修史章程》。
〔註94〕阮元：《揅經室續集》卷二，《擬儒林傳稿凡例》。

　　光緒三十四年，翰林官袁勵准奏請將魏源的《元史新編》列於正史，國史館總裁孫家鼐等奉旨議奏：請以柯劭忞「暫充國史館幫提調，俾勘定魏源《元史新編》」，即對此書予以審查裁定。次年柯劭忞提出報告，指出《元史新編》未爲成稿，取材不足，體例不合正史規範，且有「大傎史法」之處。其它的種種可議問題列舉頗多，因而反對將之列於正史。經大臣商議，否定了袁勵準的奏請。〔註95〕這是清末官方與私家史學的又一次互動，袁勵準雖爲官員，其提議乃屬個人意見，而魏源《元史新編》爲私家史著，清朝動用官方史學機制審議、評斷，無論結果如何，均是對私家史學的有所退讓，因爲自歐陽修《新五代史》之後，不再有私修史進入正史系列。然而，柯劭忞經官方委任審閱《元史新編》，得到啓發和激勵，竟立意私撰《新元史》，並且在民國時期如願以償地獲得官方定爲「正史」的名義，是將清末官方史學與私家史學的互動，帶到了下一個時代。

　　清季時期官方史學已經遠遠不及清代乾嘉年間的興盛發達，官方記史、修史基本收縮到已有成例的泛常活動，對私家史學的干預也大爲減弱，因而官方史學與私家史學之間較少引人注目的事件，關係傾向於總體上的隔膜與疏離。清季私家史學仍表現出很大的活力，特別是對於鴉片戰爭導致的世變能夠迅速做出反應，很快出現《海國圖志》、《瀛寰志略》等等一大批涉外的史籍著述，是官方史學所望塵莫及。這樣，私家史學的活力與官方史學的保守就拉大了距離，造成二者聯繫的淡漠。雖然清季仍然存在官方史學與私家史學互動、互補，諸如官方對《朔方備乘》、《皇朝續文獻通考》等等私修史的支持和輔助，但這些事例僅僅散見間出，未能構成常規化的延續性舉措。由此可知，官方史學與私家史學相互關係的發展，主要取決於官方史學活動的發達程度，取決於官方對史學整體狀況的關注程度。清季官方史學活動仍然需要借助於一個一個的史官、史家的參與，官方的史料、官方的史學觀念依然對私人史家有所裨益和發揮影響，但這種關聯比較隱性地存在，不容易產生引人矚目的事件，其值得研討的具體內容，自然不得不明顯少於清代前期。

　　中國古代的私家史學，在任何嚴酷的社會條件下總能開拓自己的發展空間，頑強地存在，並且對官方史學具備很大的滲透力，例如乾嘉時期歷史考據學的興盛。相反，官方修史活動反倒難以維持長久的繁榮。至於清季，官

〔註95〕《國史館檔案》編纂類第 1 號卷、496 號卷。

方史學已經退守於本朝史固有的格局，進行例行的記史、修史。而私家史學雖具有嬗變的活力，但在政治歷史觀上已經趨同於官方，皆有提倡經世致用史學以應對現實的共識，這使清廷常常會表彰一些私修史，這也是大多私修史在思想傾向上附從於官方的原因。除清末革命黨的宣傳之外，清季私家史學已經很少具備抵制官方政治文化和史學思想的傾向，即使撰述明末歷史的著述如徐鼒《小腆紀年附考》等等，也完全站在清朝的立場。清廷對私家史學的發展，也具有一定程度的容忍，未曾像乾隆時期那樣查禁違礙之書。清季官方史學與私家史學之間較為良性的互動關係，主要基於面對外國列強對中國的欺壓，一是要編纂經世致用史籍來拯救時局，二是提倡編撰表彰忠節之士的史書以激勵國人，共同的民族國家利益的認同，促使史學思想大方向的趨同。

結　語

　　清代的史學發展成就，應是包括官方史學成果與私家史學成果的總和，清代的史學史，應是官方史學活動、私家史學活動以及官方史學與私家史學互動的總和。清朝的統治者來自關外的滿族，其史學文化的起點遠低於內地明朝的文人學士，但以清朝前期諸位皇帝為代表的清廷，並不甘於文化的低下，而努力學習和發展儒學，其中包括傳統史學在內。入關後的清朝統治者對於史學十分重視，不僅遠超於同是少數民族入主中原的元朝，而且也遠遠超過漢族政權的明朝。於是，清朝官方史學就在元、明兩代官方史學呈現頹勢之後，將官方史學推拓到繁盛興旺的高峰，官方史學與私家史學之間的矛盾、互動也呈現出許多新的景象。縱觀清代官方史學與私家史學關係的研討，可以得出以下幾個視點：

　　第一，在清代，官方的作為是官方史學與私家史學相互關係發展的主導方面。清初官方與私家史學的糾葛，主要在於明史學方面，這其中摻入了政治和民族問題（華夷之辨問題）的敏感因素。私撰明清之際史事的書籍廣泛興起，逐漸引起清廷關注，但順治朝官修《明史》的荒廢無成，幾起文字獄的效果不顯，野史的勢頭未減，加之朝廷政局的嬗變，終於爆發了「莊氏史獄」，官方以國家機器的力量，給不協調於官方的私家史學以沉重打擊，這可以理解為清朝政治對私家撰史的鉗制。但官方政治是與官方史學纏繞一起的，若聯繫順治朝官方已經宣佈纂修《明史》而並無進展，聯繫到「莊氏史獄」結案後，清廷比較積極地啓動了纂修《明史》的資料徵集，可知對於私修《明史》的打擊，其中也帶有來自官方史學的糾結。即使是康熙初年朝廷處於保守派控制之下，統治者仍然認識到需要以官修《明史》的措

施，消弭私修《明史》的威脅。至康熙十八年以後，官修《明史》大有進展，在明史學上的官、私對立得到緩解，互動、互補成爲主要趨向。在這個過程中，官方的政策、策略和措施，主導了官方史學與私家史學關係的發展走向。

乾隆朝大力開發官方的修史項目，在傳統文化大清理、大總結中投入巨大的人力、物力，擠壓了私家史學的修撰空間，起到構成所謂「盛世」史學整體性社會結構的主導作用。這個史學發展的整體結構前已論述，即清廷、地方政府、私家個體、文化幕府四種修史主體的分工、合作與競爭。清廷不僅佔據當代史和大型系統性史書的編纂，也容納和利用私家的歷史考據，基本掌控著新形成、新模式的官、私史學互動局面。清廷編輯和審視《四庫全書》中的史籍，纂修的大量史書，查毀禁書以及一些涉及史籍的文字獄，實際都是在政治觀念與史學理念間遊走、穿梭，與官方史學的發展難解難分。例如編纂《西域圖志》和後來纂修《四庫全書》期間對《明史》的重新修訂，國史《貳臣傳》的創立，都不應僅從政治方面評析，其中包含明顯的官方史學的學術問題。連尹嘉銓文字獄中乾隆帝對其《國朝名臣言行錄》的批斥，也立足於對前代名臣政治作用以及清代已故大臣的歷史評價，這裡的史學思想和政治觀念是合在一體的，而長久影響官、私史學關係的主要還是官方的史學思想。

清季官方史學的退縮和官方對私家史學關注程度的降低，使官、私史學關係趨於隱性和淡漠，這也從另一角度表明官方史學在對於私家史學的發展影響頗大。在官方以史學活動的方式特別關注某一私修史的情況下，例如主動、積極地搜求何秋濤《朔方備乘》的遺稿，積極地投入整理和編輯，官、私史學的互動、互補便卓有成效，使這部傑出的史著得以絕處逢生，成爲中國史學史上的重要成果。

第二，在清代史學史上，私家史學是更具活力的一方，在各種政治環境和文化背景下，都頑強地開闢生存與發展的空間。這樣實例在上文的敘述中不勝枚舉，如康熙朝官修《明史》積極主動、很有成效的階段，私家的明史學雖處於低潮，但並未消失殆盡，葉夢珠《續編綏寇紀略》、朱璘《明紀輯略》、鄭亦鄒《明季遂志錄》等都撰成於這一時期。更重要的是私家史學深入到官方史學的內部，眾多史官將經手編撰的《明史稿》刊行於文集，或借助參與官方修史得以接觸眾多史料，做出自己的明史研討，私家史學轉換一種

方式繼續發展。乾隆年間史官蔣良騏私下抄錄清實錄等資料而纂成《東華錄》，是違反當時國家傳統規則的危險行為，然而後來竟然被王先謙等依樣葫蘆地祖述，形成系列性的一套「東華錄」史籍，而且也不再偷偷抄纂、暗地編輯，似乎成為了官方所認可的史學活動，可見私家史學具備著何等的活力與能量。中國史學經過上千年的長足發展，史學機制已深深紮根於社會文化的肌體，中國史學史的事實證明，官方史學有時衰退，但私家史學總能在各種困境中探尋到新的出路，總能對世變做出及時的反應。

　　清代的官方史學，也往往汲取私家史學活力做出的創造，從而獲得史學認識的進展。乾隆四年開館纂修《明紀綱目》，纂修官楊椿提出《明紀綱目》不應在史實上全部依據《明史》，指出《明史》存在著許多史事失考、記載舛誤的問題，認為「宜將先存之書參訂《明史》，何事為真、何事為偽，闕者補之，訛者正之。」〔註1〕這些主張未被採納。而到了乾隆四十年、四十二年，乾隆帝對《明紀綱目》與《明史》的批評以及日後對《明史列傳》的全面考證，與當年楊椿的主張如出一轍，恰似清廷於乾隆四十年之後接受了楊椿於乾隆四年提出的建議。康熙年間，徐元文、徐乾學在《修史條議》中提出：「忠義之士，莫多於明，一盛於建文之朝，再盛於崇禎之季。此固當大書特書，用光史籍。」〔註2〕至乾隆後期，清廷大力表彰明季殉節諸臣，這很難說沒有得益於私家學者在史傳與文集中類似主張的啟示。至於乾隆帝改變官方對南明政權的評斷，承認福王弘光政權的正統性，這在康熙年間編纂《明史》館臣中也早有議論，如徐元文兄弟《修史條議》認為：「莊烈愍皇帝（崇禎帝）後宜照《宋史·瀛國公記》後二王附記之例，以福、唐、魯、桂四王附入，以不泯一時事跡。」這裡講得十分小心謹慎，但提出仿照《宋史》之例的問題，實是對清廷關於崇禎末明亡統絕的歷史主張有所衝擊，隱含著以南明福王為正統的觀點。王鴻緒比徐氏兄弟講得更進一步，既迂迴而又激烈：「今修《明史》，甲申以後紀年當何從？余曰：此事大非後生小子所敢定也，無已則從《宋史》。按《宋史》本紀共四十七卷，《度宗本紀》在四十六卷。瀛國公　即德祐王，二年降於元，封瀛國公，今列於紀為四十七卷，而以瀛國公標題，革宋之帝號，從元之公爵，而仍附於本紀之末。想元史臣必細經勘過……今《明史》甲申以後以大清順治紀年，明季數王年號止一見於

〔註 1〕 楊椿：《孟鄰堂文鈔》卷二，《上明鑒綱目館總裁書》。
〔註 2〕 劉承幹：《明史例案》卷二，《修史條議》。

傳中,而不以紀年。史體當如此?敢以質諸當代之大人君子。」〔註3〕這實際上是要求承認南明福王的政權,並且予以正式的記載。接著,他將《宋史》中許多記事書法對照官修《明史稿》,指謫官修《明史稿》的不合史例之處,其中多涉及南明唐王、桂王等人地位問題。提出這些見解的時間乃緊踵戴名世《南山集》案發生之後,表現了相當傑出的史識和魄力。王鴻緒的這篇議論,隨其《明史稿》刻行流傳,必爲乾隆帝所知,因此,在新的社會條件下,乾隆帝作出對明朝滅亡問題,正統問題及南明地位問題的重新評斷,亦有得於私家議論的啓示。清季私家大量編纂涉及西方外國的史地書籍,首先對清廷的的政治、外交產生影響,但後來清朝官方畢竟也開始編纂此類涉外的史籍,當然這種影響來得遲緩且不強勁,這主要是清廷統治者行爲守舊、思想僵化,也有內外交困而難於顧及的因素,不能說私家史學對官方史學沒有裨益。

　　第三,清代官、私史學互動進程中,互補互益仍是主要方面,對立衝突是一種異變狀況,這應是研究官方史學與私家史學相互關係的基本估量。清朝官方史學得以蓬勃發展,得益於私家史學者甚多,私家史學也在與官方史學的糾葛和互動中取得進展。在明史學上,雖然早年充斥著矛盾和對立,發生過十分慘烈的文字獄,這是民族矛盾激烈衝突在文化上的體現,從史學史上觀察,乃屬於史學文化非正常的政治化變異。中國史學自上古就與政治聯結一起,政治要將史學作爲一種工具,史學要干預政治,這形成了史學非學術化、非文化性的異變條件。歷代官方之所以熱衷於從事史學活動,最初也是植根於政治與史學的聯結關係。不過,史學的存在,離不開求眞、寫實的準則,這使得政治需要與史學規範之間,可以獲得矛盾的動態平衡狀態,從事史學互動的不同主體之間也沒有不可調和的衝突,所以歷代史學能夠在官方、私家的互動中發展。但清朝入關之後激烈的民族鬥爭介入史學,矛盾激化的可能性大爲增加,漢人反抗異族的政治壓迫、「華夷之辨」的政治觀念會參入史學著述,清統治者的民族戒備意識對此也極爲敏感,造成清代的文字獄數量之多超越往代。但當民族矛盾緩和、華夷之辨淡化,文化上的衝突也會減弱。史學要回到官、私之間良性互動的軌道,這一方面需要統治者調整文化政策,在理念上貼近於傳統的史學思想和歷史觀念,另一方面也需要私家順應政治形勢。清代的官方和私家都逐步地做出了這種努力,這在「明史

〔註 3〕劉承幹:《明史例案》卷二,《王橫雲史例議上》。

學」的演進中非常典型地表現出來。其演化歷程的概況是：順治朝及康熙初，官方與私家在明史學上關係緊張，官方在壓制私修明史同時，漸漸認識到官修明史的必要性。自康熙十八年以降，朝野共議修史義例，官方與私家的史學互動呈現了空前的積極局面。在私家史學的輔助下，官方不僅解決了纂修《明史》的許多撰寫方法和具體史事判斷、取捨的問題，更取得編纂大型史書的組織經驗。官、私明史學的互動互補成爲主流，但積累的民族政治矛盾並未完全化解，時有衝突產生。乾隆朝官方史學格外發達，統治者強勢地清理史學，查禁明季野史，扼制「異端」思想，但同時也調整官方的歷史觀念，做出諸如重新評價明代歷史、表彰明末抗清志士、國史中設《貳臣傳》等等大的舉措，拉近了官方與私家的思想距離，史學在互動、互補也互有矛盾的狀態下進展。清代後期來自西方勢力的威脅，改變了中國社會矛盾的格局，私家明史學以附合清廷政治需要的面貌再度興起，內中體現了乾隆朝歷史觀念調整的效果。殆至清末，革命黨再度撿起明清之際的史籍與史實，從事反滿運動，這已經很少屬於史學建設的成分，而主要是政治行爲。但此類現象的出現，也是清朝強調堅持某些滿族政治文化特色，始終未能從歷史觀念上完全融合到漢文化體系的遺患。清代官方史學與私家史學的糾結，集中體現於「明史學」問題之中，清代關於明史的著述，無論官方還是私家都卓有建樹，這些史學遺產表明官、私互動的主流，是二者的互補作用，文字獄的激烈衝突只要發生，就會引人注目，但史學史的研究應當做長時段的整體綜合性考察，從而得出主流與異變的全面判斷。明史學之外的史學領域，官、私互動更以良性的有利於史學發展的趨勢爲主，即使乾隆朝大力修史對私家修史空間的擠壓，在私家史學充滿活力的應對下，興旺的歷史考據仍對官方施加很大影響，並且與官方史學在清理歷代史學遺產中形成互動、互補的發展結構。

　　第四，研究清朝官方史學與私家史學的關係，在史學史學科中具有突破性的學術意義，是深化中國史學史研究的重要課題。中國古代官方史學與私家史學的互動，爲中國古代朝廷文化的一些創造，是區別於古代世界任何一個國家的特色文化，是中國傳統史學的興盛發達的根本原因之一。這項史學傳統，也影響了日本、朝鮮、越南等周邊地區，體現了強大的文化魅力。清代官方史學特別發達，私家史學亦有長足的發展，二者的互動、互補、互有排抑，也比前代更加典型。因此，從學術領域的開拓而言，這是不能忽略的

問題，否則必然限制史學史研討的認識深度。

從官方史學與私家史學互動的角度研究清代明史學的發展狀況，才能清晰揭示清廷纂修《明史》在清朝修史機制建設和政治上的意義，康熙《明史》館的修史活動，最大的亮點是開啓朝野史家的合作機制，這不僅提高了修史的水平和效率，還收穫了籠絡遺民學者、緩和民族矛盾的政治利益。朝野合作的結果使官方積累了修史的組織經驗，掌握了修史的記述手段，也給一些私人史家特別是參與其中的史官或幕客，以繁盛資料的獲取和學力的鍛鍊。以這種觀念考察萬斯同等人在纂修《明史》中的作用，就可以既不誇大、也不泯沒，以這種觀念考察徐元文的修史活動，就能夠認識到他對《明史》的特別貢獻，以這種觀念評述王鴻緒的行為，即可認識他在官修史和試圖私修之間的遊走和搖擺，從而恰當地分析他處於朝廷纂修《明史》廢弛時期，獨撐其任、獨自承續的突出效果。從官、私互動的角度考察「莊氏史獄」，對其發生的背景會有更深的認識，對其影響會有新的發現，康熙四年清廷很有成效地在全國徵集了明代史料，這對於一個正在打擊漢人士紳的守舊派政府而言，似乎難以理解，而以官、私史學的相互關係的視角予以觀察，可知是「莊氏史獄」的刺激和影響，促成清廷採取準備纂修《明史》的切實行動。戴名世「《南山集》案」的起因相當複雜，但康熙帝主張深究細查，於是案情變化。康熙帝為什麼會產生這種動機？從官方與私家史學關係處著眼，可知當時官修《明史》陷入中輟狀態，必然使統治者對私家的明史觀念格外敏感。戴名世案件也是促使王鴻緒將《明史列傳稿》進呈朝廷的重要原因之一，蓋警覺到清廷對私修《明史》的戒備和扼制，趕緊以前任明史館總裁的身份進上史稿。細緻地從官方、私家史學的關係上考索，清代明史學的各個事件可以有機地聯繫在一起，達到清晰、系統的認識深度。

只有從清代官方史學與私家史學關係的考察中，才會揭示乾嘉時期全社會史學整體結構的組成問題，〔註4〕這是深入評析乾嘉歷史考據學的關鍵，也是研究畢沅等幕府修史其史學性質和地位的解析樞紐。章學誠主筆纂修《史籍考》，是史學界早就十分關注的問題，評介各有程度不同的考述與讚揚，但大多僅為就事論事而已。而從官方史學私家史學的關係切入，即可考察《史籍考》編纂的重大意義，是私家史學以幕府編纂的方式向官方史學發起挑戰和進行競爭，勢欲與官方爭奪傳統史學大總結的主導地位，目標定於超越《四

〔註4〕詳見本書第六章，此處不多贅述。

庫全書總目》史部的提要目錄，氣魄甚大。雖因種種周折而最終書毀失傳，
但在史學史上的地位足可稱道，不可不引爲重視。

　　道光初年，清廷刊行著名學者徐松主筆編纂的《新疆識略》，此爲清季的
一部西北邊疆史地學名著，其書自行世之後，頗多評議，近年學者的研討亦
絡繹不絕，但迄今對於此書編纂到成書面世的過程，以及對文獻著錄的作者
問題還尚未理清，歧說仍在，莫衷一是。而在官方史學與私家史學相互關係
的框架內予以考察，事件就豁然清晰，其關鍵問題正如上文所論〔註5〕，其
一，本書是伊犁將軍松筠委任徐松編纂，且早有《西陲總統事略》爲基礎，
因而重修成書的性質屬於地方性官修書；其二，松筠早有在新疆編纂當地志
書的奏請，無奈遭到嘉慶帝嚴詞申飭，堅決不允，故徐松修成之書仍用《西
陲總統事略》舊名進呈於道光帝；其三，急欲樹立文雅形象的道光帝，見到
松筠進呈之書，欲圖攫爲己有，改動書名，作爲欽定，但卻不知其父嘉慶帝
曾有拒絕松筠編纂伊犁志書的諭旨，匆忙中於《新疆識略序》內編造了謊
言。然而當時正在編纂嘉慶帝的《清仁宗實錄》，嘉慶帝對松筠的斥責諭旨很
快就會發現，《新疆識略》刻印後才發覺「御製序」舛誤，尷尬中失去了朝廷
佔有此書的堅定底氣，該書竟因此被輿論定爲徐松的著述；其四，朝廷官方
史學陷入這個尷尬，文獻記載的參差不齊也只能任其模糊、混沌，《新疆識
略》有著錄爲「道光元年汪廷珍等奉敕撰」者，有徑直言徐松所著者，亦有
人稱其爲松筠之書。時至今日，爲古人爭論著作權已經意義不大，而《新疆
識略》的編纂、刊布之經歷，意義在於它是官、私史學相互關係中十分有
趣、又造成很大影響的事件。道光帝操之過急的的強佔行爲，陷入進退維谷
的境界，使嘉慶朝官方史學還能保持一些的進取精神喪失殆盡，從此退縮到
僅記錄和編纂本朝史料文獻的舊例成規。這實際是清朝官方史學衰退的一大
變局。

　　綜上所述，研討清代官方史學與私家史學的關係，無論對中國史學史學
術體系的整體探討還是對清代具體史學現象的考察，都能夠增加深度、形成
新見，實爲史學史研究的新領域、新視野。而這項研討的難度已如上述，需
要史學界同仁和衷共濟，相互切磋，共同推進。更應當將這一考索方向，
擴展到中國各個時代史學史的研討之中，促進知識體系的更新和研究方法的
跨越。

〔註 5〕 參見本書第九章第三節：《清朝後期官方與私家史學的關係》。

主要參考文獻

一、清朝官修書

1. 《清實錄》，北京：中華書局，1985 年影印本。
2. 《皇清開國方略》，臺灣商務印書館，1986 年影印文淵閣《四庫全書》本。
3. 《御批通鑒輯覽》，臺灣商務印書館，1986 年影印文淵閣《四庫全書》本。
4. 《評鑒闡要》，臺灣商務印書館，1986 年影印文淵閣《四庫全書》本。
5. 《欽定重訂契丹國志》，臺灣商務印書館，1986 年影印文淵閣《四庫全書》本。
6. 《欽定皇輿西域圖志》，臺灣商務印書館，1986 年影印文淵閣《四庫全書》本。
7. 《御定通鑒綱目三編》，臺灣商務印書館，1986 年影印文淵閣《四庫全書》本。
8. 《大義覺迷錄》卷一，（臺）文海出版社，1966 年據清代原書影印本。
9. 清世宗：《朱批諭旨》，臺灣商務印書館，1986 年影印文淵閣《四庫全書》本。
10. 《國朝宮史》，北京古籍出版社，1987 年版。
11. 《國朝宮史續編》，北京古籍出版社，1994 年版。
12. 《皇朝詞林典故》，清光緒十三年（1887）刊本。
13. 《聖祖仁皇帝御製文集》，臺灣商務印書館，1986 年影印文淵閣《四庫全書》本。
14. 清世宗：《御製文集》，臺灣商務印書館，1986 年影印文淵閣《四庫全書》本。

15. 清高宗：《御製文集》初集二集、三集、四集，臺灣商務印書館，1986年影印文淵閣《四庫全書》本。

16. 清仁宗：《御製文二集》，清光緒五年（1879）鉛印本。

17. 《太祖武皇帝實錄》，中國人民大學，1984 年版《清入關前史料選輯》本。

18. 乾隆：《大清會典則例》，臺灣商務印書館，1986 年影印文淵閣《四庫全書》本。

19. 光緒：《大清會典事例》，《續修四庫全書》本，上海古籍出版社，1996～2002 年。

20. 《四庫全書總目》，北京，中華書局，1965 年影印版

21. 雍正：《畿輔通志》，臺灣商務印書館，1986 年影印文淵閣《四庫全書》本。

22. 清世宗：《聖諭廣訓》，《四庫全書》子部儒家類，臺灣商務印書館，1986 年影印文淵閣《四庫全書》本

23. 《欽定重訂契丹國志》，臺灣商務印書館，1986 年影印文淵閣《四庫全書》本。

24. 《欽定春秋左傳讀本》，清武英殿刊本。

二、基本古籍

1. 中華書局 1974 年，標點本：《史記》、《漢書》、《後漢書》、《三國志》、《晉書》、《南史》、《北史》、《南齊書》、《北齊書》、《梁書》、《隋書》、《舊唐書》、《宋史》、《元史》、《明史》、《清史稿》等。

2. 《國語》，《四部叢刊》本。

3. 朱熹：《四書章句集注》，上海古籍出版社，2001 年標點本。

4. 荀悅：《漢紀》，中華書局，2002 年版。

5. 荀悅：《申鑒》，明黃省曾注釋，上海古籍出版社，1990 年版，影印明代文始堂刊本。

6. 章如愚：《山堂考索》，中華書局，1992 年版。

7. 王應麟：《玉海》，臺灣商務印書館，1986 年影印文淵閣《四庫全書》本。

8. 王溥：《唐會要》，上海古籍出版社，1991 年版。

9. 吳兢：《貞觀政要》，上海古籍出版社，1978 年版。

10. 吳縝：《新唐書糾謬》，臺灣商務印書館，1986 年影印文淵閣《四庫全書》本。

11. 馬端臨《文獻通考》，中華書局，2011 年版。

12. 李燾：《續資治通鑒長編》，臺灣商務印書館，1986 年影印文淵閣《四庫全書》本。

13. 徐松：《宋會要輯稿》，《續修四庫全書》本，上海古籍出版社，1996～2002 年。

14. 《冊府元龜》，中華書局，1985 年影印本。

15. 蘇天爵：《元朝名臣事略》，中華書局，1996 年版。

16. 張九韶：《元史節要》，《四庫存目叢書》本。

17. 沈德符：《萬曆野獲編》，《元明史料筆記叢刊》本，中華書局，1959 年版第一冊。

18. 《立齋先生標題解注音釋十八史略》，日本早稻田大學藏，日本仿明刻本。

19. 《史學千一》，日本靜嘉堂文庫所藏抄本。

20. 《清史列傳》，中華書局，1987 年標點本。

21. （清）李桓輯：《國朝耆獻類徵》（初編），明文書局印行《清代傳記叢刊》本。

22. 王士禎：《池北偶談》，齊魯書社，2007 年版。

23. 錢儀吉：《碑傳集》，明文書局印行《清代傳記叢刊》本。

24. 吳振棫：《養吉齋叢錄》，中華書局，2005 年版《清代史料筆記叢刊》本。

25. 吳慶坻：《蕉廊脞錄》，中華書局，1997 年版。

26. 王夫之：《讀通鑒論》，中華書局，1975 年版。

27. 孫星衍：《平津館文稿》，《四部叢刊·孫淵如詩文集》本。

28. （梁）蕭統：《文選》，上海古籍出版社標點本。

29. 黃宗羲：《明夷待訪錄》，中華書局，1981 年重印標點本。

30. 《佩文韻府》，上海書店，1983 年影印商務印書館《萬有文庫》本。

31. 《日知錄集釋》，上海古籍出版社，1984 年版。

32. 錢大昕：《廿二史考異》，上海古籍出版社，2004 年版。

33. 史善長：《弇山畢公年譜》，同治十一年重刊本。

34. 王鳴盛：《十七史商榷》，上海書店，2005 年版。

35. 趙翼：《廿二史箚記》，中華書局，1984 年校證本。

36. 陳康祺：《郎潛紀聞二筆》，中華書局，1984 年版。

37. 王世貞：《弇山堂別集》，臺灣商務印書館，1986 年影印文淵閣《四庫全書》本。

38. 章如愚：《山堂考索》，中華書局，1992 年版。

39. 祝允明《懷星堂集》，臺灣商務印書館，1986 年影印文淵閣《四庫全書》本。

40. 葉廷琯：《鷗陂漁話》，遼寧教育出版社，1998 年版。

41. 《崔東壁遺書》（顧頡剛編），上海古籍出版社，1983 年版。

42. 齊召南：《水道提綱》，乾隆四十一年刊本。

43. 《歐陽文忠公集》，《四部叢刊》初編本。

三、清人文集

1. 潘耒：《遂初堂文集》，《續修四庫全書》本，上海古籍出版社，1996～2002 年。

2. 《顧亭林文集》，中華書局，1983 年版。

3. 楊椿：《孟鄰堂文鈔》，《續修四庫全書》本，上海古籍出版社，1996～2002 年。

4. 徐元文：《含經堂集》，《續修四庫全書》本，上海古籍出版社，1996～2002 年。

5. 《戴名世集》，中華書局，1986 年版。

6. 梁份：《懷葛堂集》《續修四庫全書》本，上海古籍出版社，1996～2002 年。

7. 錢大昕：《潛研堂文集》，《四部叢刊》本。

8. 黃宗義：《南雷文約》，清乾隆刻本。

9. 徐乾學：《憺園文集》，《續修四庫全書》本，上海古籍出版社，1996～2002 年。

10. 洪亮吉：《更生齋文甲集》，《四部叢刊》本。

11. 畢沅：《靈巖山人詩集》，《續修四庫全書》本，上海古籍出版社，1996～2002 年。

12. 《戴震文集》，中華書局，2006 年版。

13. 朱筠：《笥河文集》，嘉慶二十年椒華吟舫刻本。

14. 《魏源集》，中華書局，1976 年版。

15. 張穆：《𪱷齋文集》，清咸豐八年刻本。

16. 張佩綸：《澗于集·奏議》，《續修四庫全書》本。

17. 黃彭年：《陶樓文鈔》，《續修四庫全書》本，上海古籍出版社，1996～2002 年。

18. 《戴震文集》，中華書局，2006 年版。

19. 《龔自珍全集》，上海人民出版社，1975 年版。

20. 章梫：《一山文存》，民國刻本。

21. 翁方綱：《復初齋文集》，《續修四庫全書》本，上海古籍出版社，1996
～2002 年。

四、其它史料書籍

1. 章學誠：《章氏遺書》，劉氏嘉業堂刻本。

2. 浦起龍：《史通通釋》上海古籍出版社，1978 年版。

3. 嚴可均輯《全上古三代秦漢三國六朝文》，中華書局，1965 年版。

4. 《國史館檔案》，中國第一歷史檔案館藏檔案全宗。

5. 《滿文老檔》（漢譯本），中華書局，1990 年出版。

6. 羅振玉編《史料叢刊初編‧天聰朝臣工奏議》，北京圖書館出版社，2005
年《明清史料叢書八種》本。

7. 《漢譯滿文舊檔》，遼寧大學歷史系，1979 年印行。

8. 《清三朝國史館題稿檔》，載故宮文獻館編《文獻叢編》，1937 年第二
輯。

9. 《康熙起居注》，中華書局，1984 年標點本。

10. 方甦生：《清內閣庫貯舊檔輯刊敘錄》，故宮文獻館，1935 年印本

11. 《盛京刑部原檔》，中國人民大學清史研究所、中國第一歷史檔案館漢譯
本，群眾出版社，1985 年版。

12. 江藩：《國朝漢學師承記》，三聯書店，1998 年版。

13. 李慈銘《越縵堂日記》，商務印書館，1920 年影印出版。

14. 《清代文字獄檔》，上海書店，1986 年影印原故宮文獻館印本。

15. 《續修四庫全書總目提要》，臺灣商務印書館，1972 年整理印行本。

16. 《籌辦夷務始末》（道光朝），故宮文獻館，1929 年影印清內廷寫本。

17. 何秋濤：《朔方備乘》，清光緒直隸官書局刊本。

18. 祁韻士《西陲要略》，清道光十七年刻本。

19. 劉承幹編：《明史例案》，劉氏嘉業堂刊本，後同。

20. 王頌蔚《明史考證捃逸》，江蘇廣陵古籍刻印社，1990 年版。

21. 昭槤：《嘯亭雜錄》，中華書局，1980 年版。

22. 魏源：《聖武記》，中華書局，1984 年版。

23. 張之洞撰、范希曾補正：《書目答問補正》，上海古籍出版社，1986 年 4
月版。

24. 徐繼畬：《瀛寰志略》，上海書店，2001 年版。

25. 《王國維遺書》，上海古籍書店，1983 年版。

26. （民國）淩祖貽《太倉鄉先賢畫像贊》，民國三十六年（1947）上海百宋印刷局承印。

27. 謝小華編《光緒朝各省繪呈〈會典・輿圖〉史料》，見《歷史檔案》2003年第 2 期。

五、當代著述與論文

1. 鄭天挺：《及時學人談叢》，中華書局，2002 年版。

2. 《陳寅恪史學論文選集》，上海古籍出版社，1992 年版。

3. 梁啓超：《新史學》，載《飲冰室合集》文集之九。

4. 梁啓超：《歷史研究法補編》，中華書局，2010 年能版。

5. 梁啓超：《中國近三百年學術史》，上海：三聯書店，2006 年。

6. 梁啓超：《清代學術概論》，北京：東方出版社，1996 年《民國學術文庫》本。

7. 李晉華：《明史纂修考》，哈佛燕京學社，1933 年印本。

8. 白壽彝：《中國史學史》第一冊，上海人民出版社，1986 年版。

9. 喬治忠：《清朝官方史學研究》，（臺）文津出版社，1994 年 3 月版。

10. 張德澤：《清代國家機關考略》，中國人民大學出版社，1981 年版。

11. 郭伯恭：《四庫全書纂修考》，商務印書館，1937 年版。

12. 楊伯峻：《春秋左傳注》，中華書局，1995 年版。

13. 莊吉發：《清代史料論述》（一），臺灣文史哲出版，1978 年。

14. 莊吉發：《故宮檔案述要》，臺北故宮博物院，1983 年出版。

15. 孟森：《明清史論著集刊續編》，中華書局，1986 年版。

16. 孟森：《明清史論著集刊》上、下冊，中華書局，1959 年 11 月。

17. 朱希祖：《明季史料題跋》，中華書局，1961 年版。

18. 胡適、姚名達：《章實齋先生年譜》，上海商務印書館，1933 年版。

19. 雷夢辰：《清代各省禁書彙考》北京：書目文獻出版社，1989 年版。

20. 王記錄：《清代史館與清代政治》，人民出版社，2009 年版。

21. 周一良：《魏收之史學》，載《燕京學報》1934 年第 18 期。

22. 孟森：《讀清實錄商榷》，載《大公報圖書副刊》1937 年 3 月 25 日。

23. 王仲翰：《清三通纂修考》，載《史學年報》2 卷 5 期，1938 年 12 月。

24. 方甦生：《清太祖實錄纂修考》，《輔仁學誌》7 卷 1～2 期合刊，1938 年 12 月。

25. 方甦生：《清實錄的修改問題》，《輔仁學誌》8 卷 2 期，1939 年 12 月。

26. 黃雲眉：《〈明史〉編纂考略》，《金陵學報》1卷2期，1931年11月。

27. 侯仁之：《王鴻緒明史列傳殘稿》，《燕京學報》第二十五期，1939年6月。

28. 黃彰健：《明外史考》，《中央研究院歷史語言研究所集刊》第二十四本，1953年6月。

29. 黃愛平：《王鴻緒與〈明史〉的纂修》，《史學史研究》1984年第1期。

30. 葛兆光：《明清之間中國史學思潮的變遷》，載《北京大學學報》1985年第2期。

31. 喬治忠：《清代歷史文獻學的發展》，《清史研究通迅》1989年第1期。

32. 喬治忠：《說〈康熙起居注〉》，《史學史研究》1991年第1期。

33. 喬治忠：《清朝的修史制度及其特點》，《南開史學》1991年第1期。

34. 喬治忠：《論清高宗的史學思想》，《中國史研究》1992年第1期。

35. 喬治忠：《清太祖一朝實錄的纂修與重修》，《南開學報》1992年第6期。

36. 喬治忠：《〈舊滿洲檔〉與內國史院檔關係考析》，《歷史檔案》1994年第1期。

37. 喬治忠：《清代國史館考述》，《文史》第39輯，1994年3月。

38. 喬治忠：《〈大清一統志〉的初修與方志學的興起》，《齊魯學刊》1997年第1期。

39. 喬治忠：《清代乾嘉時期的官方史學與私家史學》，《學術月刊》2007年第8期。

40. 喬治忠：《清高宗與章學誠史學思想的比較研究》，《天津社會科學》2007年第6期。

41. 喬治忠：《中國古代官方史學的興盛與當代史學新機制的完善》，《河北學刊》2005年第2期。

42. 喬治忠：《中國與西方古代史學的異同及其理論啟示》，載《學術研究》2007年第11期。

43. 徐中舒：《內閣檔案之由來及其整理》，載《明清史料》甲編第一本。

44. 廣祿、李學智：《清太祖朝「老滿文原檔」與〈滿文老檔〉之比較研究》，（臺）《中國東亞學術研究計劃委員會年報》第4期。

45. 何冠彪：《順治朝〈明史〉編纂考》，載（臺）《大陸雜誌》第99卷第2期。

46. 黃雲眉《明史編纂考略》，《金陵學報》一卷二期，1931年11月。

47. 伯希和撰、馮承鈞譯：《乾隆西域武功圖考證》，連載於《中國學報》二卷四期至三卷二期（1944年12月至1945年2月）。

48. 祥斌、宏偉：《不可忘卻的鐵硯山房》，載《安慶晚報》2008 年 12 月 3 日。

49. 林存陽《〈史籍考〉編纂始末辨析》，《故宮博物院院刊》2006 年第 1 期。

50. 喬治忠：《〈史籍考〉編纂問題的幾點考析》，載《史學史研究》2009 年第 2 期。

51. 于逢春：《論中國疆域最終奠定的時空坐標》，載《中國邊疆史地研究》2006 年第 1 期。